Frances Vaughan · Die Reise zur Ganzheit

W0191637

Frances Vaughan

Die Reise zur Ganzheit

Psychotherapie und spirituelle Suche

Kösel

Übersetzung aus dem Amerikanischen: Angela Roethe, Utting.
Die Originalausgabe erschien unter dem Titel »The Inward Arc. Healing and
Wholeness in Psychotherapy and Spirituality« bei New Science Library/
Shambhala Publications Inc., Boston.

Für alle Begleiter auf dem Weg

ISBN 3-466-34245-7
Copyright © 1985 by Frances E. Vaughan.
© 1990 für die deutsche Ausgabe by Kösel-Verlag
GmbH & Co., München.
Published by arrangement with Shambhala Publications,
Inc., P.O. Box 308, Boston, MA 02117.
Printed in Germany. Alle Rechte vorbehalten.
Druck und Bindung: Kösel, Kempten.
Umschlag: Elisabeth Petersen, Glonn.
Umschlagbild: Rodney Birkett, Walnut Grove/Cal.

1 2 3 4 5 6 · 95 94 93 92 91 90

Inhalt

Das Verlangen und Trachten nach dem Ganzen heißt Liebe.

Plato

Vorwort

Als Psychotherapeutin habe ich im Rahmen meiner Arbeit über viele Jahre hinweg Menschen dabei beobachten können, wie sie wachsen und sich verändern. Dabei ist mir immer wieder aufgefallen, daß es Menschen besser geht, wenn sie lernen, sich selbst und ihre Welt anders zu sehen. Für den Prozeß der Heilung kann es besonders wirksam sein, Ganzheit wahrzunehmen oder sich vorzustellen. Aber in unserer Kultur gibt es nicht sehr viele Modelle für psychologische Gesundheit und Ganzheit.

Dieses Buch zu schreiben, war eine Übung darin, Intellekt und Erfahrung zum Zwecke der Kommunikation miteinander in Einklang zu bringen. Ich gebe Prozesse und Denkweisen weiter, die mir und anderen auf dem Wege nützlich waren. Das Bewußtsein zu untersuchen hat mir große Freude und Befriedigung gebracht, und ich habe aus der Erfahrung gelernt, daß Worte zwar kein Ersatz für Erfahrung, aber dennoch wahrhaft hilfreich sein können. In der Kunst der Psychotherapie ist der richtige Umgang mit Worten ein Teil des Heilungsprozesses, und auch bei der spirituellen Unterweisung dienen sie als Wegweiser zum Erwachen. Bewußtseinszustände, Gesundheit und Wohlbefinden sind zwar mit Worten schwer zu beschreiben, können aber oft erkannt und manchmal vermittelt werden. Es reicht nicht, sie nur über den Kopf zu verstehen, nicht einmal sie schmecken zu können. Wenn unsere Erfahrungen anderen dienen sollen, müssen wir das, was wir gelernt haben, mitteilen können.

Ich habe einen bedeutenden Teil meines beruflichen Lebens dem Heilen von emotionalem, geistigem und existentiellem Un-Wohlsein gewidmet. Persönlich bin ich, so weit ich zurückdenken kann, auf einem sich ständig weiter enthüllenden spirituellen Weg. In diesem Buch habe ich versucht, eine neue Vision von Heilung und Ganzheit anzubieten, um das Wohlbefinden auf allen Ebenen des Bewußtseinsspektrums zu verstärken und den Weg zur Befreiung aufzuzeigen.

Ich möchte besonders Ken Wilber meine Anerkennung für die Tiefe und Weite seiner Vision aussprechen und ihm für seine Ermutigung und Hilfe beim Entstehen dieses Buches danken. Roger Walsh bin ich für seine Freundschaft, seine Liebe und seine redaktionelle Beratung dankbar, ich danke Angeles Arrien, Arthur Hastings, John Levy, Duane Elgin, Ann Niehaus, Nancy Berry und Emily Hilburn Sell für ihre wertvolle Unterstützung.

Einführung

Ein menschliches Wesen ist ein Teil des Ganzen, das wir
»Universum« nennen, ein in Raum und Zeit begrenzter
Teil. Es erfährt sich selbst, seine Gedanken und Gefühle,
als etwas von allem anderen Getrenntes – eine Art optische Täuschung seines Bewußtseins.

Albert Einstein[1]

In den letzten Jahren ist Gesundheit zu einem recht populären Thema
geworden. Dabei galt aber die Aufmerksamkeit überwiegend der körperlichen Gesundheit und weniger den Bewußtseinszuständen, die gesunden Körperfunktionen zugrunde liegen. Wir wissen zwar, daß körperliches, mentales und emotionales Wohlbefinden eng miteinander
zusammenhängen, aber die Sehnsucht nach echter emotionaler, mentaler und spiritueller Heilung wird von Fortschritten in der medizinischen
Technologie nicht erfüllt. Überall versuchen Menschen heutzutage, mit
der Verzweiflung inmitten einer so noch nie dagewesenen Bedrohung
der Menschheit fertigzuwerden, die auch noch selbst verursacht ist.
Alles hat sich verändert, nur nicht unsere Art zu denken. Eine neue
Denkweise zu finden , ist daher zu einer außerordentlich wichtigen
psychologischen Herausforderung geworden. Eine neue Vision von
Ganzheit und Heilung muß sich sowohl auf den ganzen Planeten wie
auf die persönliche Ebene jedes einzelnen beziehen.
Aus spirituellen Lehren wissen wir, daß wir in unserer Unwissenheit
dazu neigen, Bedingungen aufrechtzuerhalten, die Angst und Leiden
verursachen. Und auch jetzt noch, wo wir auf die Katastrophe zuzu-
steuern scheinen, entscheiden wir uns, so weiter zu leben, den Wert der
Existenz, wie wir sie kennen, zu bejahen. Vielleicht vertrauen wir dabei
darauf, daß wir mit wachsendem Verstehen die universale Liebe, den
Frieden und die Freude erfahren werden, von denen die Weisen und
Mystiker aller Zeiten gesagt haben, sie wären für diejenigen erreichbar,
die Ganzheit erkennen. Unsere Fähigkeit, das zu korrigieren, was Einstein die »optische Täuschung des Bewußtseins« nannte, die uns in
einem Zustand von Entfremdung und scheinbarer Isolation gefangen-
hält, hängt von einer neuen Vision eines Austauschs von Beziehungen
auf allen Ebenen des Bewußtseinsspektrums ab.

Nach der *Philosophia perennis*, der ewigen Philosophie[2], sind Menschen Teil eines Ganzen, das das Gewebe des Universums ausmacht, den Grund des Seins. Dieses integrale Ganze besteht nicht als losgelöste Einheit, aber alles besteht in ihm. Dieses Ganze hat in verschiedenen Sprachen und religiösen Traditionen unterschiedliche Namen. In diesem Buch werde ich die Wendung *absoluter GEIST* gebrauchen, um dieses letztendliche Ganze zu bezeichnen. Ich werde nicht versuchen, diesen Begriff zu beweisen, zu rechtfertigen oder zu erklären, aber ich bitte die Leser und Leserinnen sich zu erinnern, daß er sich nicht auf eine personale Gottheit bezieht, sondern auf die zugrunde liegende Einheit oder grundlegende Natur der Existenz, auf das Universum von Materie und Energie und alles, was darin ist[3].

Die innere Ganzheit eines Menschen kann nicht getrennt von der umfassenden Totalität betrachtet werden, von der er nur ein winziger Teil ist. Doch in jedem Teil ist die Totalität eingefaltet. Der Physiker David Bohm hat diese eingefaltete Totalität die implizite Ordnung genannt. Er sagt:

…in der impliziten Ordnung [ist] die Totalität des Daseins in jedem Abschnitt des Raumes (und der Zeit) eingefaltet… Welchen Teil, welches Element oder welchen Aspekt wir also auch immer im Denken abstrahieren mögen, so faltet doch jedes einzelne stets das ganze ein und ist von daher innig mit der Totalität verbunden, von der es abstrahiert wurde.[4]

Innerhalb dieses Ganzen kann sich jeder Mensch als unabhängiges, getrenntes Selbst auf der Suche nach Ganzheit erfahren. Ein Mensch, der sich psychologisch gesund entwickelt, wächst in Richtung innerer Ganzheit und beginnt die Beziehung des einzelnen zu dem größeren Ganzen, innerhalb dessen jeder einzelne existiert, anzuerkennen.

In der menschlichen Entwicklung beginnt die bewußte Reise zur Ganzheit mit Selbstbewußtsein und entwickelt sich auf dem Weg über das Über-Bewußtsein zur Selbsttranszendenz. Den vollen Zyklus der Entwicklung sieht Ken Wilber als einen Kreis (siehe Abb. 1).[5] Dieser Sichtweise zufolge geht der äußere Bogen personaler Ich-Entwicklung dem inneren Bogen transpersonalen spirituellen Erwachens voran. Mit dem Auftauchen des Selbstbewußtseins bildet sich bei gesunder Entwicklung das Selbst über Stadien der Identifizierung mit verschiedenen Selbstkonzepten aus, die immer weiter und umfassender werden, je mehr die Reise fortschreitet. Das Ziel der Reise ist das Erwachen oder, in manchen Traditionen, die Erleuchtung. Dieser Prozeß kann als Selbstheilung betrachtet werden, die ihre Vollendung in Ganzheit findet. Innere Ganzheit für den einzelnen wird als eine Integration von körperlichen, emotionalen, mentalen, existentiellen und spirituellen Aspekten des Wohlbefindens betrachtet. Nach Wilber ist die Psyche, wie der Kosmos, vielschichtig und setzt sich aus zunehmend höherrangigen Ganzheiten und Integrationen zusammen.[6]

Während sich die individuelle Psyche durch mehrere Stadien von Selbstbewußtheit entwickelt, zeigt sich eine Reihe von grundlegenden Strukturen oder Bewußtseinsebenen. Diese grundlegenden Strukturen kommen mit dem Erwachen des Bewußtseins hervor und bleiben als Grundlage für weitere Entwicklung.[7] Per Analogie können diese *Ebenen* oder grundlegenden Strukturen des Bewußtseins wie Sprossen auf der Leiter der menschlichen Evolution gesehen werden , die immer gleich bleiben, unabhängig davon, wo sich ein Mensch gerade auf dieser Leiter befindet. Das Selbst, das auf dieser Leiter zu klettern scheint, durchläuft dabei eine Reihe von *Stadien*, in denen es sich und die Realität anders wahrnimmt je höher es steigt. In jedem Stadium wird das frühere Konzept des Selbst durch ein weiteres und umfassenderes mit einem höherrangigen Integrationsvermögen ersetzt. Die grundlegen-

Abbildung 1: Der allgemeine Lebenszyklus

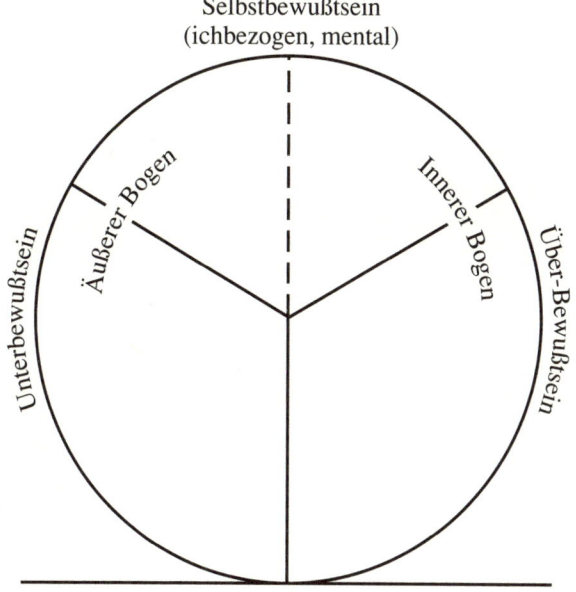

den Strukturen werden nicht ausgewechselt, sondern in eine größere Einheit eingegliedert. So wird beispielsweise der menschliche Körper nicht ersetzt, wenn man die ausschließliche Identifizierung mit dem Körper-als-Selbst transzendiert, sondern als ein Aspekt einer umfassenderen Geist/Körper-Einheit eingereiht.

Wenn Gesundheit als ein Zustand optimal integrierter Funktionsweisen und eines Austauschs von Beziehungen auf allen Ebenen des Bewußtseins definiert wird, dann muß Heilung alle Aspekte des Wohlbefindens berücksichtigen. Darüber hinaus hängt die Gesundheit der Gesellschaft von der Gesundheit aller ihrer Mitglieder ab. Uns selbst zu heilen, ist daher notwendig, um gesellschaftliche Konflikte zu heilen und das planetare Überleben zu sichern.[8]

Die Vorstellung, den ganzen Menschen zu heilen, ist nicht neu, aber nur wenige Ärzte haben Zugang zur Kunst der inneren Heilung der Psyche. Heutzutage, da das Wissen über das Bewußtsein sich immer weiter verbreitet, beginnen einige Psychologen einzusehen, wie wichtig es ist, spirituelle Belange im Rahmen eines psychologischen Heilungsprozesses zu berücksichtigen. Der Psychologenverband des Staates Kalifornien hat vor kurzem eine Kommission eingesetzt, die erforschen sollte, inwieweit Spiritualität im Rahmen der Behandlung berücksichtigt wird.[9] Es stellte sich heraus, daß traditionell ausgebildete Kliniker überhaupt nicht darauf vorbereitet waren, mit spirituellen Belangen umzugehen, obwohl es häufig von ihnen erwartet wird. Über dem Eingang zum Krankenhaus des Columbia Presbyterian Medical Center in New York steht die Inschrift *Healing Comes From The Most High* (Heilung kommt vom Höchsten), aber dessen scheinen sich nur wenige der im Medizinbetrieb Tätigen bewußt zu sein.

Dieses Buch ist der Versuch, einen konzeptionellen Rahmen zum Verständnis gesunder Funktionsweisen in einzelnen Entwicklungsstadien zu liefern, die jenseits dessen liegen, was die traditionelle westliche Psychotherapie anspricht. Es bietet einen Weg an, gesunde psychische Entwicklung mit der ewigen spirituellen Suche zu verbinden, die die Menschen über selbstbezogene und ichhafte Anliegen hinausführt, ihnen durch Zeiten der Enttäuschung, der Depression und Verzeiflung hilft und sie befähigt, kreativ an Heilung und Ganzheit mitzuwirken.

Das erste Kapitel beginnt mit einer Erörterung dessen, was Gesundheit für den ganzen Menschen aus psychologischer Sicht bedeutet. Das zweite Kapitel untersucht Identität und Selbstkonzept als eine Basis zur Vertiefung unseres Verständnisses von Ganzheit. Im dritten Kapitel wird dargestellt, daß die Anerkennung des transpersonalen *Selbst* ein

Potential ist, das die Grundlage dafür liefert, Heilungsmöglichkeiten zu entwickeln. Das vierte Kapitel definiert heilende Bewußtheit als die Qualität von Aufmerksamkeit, die man erfährt, wenn man sich mit dem transpersonalen *Selbst* identifiziert. Das fünfte Kapitel behandelt das Streben nach Glück als einen Vorläufer der spirituellen Suche.

Das sechste Kapitel zieht zur Betrachtung des spirituellen Pfades Metaphern aus der Tradition des Christentums, des Yoga und des Buddhismus heran. Die Heldenreise und Dantes *Göttliche Komödie* veranschaulichen westliche Pfade. Das alte Chakra- System des Yoga wird als Rahmen benutzt, um verschiedene Bewußtseinsebenen aus psychologischer Sicht zu definieren. Die Ochsenbilder stellen die Stadien der Erleuchtung vor, wie sie im Zen-Buddhismus gesehen werden.

Das siebte Kapitel untersucht Fragen, die sich auf persönliche Macht und spirituelle Meisterschaft beziehen, und verweist auf mögliche Fallgruben auf jedwelchem Pfad.

Das achte Kapitel erforscht Kreativität und Träumen als Ausdruck von Einsicht und Inspiration zum Heilen auf allen Ebenen. Das neunte Kapitel beschäftigt sich mit heilenden Beziehungen als einem wesentlichen Aspekt der sich entwickelnden Bewußtheit von Ganzheit und eines optimalen Austauschs von Beziehungen in jedem Entwicklungsstadium. Im zehnten Kapitel wird die transpersonale Vision als eine Fertigkeit erörtert, die trainiert werden kann, um bruchstückhafte Wahrnehmungen der Realität zugunsten einer neuen Vision von Ganzheit zu transzendieren.

Psychologisches Wachstum und die spirituelle Suche wurden traditionell als getrennte und grundsätzlich gegenläufige Bestrebungen wahrgenommen. Ein Großteil der westlichen Psychologen war geneigt, die spirituelle Suche als Flucht- oder Vermeidungsverhalten abzutun, bestenfalls als psychologische Krücke anzusehen. Spirituelle Disziplinen wiederum betrachteten die Psychologie zumeist als irrelevante Ablenkung auf dem Pfad des Erwachens. In diesem Buch werden diese beiden scheinbar auseinanderlaufenden Ansätze zur Linderung menschlichen Leidens, als einander ergänzende und voneinander abhängige Aspekte des Heilens und der Reise zur Ganzheit betrachtet.

Viele psychologisch gebildete Menschen sind sowohl von traditionellen wie von zeitgenössischen Methoden spirituellen Wachstums, die psychologische Probleme fortschreiben oder sogar verschlimmern, enttäuscht. Aber das Verlangen nach echter Transzendenz und einem tieferen Verständnis der Psyche kann nicht allein durch psychologische Wachstumsstrategien erfüllt werden. In langen Jahren sowohl psychologischer Arbeit wie spiritueller Praxis habe ich erfahren, daß beide notwendig sind, um zu Heilung und Ganzheit zu gelangen. Meine Darstellungen widmen sich daher dem Grenzbereich zwischen psychologischer und spiritueller Arbeit. Ich hoffe, daß dieses Buch dazu beiträgt, einige Mißverständnisse zu klären, und daß es uns dabei hilft, das, was wir über Heilen wissen, wirkungsvoller zum Nutzen aller anwenden zu können.

1 Gesundheit für den ganzen Menschen aus psychologischer Sicht

Heilen heißt ganz machen.
Und was ganz ist, dem können keine Teile fehlen,
die man draußen gelassen hat.

A Course in Miracles[1]

Der innere Bogen der menschlichen Entwicklung bedarf einer breiteren Vision von Heilung und Ganzheit und einer Neudefinition dessen, was Psychotherapie bezwecken soll. Wenn optimale Gesundheit für den ganzen Menschen von gesunden und integrierten Funktionsweisen auf allen Ebenen des Bewußtseins abhängt, dann muß der Versuch, diese Gesundheit zu erhalten, alle Aspekte des Wohlbefindens einschließen. Wahres Heilen kann sich nicht auf die Behandlung von körperlichen Störungen beschränken. Auch die emotionalen und mentalen Aspekte müssen berücksichtigt werden. Aus psychologischer Sicht wird es im allgemeinen als entscheidend für die geistige Gesundheit betrachtet, daß man mit den existentiellen Fragen nach der Identität, nach Sinn und Zweck des Lebens ins reine kommt.[2] Nun behauptet die transpersonale Psychotherapie, die das Feld der psychologischen Forschung um den Bereich der spirituellen Erfahrungen erweitert,[3] daß auf der Seite des inneren Bogens der menschlichen Entwicklung Heilung unvollständig bleibt, wenn nicht das menschliche Streben nach Transzendenz berücksichtigt wird.

In diesem Kapitel werden wir kurz einige der Grundannahmen betrachten, die die meisten wachstumsorientierten Psychotherapeuten bezüglich körperlicher, emotionaler und mentaler Gesundheit haben, und einige der Glaubenssätze untersuchen, die existentiellen und spirituellen Zugängen zum Wohlbefinden zugrunde liegen. Wir sprechen nicht nur diese fünf Ebenen der Gesundheit an, sondern betrachten darüber hinaus die Heilung des ganzen Menschen auch im Zusammenhang mit globalen menschlichen Belangen. So wie die Behandlung von Krankheitssymptomen zwar Linderung bringt, aber nicht den ganzen Menschen heilt, so ist auch die Therapie des einzelnen ohne Berücksichtigung seiner Umwelt nur von begrenzter Wirksamkeit. Ein gesunder

Mensch lebt nicht isoliert, sondern in einem feingesponnenen Netz von Beziehungen. Innere Ganzheit für den einzelnen kann daher nicht von dem größeren Ganzen getrennt werden, von dem jeder ein Teil ist. Optimale psychologische Gesundheit ist unauflöslich mit allen anderen Aspekten des Wohlbefindens verknüpft. Ganzheit hängt daher von einer ausgewogenen Integration der körperlichen, emotionalen, mentalen, existentiellen und spirituellen Bewußtseinsebenen ab. Gesundheit ist kein statischer Zustand, den man einmal erreicht und dann ewig beibehält, sondern ein fortlaufender dynamischer Prozeß, bestehend aus optimalen Funktionsweisen, Befriedigung und einem Austausch von Beziehungen auf allen Ebenen.

Bei der Beschreibung dessen, was Gesundheit auf jeder Ebene der menschlichen Entwicklung – der körperlichen, emotionalen, mentalen, existentiellen und spirituellen – ausmacht, wird hier davon ausgegangen, daß diese jeweils nur einen Teil des gesamten Bewußtseinsspektrums abdecken, dessen, was die ewige Philosophie die »Große Kette des Seins« nennt. Ken Wilber beschreibt die hierarchische Anordnung dieser Ebenen folgendermaßen:

Beachte, daß jede Ebene in der Großen Kette ihre Vorgänger *transzendiert aber miteinschließt*. Das heißt, daß jede höhere Ebene Funktionen, Fähigkeiten oder Strukturen einschließt, die sich auf einer niedrigeren Ebene nicht finden oder sich nicht einzig mit deren Mitteln erklären lassen. Die höhere Ebene verletzt nicht die Prinzipien der niedrigeren, sie ist nur nicht ausschließlich an sie gebunden oder durch sie zu erklären. Die höhere transzendiert, aber umfaßt die niedrigere, und *nicht umgekehrt*, so wie eine dreidimensionale Kugel zweidimensionale Kreise beinhaltet oder einschließt, aber nicht umgekehrt…

So transzendiert das Leben die Materie und schließt sie zugleich ein; der Geist transzendiert das Leben und schließt es ein; die Seele transzendiert den Geist und schließt ihn ein; und der GEIST transzendiert die Seele und schließt sie ein… GEIST ist das, was alles transzendiert *und* alles umfaßt. Oder traditionell formuliert: Der GEIST ist im Verhältnis zur Welt vollkommen transzendent und in der Welt vollkommen immanent.[4]

Körperliche Gesundheit

Wenn wir ganz allgemein von Gesundheit sprechen, denken wir meistens zunächst an körperliche Gesundheit. Heilung setzt man gemeinhin mit der Befreiung von körperlichen Symptomen gleich. Wer keine körperlichen Schmerzen verspürt, der erträgt oft viel emotionales und mentales Leid, da er von dem Glauben ausgeht, daß man Hilfe nur dann suchen dürfe, wenn ein behandlungsbedürftiger körperlicher Zustand vorliegt. Die heutige Gesellschaft schützt zwar die angemessene medizinische Versorgung im Bereich der körperlichen Gesundheit, aber die Bedeutung von emotionalem und mentalem Wohlbefinden für eine umfassende Gesundheit wird wesentlich weniger anerkannt.

In den letzten Jahren haben ganzheitliche Ansätze zur Gesundheitsfürsorge der Rolle des Patienten beim Heilungsprozeß mehr Aufmerksamkeit gewidmet. Die primäre Verantwortung für die Erhaltung der Gesundheit ist damit vom Medizinbetrieb auf den einzelnen Menschen übergegangen. Die vorbeugende Gesundheitsfürsorge auf körperlicher Ebene betont, wie wichtig Ernährung, Bewegung und Entspannung sind. Die Beschäftigung mit der eigenen körperlichen Gesundheit ist dabei in den letzten Jahren bei vielen Menschen im Westen schon fast zu einer fixen Idee geworden und braucht hier nicht weiter erörtert zu werden; wohl aber sei darauf hingewiesen, daß diese Faktoren auch die emotionale und mentale Gesundheit beeinflussen.

Wenn man nicht ausreichend auf Ernährung, Bewegung und Entspannung achtet, trägt das sowohl zu streßbedingten Krankheiten wie zu psychologischen Angst- und Depressionszuständen bei. Die Erfahrung lehrt beispielsweise, daß Angstsymptome abnehmen, wenn man auf Koffein verzichtet. Ebenso kann ein depressiver Mensch leicht erfahren, daß es ihm viel besser geht, wenn er regelmäßig Sport treibt. Dummerweise behandelt man jedoch Symptome, selbst wenn man weiß, wie man ihnen auf der körperlichen Ebene begegnen kann, oft nicht entsprechend. Der Versuch, optimale körperliche Gesundheit aufrechtzuerhalten, scheitert nicht einfach an Unwissen. Menschen wissen, was gut für sie wäre, tun es aber dennoch nicht. In den wohlhabenden Gesellschaften leiden viele Menschen eher unter zu großer Nachsicht als unter Unwissenheit oder Mangel.

Wenn die körperliche Gesundheit aufrechterhalten werden soll, müssen daher sowohl psychologische Faktoren wie biologische Informationen darüber, was dem Körper guttut, berücksichtigt werden. Optimales Wohlbefinden setzt körperliche Fitness voraus, aber weder hängt die mentale Gesundheit unbedingt von der körperlichen ab, noch die körperliche notwendigerweise von der mentalen. Manche Menschen, die mental und emotional gesund zu sein scheinen, werden dennoch körperlich krank und umgekehrt. Körperliche Gesundheit kann also zwar keine Garantie für mentale Gesundheit sein, aber doch einen wichtigen Beitrag dazu leisten.

Allen Menschen sind grundlegende biologische Erfahrungen wie Geburt, Wachstum, Sex und Tod gemeinsam. Den Notwendigkeiten des körperlichen Überlebens müssen wir uns alle, unabhängig von unserer Kultur oder unserem Glauben, stellen. Wenn jedoch die grundlegenden, zum Überleben nötigen Bedürfnisse erfüllt sind, suchen die Menschen Gesundheit und Ganzheit auf die unterschiedlichste Weise. Aus psychologischer Sicht bedeutet Gesundheit für den ganzen Menschen, einen Zustand des Wohlbefindens zu erreichen, in dem die Abwesenheit von Schmerz mit einer größeren Fähigkeit einhergeht, Vergnügen und Befriedigung in der Arbeit und in Beziehungen zu finden. Sobald angemessene Bedingungen für das körperliche Wohlbefinden hergestellt sind, kann sich unsere Aufmerksamkeit der nächsten, feinstofflichen Ebene des Wohlergehens zuwenden, und wir können uns mit emotionaler Gesundheit beschäftigen.

Emotionale Gesundheit

Die Beziehung zwischen körperlichem und emotionalem Wohlbefinden ist nicht genau definiert, aber wir wissen, daß diese beiden Aspekte von Gesundheit miteinander zusammenhängen und einander beeinflussen. Die meisten körperlichen Krankheiten sind mindestens zum Teil psychosomatisch bedingt. Das heißt nicht, daß es sich um eingebildete Krankheiten handelt, sondern daß sie zum Teil von mentalen oder emotionalen Faktoren verursacht sind. Zwar ist die Befreiung von Symptomen der oberflächlichste Aspekt psychotherapeutischer Arbeit, aber dennoch verschwinden körperliche Krankheitszeichen oft auch dann, wenn das Heilen sich auf emotionale oder mentale Störungen richtet. Die Symptome verschwinden zu lassen, ist sicher ein ehrenwertes Ziel. Wenn aber die dahinter liegenden Ursachen nicht aufgedeckt werden, kehren die Symptome vielleicht in anderer Form wieder.

Rezepte zur Erhaltung der emotionalen Gesundheit sind zwar weniger bekannt als solche für körperliche Gesundheit, aber ein Geheimnis sind sie nicht. Ein Grundprinzip heißt, Gefühle anzuerkennen. Wenn wir Gefühle mißachten, dann tun wir das auf eigene Gefahr. Sie zu hemmen, zu unterdrücken oder zu leugnen schafft emotionalen Streß und kann uns in Form von somatischen Symptomen teuer zu stehen kommen. Man kann nicht erwarten, daß man sich gut fühlt, wenn man keine Verbindung zu den eigenen Gefühlen hat.

Über die Notwendigkeit, Verbindung mit den Gefühlen herzustellen, wenn man sich selbst als gesund und ganz erleben will, sind sich die meisten Richtungen der Psychotherapie einig. Emotionale Gesundheit heißt, Gefühle zu erkennen, sie bei der Entscheidung für oder gegen ein bestimmtes Verhalten zu berücksichtigen und sie angemessen auszudrücken. Gefühle mitteilen zu können, ist eine wesentliche Voraussetzung für befriedigende persönliche Beziehungen. Der offene, freie Austausch von Gefühlen wirkt bereichernd, und Intimität hängt von der eigenen Fähigkeit ab, tiefe persönliche Gefühle mitzuteilen. In dem Ausmaß, in dem Gefühle unterdrückt oder zurückgehalten werden, fühlt man sich eingeschränkt, abgeschnitten, entfremdet und allein.

Jedem steht ein breites Spektrum von Emotionen zur Verfügung. Wir alle erfahren in unserem Leben einiges an Angst und Liebe, Freude und Trauer, Frustration, Zorn, Dankbarkeit und Zufriedenheit. Wie man mit diesen Gefühlen umgeht, hängt teilweise von der kulturellen Konditionierung und teilweise von der Bereitschaft ab, die Gefühle zu achten und Verantwortung für sie zu übernehmen. Wenn man versucht, negative Gefühle zu unterdrücken und nur die positiven zu zeigen, stellt man leider oft fest, daß man nicht nur einige unterdrücken kann und andere nicht. Emotionale Gesundheit hängt von der Bereitschaft ab, alle Gefühle zu erfahren. Das heißt nun nicht, sich in ihnen zu suhlen, unangemessenem Verhalten zu frönen oder die Kontrolle zu verlieren. Es heißt jedoch, Gefühle anzuerkennen und sie zu berücksichtigen, wenn man Entscheidungen trifft.

Emotionale Gesundheit heißt nicht, daß man nur positive Gefühle spürt. Das heißt vielmehr, daß man keine Angst davor hat, das ganze Spektrum der Gefühle zu erleben, und daß man fähig ist, sich angemessen danach zu richten, ohne sich überwältigt zu fühlen. Es bedeutet außerdem eine Fähigkeit zu tiefer emotionaler Intimität und befriedigenden persönlichen Beziehungen.

Verantwortung für die emotionale Gesundheit zu übernehmen, bedeutet auch, bereitwillig tiefe Empfindungen zuzulassen, selbst wenn man Angst davor hat. Es kann leichter sein, Gefühle anzuerkennen, wenn man sich bei einem anderen Menschen geliebt und sicher fühlt. Eine therapeutische Beziehung kann ein sicheres, heilendes Umfeld schaffen. Dort kann jemand, der in emotionalen Schwierigkeiten steckt, schmerzhafte Gefühle, die in der Vergangenheit unterdrückt wurden, wiedererfahren und lernen, wahre Gefühle in der Gegenwart zu äußern. Wenn die natürliche Fähigkeit zum freien Austausch von Gefühlen neuentdeckt wird, kann die emotionale Gesundheit wiederhergestellt werden.

So wie körperliche Gesundheit die Abwesenheit von körperlichem Schmerz beinhaltet, so bedeutet emotionale Gesundheit frei zu sein von dem emotionalen Schmerz, der in unangemessener Angst, Schuld und Wut liegt. Emotionale Gesundheit wird manchmal zu Unrecht mit der Fähigkeit gleichgesetzt, Wut auszudrücken. Zwar kann es auf Menschen, die dazu neigen, Wut zu leugnen oder zu unterdrücken, einen therapeutischen Effekt haben, wenn sie sie auszudrücken lernen, aber der undifferenzierte Audruck von Wut trägt nicht zur emotionalen Gesundheit bei. Es ist zwar wichtig, daß man dazu *in der Lage* ist, Wut auszudrücken oder mitzuteilen, wenn sie auftaucht, aber einfach wütend zu sein kann eher zu Krankheit als zu Gesundheit führen. Chronische Wut trägt nicht nur zu mentalem und körperlichem Streß bei, sondern sie blockiert auch die Kreativität und entfremdet uns anderen.

Die Frage, wie mit Wut umzugehen ist, taucht gewöhnlich sehr schnell auf, sobald man auf emotionale Gesundheit achtet. Wenn die Wut anerkannt wird, wenn man die Möglichkeit hat, sie ohne Angst ausdrücken und freisetzen zu können, dann kann sie als Hinweis darauf dienen, wo etwas verändert werden muß. Manchmal zeigt sie an, daß wir uns selbst oder anderen auf irgendeine Weise Gewalt antun. Wut ist immer eine Reaktion und hat oft mit Angst zu tun. Wir werden leicht wütend, wenn wir uns bedroht fühlen, und wenn wir uns sicher fühlen, können wir die Wut leichter loslassen. Manchmal kann Wut aus einer grundsätzlich destruktiven in eine kreative Energie verwandelt und in kreativen Ausdruck oder soziale Reformen gelenkt werden. Wut kann auch zur Zerstörung alter Formen beitragen und damit den Weg für neue bereiten. Wenn eine Form auf einer Organisationsstufe zusammenbricht, kann sich daraus eine neue Form auf einer höheren Ebene entwickeln. Verantwortung für Wut zu übernehmen, kann daher ein Auslöser dafür sein, Veränderungen einzuleiten. Zu lernen, wie man Wut angemessen ausdrückt, kann besonders bei der Behandlung von Depressionen sehr nützlich sein, doch in einer solchen Gemütsverfassung stecken zu bleiben, ist sehr schmerzhaft. Vermutlich sieht man es am besten als eine Übergangsphase an, die durchlaufen wird, während sich die Bewußtheit der Ganzheit ausbildet.

Sind die unterdrückte Wut und die Ablehnung, die der Vergangenheit angehören, erst einmal freigesetzt, ist Wut weniger erschreckend oder überwältigend. Alte Verärgerungen loszulassen kann darüber hinaus auch deshalb zu einem Gefühl emotionalen Wohlbefindens beitragen, weil man sich erleichtert fühlt. Eine negative Emotion zu unterdrücken kann eine schwere Belastung sein, die zu einem Erschöpfungsgefühl beiträgt, das oft erst erkannt wird, nachdem es freigesetzt worden ist.

Zusätzlich zu dem Umgang mit Wut erfordert emotionale Gesundheit die Bereitschaft, sich Angst und Schuldgefühlen zu stellen. Jeder fühlt sich für etwas, was er getan oder nicht getan hat, mehr oder weniger schuldig. Auch empfindet jeder existentielle Schuldgefühle darüber, daß man ist, wer man ist, und nicht, wer man sein könnte. Gefühle von Unzulänglichkeit oder Unvollkommenheit tragen zu Schuldgefühlen bei, denen man sich stellen muß, wenn man optimale emotionale Gesundheit erlangen will. Schuldgefühle haben, wie die Wut auch, mit Angst zu tun: Die Vorstellung, man sei schuldig, geht gewöhnlich mit der Erwartung von Strafe einher, bewußt oder unbewußt, gerechtfertigt oder nicht. Wahres Freisein von irrationaler Angst ist, im Gegensatz zu Unterdrückung oder Verleugnung, ein Kennzeichen emotionaler Gesundheit.

Emotionale Gesundheit zeichnet sich auch durch die Fähigkeit aus, Liebe zu geben und zu nehmen, sich selbst und anderen zu vergeben und sowohl der Intimität wie der Autonomie von Beziehungen zu vertrauen und sie zu stärken. Der Psychiater Scott Peck schreibt über den Wert der Liebe in der Psychotherapie, es sei unabdingbar, daß der Therapeut den Patienten liebe, und die erfolgreiche therapeutische Beziehung werden gegenseitige Liebe wachsen lassen. Er behauptet auch, daß jede wahrhaft liebende Beziehung therapeutisch sein kann.[5]

Die folgenden drei grundlegenden Schritte dienen dazu, die emotionale Gesundheit aufrechtzuerhalten und negative Gefühle freizusetzen:

1. Lerne, Gefühle zu erkennen und zu unterscheiden. Nimm sie an und erfahre sie.
2. Lerne, Gefühle dann wirkungsvoll auszudrücken, wenn sie hochkommen. Bring Deine Gefühle möglichst deutlich zum Ausdruck, und wenn die Gefühle einem Menschen gelten, mit dem Du eine enge Beziehung hast, dann tue es möglichst direkt. Ansonsten kannst Du die Gefühle auch einem Therapeuten oder einem Freund zeigen. Falls Dir das zu schwierig zu sein scheint, kannst Du sie auch für Dich selbst in einem Bild oder schriftlich ausdrücken.
3. Lerne, Gefühle willentlich nach Bedarf zu verstärken oder sie freizusetzen. Wenn Du genau auf ein Gefühl achtest, wenn Du bereit bist, die Verantwortung für dieses Gefühl zu übernehmen, dann kannst Du lernen, es zu verstärken, es zu verändern oder es loszulassen, statt selber ein Opfer des Gefühls zu sein. Mit anderen Worten: Du hast das Gefühl, nicht das Gefühl hat Dich. Wenn man hier gute Ergebnisse erzielen will, müssen unbedingt die Schritte 1 und 2 vorangehen.

Mentale Gesundheit

Der Gedanke manifestiert sich als Wort,
Das Wort manifestiert sich als Tun,
Tun entwickelt sich zu Gewohnheit,
Und Gewohnheit verhärtet sich zu Charakter.
Also schau sorgfältig
Auf den Gedanken und seinen Lauf,
Und laß ihn der Liebe entspringen,
Die aus dem Respekt für alles Leben geboren wird.[6]

Der Begriff *mentale Gesundheit* wird häufig benutzt, um sowohl ge-fühls-wie verstandesmäßiges Wohlbefinden zu bezeichnen, aber hier bezieht er sich ganz spezifisch auf die Aspekte von Gesundheit, die mit Denkprozessen zusammenhängen. Gesunde mentale Haltungen, Vor-stellungen und Denkprozesse beeinflussen sowohl das emotionale wie das körperliche Wohlbefinden. Um diese Beziehung zu klären, müssen wir betrachten, wie Denken und Wahrnehmung zu optimaler Gesund-heit und Ganzheit beitragen können.

Unsere Zeit ist stärker als jede frühere von der Kommunikationstech-nologie geprägt. Das heißt, daß wir nicht mehr daran gebunden sind, in Übereinstimmung mit überlieferten Glaubenssätzen und Vorstellungen zu leben. Mehr Menschen als je zuvor haben die Möglichkeit, frühe Konditionierungen zu transzendieren und selbst zu entscheiden, ob sie die elterlichen oder kulturellen Werte annehmen wollen oder nicht. Ausbildung und Erziehung eröffnen die Möglichkeit einer größeren Mobilität und die Gelegenheit, ein Niveau an psychologischer Reife zu erreichen, das sich verantwortlichem ethischem Tun und Denken ver-dankt. Die traditionellen Werte werden auf breiter Front in Frage ge-stellt und überprüft. Religiöse Vorstellungen werden nicht mehr als selbstverständlich hingenommen, und das Bewußtsein der vielfältigen Annäherungsmöglichkeiten an ein gutes Leben breitet sich ständig aus. Beschreibungen der Realität, die einst als richtig hingenommen wur-den, werden heute in Frage gestellt.[7] Je mehr wir über das subjektive Element der Wahrnehmung lernen, desto stärker akzeptieren wir die allgemeine Relativität.

Wahrnehmung selbst kann als selektive, differenzierende Funktion be-trachtet werden, die auf dem Dualismus von Subjekt und Objekt be-ruht. Nichts kann wahrgenommen werden, ohne den Beobachter, das Subjekt, von dem, was beobachtet wird, dem Objekt, zu trennen. Darü-ber hinaus ist Wahrnehmung immer unvollständig, da die Hinwendung zu einem bestimmten Objekt meist andere Ebenen von Wahrnehmung ausschließt. Wenn man die Aufmerksamkeit darauf ausrichtet, das

Denken in Meditation zu beobachten, dann wird das Ausmaß, in dem subjektive Bewußtseinszustände die Wahrnehmung verzerren, offensichtlich.[8] Wahrnehmung ist immer von beschränkten Denkmustern, Vorstellungen und Erwartungen beeinflußt und außerdem emotional eingefärbt.

Wahrnehmungen und Glaubensvorstellungen verstärken sich tendenziell gegenseitig. Wenn man glaubt, daß etwas wahr ist, dann wird man es entsprechend selektiv wahrnehmen. Wenn also einem Lehrer gesagt wird, ein Kind in seiner Klasse sei besonders helle, wird er eher das Verhalten wahrnehmen, das diese Annahme unterstützt – und die Leistungen des Kindes werden tatsächlich steigen. Dieser Mechanismus ist unter dem Namen »Pygmalion-Effekt« bekannt. Wird das Kind andererseits als eher begriffsstutzig beschrieben, wird der Lehrer eher Hinweise bemerken, die diese Annahme stützen. Solche Selbstbewertungsmuster können sehr früh entstehen. Wenn beispielsweise Eltern mit der motorischen Entwicklung eines Kindes unzufrieden sind, kann der Glaube daran, daß er oder sie »nie was richtig machen kann« bis ins Erwachsenenalter hinein anhalten.

Die Kraft des Glaubens als sich selbst erfüllende Prophezeiung wird oft unterschätzt. In einem Essay schreibt Willis Harman:

Eines der weitreichendsten Ergebnisse in der Bewußtseinsforschung ist als »sich selbst erfüllende Prophezeiung« benannt worden. Genauer heißt das, daß unsere Glaubenssätze, ob bewußte oder unbewußte, die Zukunft auf subtilere und mächtigere Weise gestalten als wir gemeinhin bedenken.[9]

Jeder ist sozial konditioniert worden, aber es ist in gewissem Umfang möglich, diese Konditionierungen zu transzendieren. Wir wissen, daß das Denken neu programmiert werden kann. Konditionierte Wahrnehmungsmuster aber bestehen fort, wenn es an Selbstbewußtheit und der Absicht, sich zu ändern, fehlt.

Das Wirtschaftsleben, besonders das amerikanische, hat viele Erfolgsgeschichten zu bieten, die auf der Kraft des positiven Denkens beruhen. Diese Kraft wird oft in Verkaufstrainings und auch in Programmen für persönliches Wachstum eingesetzt. Von Henry Ford heißt es, er habe gesagt: »Die Leute, die glauben, daß sie was tun können, und die, die glauben, daß sie nichts tun können, haben beide recht.« Vom psychologischen Standpunkt aus gesehen liegt ein Risiko darin, die Kraft des positiven Denkens auf persönliches Wachstum anzuwenden. Das hat mit den Problemen zu tun, die daraus entstehen können, daß man die Aspekte in einem selbst, die nicht zu den bewußt gewählten Vorstellungen und Werten passen, unterdrückt oder leugnet. Diese Werte kön-

23

nen durch bestimmte Techniken verstärkt werden, etwa durch Affirmationen, bei denen man positive Sätze, die bestimmte erwünschte Eigenschaften oder Ergebnisse ausdrücken, häufig wiederholt. Solche Techniken können zwar sehr wirksam sein, aber wirkliche mentale Gesundheit muß auch unbewußte Wünsche berücksichtigen.

Heilung und Ganzheit entstehen eher als Ergebnis dessen, daß man sowohl die erwünschten wie die unerwünschten Aspekte des Selbstbildes akzeptiert und integriert. Die Persona, das annehmbare Selbstbild, das man der Welt zeigt, und der Schatten, das unannehmbare Selbstbild, das man zu verstecken trachtet, müssen miteinander versöhnt, nicht voneinander abgeschnitten werden. Wenn man den Schatten unterdrückt, erzeugt man damit meistens nur eine heftige Reaktion. Je mehr wir darüber herausfinden, wie der Verstand funktioniert, und wie er programmiert werden kann, desto klarer sehen wir, daß der Versuch, unbewußte Wünsche zu unterdrücken, um die Forderungen des Über-Ichs zu erfüllen, dazu führt, daß wir mit dem Unerwarteten rechnen müssen. Genau in dem Augenblick, in dem wir alles unter Kontrolle zu haben glauben, sehen wir uns vielleicht irgendeinem selbstzerstörerischen Verhalten oder einem unerklärlichen Zwang unterworfen. Heilung für den ganzen Menschen muß daher auf einem Gleichgewicht und einer Synthese der Gegensätze in der Psyche beruhen, nicht auf Unterdrückung, Leugnung oder Projektion dessen, was man nicht mag. Mentale Gesundheit hängt mindestens so sehr von Selbstannahme ab wie von Selbstvervollkommnung.

Eine wirkungsvollere Art, Verantwortung für Gesundheit auf der mentalen Ebene zu übernehmen, scheint die zu sein, mentale Prozesse beobachten oder erleben zu lernen, ohne daß man sie zu ändern versucht. Wenn negative Muster erst einmal erkannt sind, kann diese Kenntnis per se zu Veränderung in einer gewünschten Richtung führen. Manchmal kann ein therapeutisches Einschreiten es erleichtern, mentale Kapazitäten für eine positive Veränderung ohne negative Rückwirkungen zu nutzen, aber der Prozeß der Selbstbeobachtung braucht nicht auf die Psychotherapie beschränkt zu werden. Die Beobachtung von Träumen und anderen Ausdrucksformen des unbewußten Denkens kann dazu beitragen, das mentale Gleichgewicht aufrechtzuerhalten und die Probleme zu vermeiden, die mit einer übertriebenen bewußten Programmierung einhergehen.

Träume können einen Schlüssel zu mentaler Gesundheit liefern, denn sie lenken die Aufmerksamkeit auf unbewußte Faktoren, die sonst vielleicht ignoriert würden. Als Schöpfungen unseres Geistes können Träume eine Quelle wichtiger Informationen für das emotionale und mentale Wohlbefinden darstellen. Zudem können sie dem alltäglichen Leben Bedeutung, Einsicht, Kreativität und Führung schenken. Nicht nur, daß Träume intensive emotionale Erfahrungen hervorrufen, sie können auch als das bewußte Wachleben ausgleichende Funktion zu Heilung und Ganzheit beitragen. Auf den unterschiedlichen Bewußtseinsebenen wirken unterschiedliche Methoden der Traumarbeit heilsam, aber beinahe jede beständige Erforschung von Träumen bietet einen aufschlußreichen Spiegel der Psyche. (Siehe auch Kapitel 8, wo ich weiter auf Träume eingehe).

Selbstbeobachtung auf jeder Bewußtseinsebene – körperlich, emotional, mental, existentiell oder spirituell – ermöglicht uns zu sehen, wie jede Erfahrung, ob im Wachzustand oder im Schlaf, von Glaubenssätzen und Einstellungen geformt wird. Hat man beispielsweise eine kritische Einstellung, findet man an allem etwas auszusetzen, auch an sich selbst; ist man gewinnsüchtig, nimmt man selektiv nur das wahr, was man für sich selbst gewinnen kann. Die Aufmerksamkeit wird unbewußt dem gewidmet, was man wertschätzt. Dabei ist man sich oft nicht bewußt, daß sie nach Belieben in jede Richtung gelenkt werden kann, für die man sich entscheidet.

In den ersten Lebensjahren wird die Aufmerksamkeit, besonders im Rahmen der Erziehung, vornehmlich auf die äußere Welt gerichtet. Es wird einem gesagt, was man tun soll, was man lernen soll, und wie man denken soll. Dummerweise lebt die Angewohnheit, den Anweisungen anderer zu folgen, auch dann noch lange fort, wenn sie längst nicht mehr zweckmäßig ist. Der Schritt, die Aufmerksamkeit auf die innere Erfahrung zu richten und dadurch zu wissen, was man fühlt, was man denkt und was man wirklich will, wird dann oft so lange hinausgeschoben, bis die Unzufriedenheit über das, was man von anderen angenommen hat, unerträglich schmerzhaft wird.

Auf die innere Erfahrung acht geben zu lernen, ist ein wesentlicher Beitrag zur Erhaltung der mentalen Gesundheit. Autonomie und Selbstbestimmung gewinnt man nicht allein in der Freiheit von äußeren Beschränkungen, sondern dadurch, daß man bewußt Ziele und Werte auswählt und seine Aufmerksamkeit zu dirigieren lernt. Der Geist kann dazu trainiert werden, auf beliebig viele unterschiedliche Weisen zu denken. Die Freiheit, eine Richtung zu wählen, kann man ignorieren, aber sie bleibt jedem verfügbar, der sie beansprucht.

Optimale mentale Gesundheit beruht darauf, daß man Freiheit erkennt und die Verantwortung für Gedanken, Glaubenssätze und Wertvorstellungen übernimmt. Die Kraft der Gedanken kann bei der Heilung auf der mentalen Ebene nicht ignoriert werden.

Existentielles Wohlbefinden

*Wenn jemand seine Möglichkeiten leugnet, sie nicht
erfüllt, dann ist sein Zustand der der Schuld.*

Rollo May[10]

Ganzheit hängt – neben dem Gewahrwerden von Sinneseindrücken,
Gefühlen und Gedanken – auch davon ab, sich all den Realitäten der
menschlichen Existenz zu stellen. Auf dieser Ebene entscheidet man
zwischen neurotischer Angst und der existentiellen Angst, die man
erfährt, wenn man sich so unausweichlichen Tatsachen des Lebens
gegenübersieht wie Alleinsein, Sinnlosigkeit und Tod.

Auf dieser Ebene wird man sich sehr deutlich der persönlichen Freiheit
und der Wahlmöglichkeiten bewußt. Man erkennt die Einheit von Geist
und Körper als Gesamtorganismus und lenkt die Aufmerksamkeit auf
grundsätzliche Fragen wie Identität, Authentizität und den Sinn des
Lebens. Aus existentieller Sicht bedeutet Wohlbefinden, mit der Endlichkeit des Lebens ins reine zu kommen, die inhärenten Begrenzungen
des Egos zu akzeptieren und bereit zu sein, sich den Dingen zu stellen,
wie sie sind – ohne Selbsttäuschung.

Therapeutische Ansätze auf dieser Ebene können entweder am Körper
(etwa die Bioenergetik) oder mental orientiert sein (etwa die existentielle Analyse oder die Logotherapie), aber in jedem Fall richten sie
sich an den individuellen Organismus als Ganzes, so wie er in der Welt
existiert. Heilung richtet sich darauf, die Trennung von Geist und Körper zu heilen und Gedanken, Gefühle und körperliche Impulse in Einklang zu bringen, um ein zufriedenstellendes Zusammenspiel aller drei
als einheitliches Ganzes zu erreichen.

Eine echte Auseinandersetzung mit der Wahrheit der Existenz und des
In-dieser-Welt-Seins bedarf der Authentizität und persönlicher Integrität. Authentizität beinhaltet die Gleichgestimmtheit von innerer Erfahrung und äußerem Ausdruck und die Übereinstimmung von Glaubenssätzen und Verhalten. Wenn die Gedanken, die Gefühle, die Worte und
die Handlungen miteinander harmonieren, wenn sie einander nicht wi-
dersprechen, dann entwickelt man ein Gefühl von Integrität und innerem Einklang, das für das existentielle Wohlbefinden unabdingbar ist.
Wenn man andererseits eine Sache denkt und eine andere sagt, oder auf
eine Weise fühlt und auf eine andere handelt, dann schafft man innere
Konflikte statt Einklang und erfährt Streß, Disharmonie oder Un-
Wohlsein.

Der Wunsch nach einer bedeutungsvolleren und authentischeren Existenz wird oft als diffuse Sehnsucht erfahren, die nicht durch das Errei-

chen äußerer Ego-Ziele zu stillen ist. Hat man erst einmal die vergängliche Natur der Ego-Befriedigungen erkannt, seien sie nun im Bereich materieller Besitztümer, persönlicher Leistungen oder zwischenmenschlicher Beziehungen angesiedelt, kann man auf der Suche nach tieferer Bedeutung seine Aufmerksamkeit auf die innere Entwicklung und die Suche nach richten.

C.G. Jung vertrat die Ansicht, daß die erste Lebenshälfte angemessenerweise äußeren Leistungen und der Entwicklung des Ich, die zweite dagegen der Reise nach innen und dem Loslassen des Ich gewidmet werden sollte. Wenn auch bei der gesunden menschlichen Entwicklung gesunde Ich-Funktionen der Konfrontation mit existentiellen Fragen vorangehen mögen, scheint der Prozeß doch nicht notwendigerweise in chronologischer Abfolge verlaufen zu müssen. Die Ich-Entwicklung kann schon im frühen Erwachsenenalter erfolgreich abgeschlossen sein, und der Ruf nach innerer Entwicklung kann einen in jedem Alter erreichen. Es ist nicht mehr notwendig, sich zu entscheiden, ob man sich ausschließlich der inneren oder der äußeren Entwicklung widmen will. Im Gegenteil: Es scheint deutlich, daß optimales Wohlbefinden nach beidem verlangt. Wenn das innere Leben in unseren Erziehungssystemen nicht so schmählich vernachlässigt würde, gäbe es vielleicht weniger Bedarf für die »Reparaturarbeiten« in der Psychotherapie, die das Gleichgewicht zwischen der äußeren und der inneren Entwicklung wieder herstellen müssen. Wenn die innere Erfahrung in der Jugend und im frühen Erwachsenenalter ignoriert oder unterdrückt wird, kann sie zu einer Quelle beträchtlichen Leids, Schmerzes und existentieller Verzweiflung werden. Wenn andererseits existentielle Belange zusammen mit der Arbeit, die man in der Welt tut, anerkannt werden können, lassen sich innere Quellen für Führung, Inspiration und tiefe Zufriedenheit entdecken, die die Grenzen der isolierten Existenz des einzelnen transzendieren.

Spirituelles Wohlbefinden

> ... vom Geist in GEIST zu transzendieren heißt nicht, Geist zu verlieren oder zu zerstören, sondern lediglich Geist in die höherrangige Ganzheit des Überbewußten einzuschließen.
>
> *Ken Wilber*[11]

Das medizinische Modell der Psychiatrie kann bei manchen Geisteskrankheiten, die biologische Ursachen haben, Erleichterung schaffen. Die Verhaltenspsychologie hat bemerkenswerte Techniken zur Messung, Kontrolle und Vorhersage von Verhalten entwickelt. Die humanistische Psychologie liefert eine beeindruckende Vielfalt von Techniken zur emotionalen Entwicklung, und die kognitive Psychologie spricht par excellence die mentale Ebene an. Die existentielle Psychotherapie behandelt die Fragen der getrennten, isolierten Existenz – aber die spirituelle Dimension menschlicher Erfahrung ist von der traditionellen Psychologie und Psychiatrie bisher weitgehend vernachlässigt worden.

Spirituelle Bestrebungen wurden oft als Fluchtverhalten betrachtet, wenn nicht sogar als krankhaft. Aber das Fehlen eines bedeutungsvollen spirituellen Zusammenhangs im Leben ist zum Verhängnis der modernen Gesellschaft geworden. Männer wie Frauen hier im Westen sind häufig von den Wohltaten authentischer spiritueller Erfahrungen abgeschnitten und fühlen sich daher oft in ewiger Entfremdung und Verzweiflung gefangen. Nun beginnen aber viele Menschen mit Hilfe der unterschiedlichsten unkonventionellen Verfahren, die Gültigkeit und Wichtigkeit spiritueller Erfahrung wiederzuentdecken. Der Hunger nach direkter Erfahrung – und nicht nach Lehren über Spiritualität – ist offensichtlich: Immer mehr Menschen wenden sich Erfahrungsgruppen, östlichen Religionen, der Meditation, der Suche nach Visionen in der Wildnis, indianischen Ritualen und bewußtseinsverändernden Drogenerfahrungen zu.

Der Mangel an authentischer transzendenter Erfahrung trägt zu Gefühlen spiritueller Entbehrungen und Misere bei. Spirituelles Wohlbefinden läßt sich nicht aus irgendwelchen Ersatzbefriedigungen schöpfen. Wir merken intuitiv, ob wir die Verbindung zu dem grundlegenden Boden der Psyche verloren haben. Wir wissen auch, wann wir Verbindung zur Wahrheit haben, denn Wahrheit wird erkannt, nicht erlernt. Aufmerksamkeit auf die innere Erfahrung richten, Authentizität entwickeln und die innere Wahrheit achten zu lernen, sind wichtige Aspekte von Ganzheit, aber sie machen noch nicht spirituelles Erwachen oder Selbsttranszendenz aus.

Spirituelles Wohlbefinden bedarf keiner förmlichen Zugehörigkeit zu einer bestimmte Religion, aber es erfordert Offenheit gegenüber transpersonalen Erfahrungsdimensionen. Die spirituelle Suche ist vor allen Dingen eine Suche nach Wahrheit. Um mit sich selbst in Frieden zu kommen, muß man bereit sein, die Wahrheit zu sehen, wie sie ist. Spirituelles Wohlbefinden ist durch ein Gefühl inneren Friedens, Mitgefühl mit anderen, Ehrfurcht vor dem Leben, Dankbarkeit und Wertschätzung von Einheit und Vielfalt gleichermaßen gekennzeichnet. Gesunde Spiritualität beinhaltet auch Eigenschaften wie Humor, Weis-

28

heit, Großzügigkeit und die Befähigung zum Loslassen, zu Selbsttranszendenz und bedingungsloser Liebe.

Die traditionellen spirituellen Disziplinen fordern vom spirituellen Aspiranten zunächst eine Zeit der Reinigung. In manchen Traditionen muß der Sucher vor seiner Aufnahme erst ein starkes Verlangen zeigen, spirituelle Ziele zu verfolgen. Man sagt, wahres spirituelles Wachstum sei nur dadurch zu erreichen, daß man sich von ganzem Herzen der Wahrheit verpflichtet. Wo Falschheit und Täuschung, die Konflikt erzeugen, Hindernisse auf dem Weg zu innerem Frieden und spirituellem Verstehen schaffen, scheint spirituelles Wohlbefinden davon abzuhängen, daß man sich der Wahrheit verpflichtet, die einen »frei machen wird«. Wahrheit kann, wenn man ihr sich einmal verschrieben hat, zu einer starken heilenden Kraft werden. Ein wesentlicher Teil der Psychotherapie besteht darin, die Wahrheit über eine Erfahrung zu erzählen, aber ihre Bedeutung für das spirituelle Wohlbefinden wird selten erkannt. Die feineren Eigenschaften des Bewußtseins, die mit spiritueller Praxis zu tun haben, bleiben bei der psychologischen Arbeit meist im Hintergrund. Dabei können sie einen mächtigen Einfluß auf die Heilung haben.

Abbildung 2 stellt die hier besprochenen fünf Ebenen des Bewußtseins dar, die zur Heilung für den ganzen Menschen gehören. Natürlich ist jede zweidimensionale Darstellung der Bewußtseinsebenen als Plan für eine vieldimensionale Realität völlig unzureichend. Diese Ebenen durchdringen sich gegenseitig, aber die Unterteilung dient vor allem dazu, die feineren Ebenen, die von den äußeren Ringen dargestellt werden, bewußt zu machen. Alle fünf Ebenen sind potentiell jedem zugänglich, und die inneren Ringe sind in den äußeren enthalten. Aber die feineren Ebenen bleiben oft unbewußt, wenn man sich ihnen nicht willentlich zuwendet. Ohne Übung auf diesem Gebiet beherrschen meist die Bewußtseinsebenen, die durch die inneren Ringe dargestellt sind, die Aufmerksamkeit. Das Bewußtsein wird immer feiner, sobald es körperliche, emotionale, mentale, existentielle und spirituelle Ebenen unterscheidet. Man muß auf jeder Ebene lernen, zu akzeptieren und zu beobachten. Jede vorhergehende Ebene muß ausreichend ruhig oder frei von Aufruhr und Schmerz sein, damit die nächste, feinere Ebene zur Bewußtheit auftauchen kann. Obwohl es so scheinen mag, als seien Gesundheit oder Krankheit auf jeder Ebene unabhängig von den anderen Ebenen, hängt die Heilung des ganzen Menschen von der Bewußtheit des Wohlbefindens auf allen Ebenen ab.

Abbildung 2

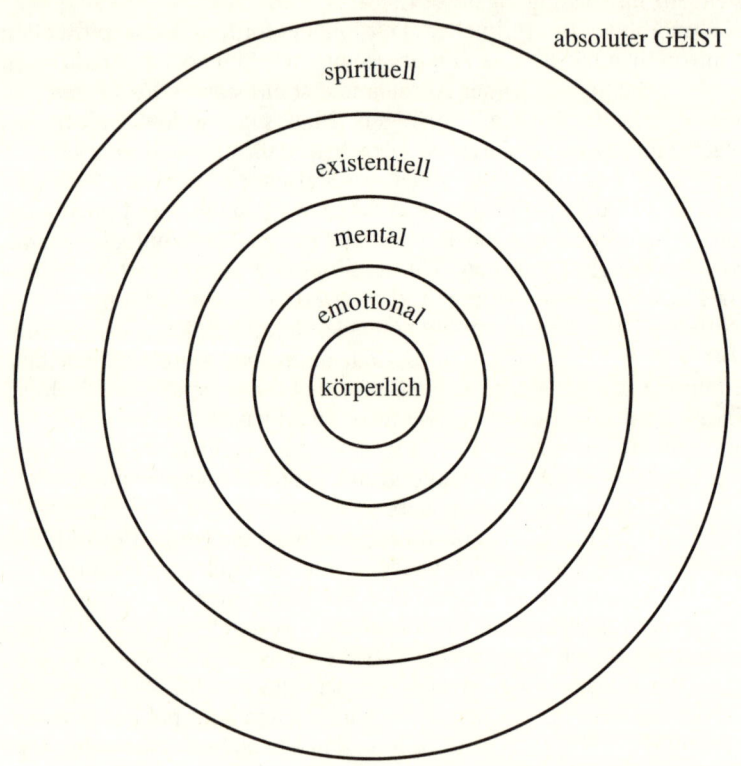

Schlußfolgerung

> Gesundheit wird traditionell als ein Zustand voll-
> kommenen Gleichgewichts definiert; und Heilung
> ist das, was dieses Gleichgewicht wiederherstellt.
> *William McGarey*[12]

Angesichts der Tatsache, daß jede wesentliche Bedrohung des Überlebens der Menschheit heute von Menschen verursacht ist, ist die Schlußfolgerung unweigerlich, daß die menschliche Rasse als Ganzes drin-

gend der Heilung bedarf. Wenn der Zustand der Welt den Zustand unseres kollektiven Denkens widerspiegelt, scheinen wir vor einer kollektiven existentiellen Krise zu stehen, in der wir zwischen Selbstzerstörung und Selbstheilung wählen müssen. Betrachtet man die Art und Weise, wie die Menschen miteinander umgehen, aus familientherapeutischer Sicht, so müssen wir daraus schließen, daß die Familie der Menschen verrückt ist. Aber wer wird uns vor uns selber retten? Wir selbst, jede und jeder, müssen die Verantwortung dafür übernehmen, die Veränderungen in unserem Leben herbeizuführen, die uns in die Lage versetzen, zum Wohlbefinden des Ganzen beizutragen. So wie ein gesunder Körper aus einzelnen gesunden Zellen besteht, so hat jeder von uns Anteil am Zustand der Menschheit insgesamt. Wenn wir individuell oder kollektiv optimale Gesundheit anstreben, müssen wir lernen, auf alle Aspekte körperlichen, emotionalen, mentalen, existentiellen und spirituellen Wohlbefindens acht zu geben. Wirksame Selbstheilung beruht darauf, sie alle zu berücksichtigen.

Es wird zuweilen argumentiert, die Beschäftigung mit nicht-körperlichen Bedürfnissen setze materiellen Wohlstand voraus. Natürlich müssen einige physiologische Grundbedürfnisse für das Überleben der Menschheit gesichert sein, doch läßt sich darüber streiten, wieviel materielle Unterstützung dazu notwendig ist. Vermögende Menschen sind nicht notwendigerweise glücklicher als die, die bescheidener leben. Die Fähigkeit, Liebe zu geben und zu nehmen, mag davon abhängen, daß man genug zu essen hat, aber nicht davon, daß man prassen kann. Indien hat trotz all seiner materiellen Armut einige der größten spirituellen Lehrer der Welt hervorgebracht. Sich um körperliche Bedürfnisse zu kümmern scheint eine notwendige, aber keine hinreichende Voraussetzung für Heilung und Ganzheit zu sein. Die Arbeit von Mutter Teresa in Kalkutta, die sich der sterbenden Menschen annimmt, ist ein bestechendes Beispiel für wahrhaft heilende Arbeit, die die Würde des einzelnen respektiert und Trost für die Seele bietet. Die Menschheit braucht Heilung auf allen Ebenen.

Gesellschaftliche Bedürfnisse können ebenso wie individuelle aus einer Perspektive angegangen werden, die eine Vision von Ganzheit beinhaltet. Wenn wir Frieden in die Welt bringen wollen, müssen wir lernen, ihn in uns und untereinander zu schaffen. Wir wissen manches darüber, wie Heilung dazu beitragen kann, die notwendigen Bedingungen für Frieden in unserem persönlichen Leben zu schaffen. Vielleicht können wir, wenn wir lernen, uns selbst und anderen keine Gewalt mehr anzutun, auch andere Menschen ermutigen, es uns gleichzutun.

Das für Heilung und Gesundheit notwendige Wissen haben wir bereits. In diesem Zeitalter der Kommunikation sind die entsprechenden Informationen nicht schwer zu bekommen. Jetzt müssen wir lernen, das, was wir wissen, anzuwenden. Ich weiß von meinen Patienten und aus eigener Erfahrung, daß wir in der Tat wachsen und uns verändern können. Wir *können* lernen, uns selbst und andere menschlicher zu behandeln. Wir *können* Verantwortung für Heilung und Ganzheit übernehmen und das Erlernte miteinander teilen.

Erfahrungsübungen

Visualisierung: Gesundheit und Ganzheit

Schließe die Augen, entspanne Dich und achte ein paar Minuten lang auf Deine Atmung bis Deine Gedanken ganz ruhig sind.

Visualisiere Dich selbst bei bester Gesundheit, vollkommen geheilt und ganz. Beachte Deine Haltung, den Ausdruck auf Deinem Gesicht und Deine allgemeine Erscheinung, während Du Dich selbst so strahlend gesund siehst. Achte auf Deine Umgebung. Welche Umgebung malst Du Dir aus, wenn Du Dich so ganz gesund siehst?

Stell Dir vor, daß Du dieses Gefühl des Wohlbefindens auf andere übertragen kannst. Wie sähe Dein Familienleben aus, wenn sich alle wohl und gesund fühlen würden? Stell Dir vor, daß ein Gefühl des Wohlbefindens sich über Deine Familie auf Deine Gemeinde und darüber hinaus ausweitet.

2 Evolution des Selbstkonzepts

> Als menschliche Wesen sind wir dazu geschaffen, uns
> selbst zu übertreffen, und wir sind nur dann wirklich
> wir selbst, wenn wir uns transzendieren.
>
> *Huston Smith*[1]

Definitionen des Selbst

Alles, was wir tun, kann als Ausdruck dessen gesehen werden, für wen
oder was wir uns halten. Psychologische Theorien und Ideen über das
Selbst werden, ungeachtet der Folgen, häufig zu allgemein akzeptierten
Annahmen über die menschliche Natur. Wie Gordon Allport sagte:
»Psychologen haben mit ihren ureigenen Theorien über das Wesen des
Menschen die Macht, eben dieses Wesen zu erhöhen oder herabzuset-
zen. Erniedrigende Annahmen erniedrigen die Menschen; hochherzige
Annahmen erheben sie.«[2] Jede Geisteskrankheit geht mit einer Verzer-
rung des Selbstkonzepts einher, und psychologische Gesundheit wird
im allgemeinen mit einer realistischen Einschätzung der Grenzen und
Möglichkeiten des Selbst assoziiert. Da Selbstkonzepte meist zu sich
selbst erfüllenden Prophezeiungen werden, können einschränkende
Vorstellungen über das Selbst die menschliche Entwicklung behindern. Andererseits können Definitionen des Selbst, die die Bewußtheit
erweitern, zu Heilung und Ganzheit beitragen.
Definitionen des Selbst sind notwendigerweise durch persönliche Erfahrungen und bruchstückhafte Wahrnehmungen des Ganzen begrenzt.
Diese Begrenzungen werden durch Vorstellungen und Annahmen verstärkt, die man nicht hinterfragt. Des weiteren verwechseln wir oft das
Protokoll dessen, was wir gewesen sind, mit einem Rezept für das, was
wir werden können.[3] Vorstellungen und Selbstkonzepte einer genauen
Untersuchung zu unterziehen, ist daher ein wichtiger Aspekt intensiver
Psychotherapie.
Positive Veränderungen im Selbstkonzept können sich daraus ergeben,
daß man lernt, auf die innere Erfahrung zu achten und direkte Erfah-
rung von Interpretationen und Konzepten zu unterscheiden. Wenn das
Selbstgefühl authentischer, umfassender und weniger von konzeptio-
nellen Begrenzungen beengt ist, können Veränderungen leichter einge-

leitet werden. Im Lichte wachsender Bewußtheit weitet sich das Selbst immer weiter aus und geht im Laufe seiner normalen Reifung durch bestimmte Entwicklungsphasen.

Im ersten Kapitel haben wir verschiedene Bewußtseinsebenen beschrieben, die Ganzheit ausmachen. Hier werden wir nun die Stadien umreißen, die das Selbst auf seinem Weg zum Gewahrwerden der Ganzheit durchläuft. Es scheint so, als ob der Prozeß selber dadurch erleichtert und verstärkt werden kann, daß man ihn genau versteht. Die folgenden Beschreibungen können daher für jeden nützlich sein, der am Abenteuer des Bewußtseins teilnimmt.

Das körperliche und das emotionale Selbst

In dem Stadium, in dem das Bewußtsein ausschließlich mit dem Körper identifiziert wird, geht es um das grundlegende Problem des Überlebens. Die subtileren Nuancen, das Fühlen, Denken und die Intuition als Mittel des Wissens, haben sich noch nicht ausgebildet. In der Phase, in der Bewußtsein überwiegend mit Gefühlen identifiziert wird, wird der Mensch unbewußt von Bedürfnissen oder Wünschen getrieben und kann sie oft nicht unterscheiden. Die Differenzierung beginnt mit dem Auftauchen des sprachlichen Verstandes-Ich.

Ken Wilber hat die evolutionäre Reise des Selbst durch verschiedene Stadien genau beschrieben. Er sagt:

Da die Welt der Zeit die Welt des ständigen Wechsels ist, sind alle Dinge dieser Welt einem beständigen Wandel unterworfen. Zur Veränderung gehört, daß sich die einzelnen Seinszustände in gewisser Weise voneinander unterscheiden; das heißt, eine Art *Entwicklung* aufweisen.[4]

Wilber beschreibt einen Prozeß der Differenzierung, Transzendenz und Integration, der in jedem Stadium der Entwicklung stattfindet.[5] In der Säuglingszeit identifiziert sich das entstehende Selbst-Gefühl zunächst mit dem physischen Körper und *unterscheidet* zwischen sich und seiner Umgebung. Hat der Säugling körperlich Selbst und Umgebung unterschieden, kann er die Identifizierung mit ihr *transzendieren* und von da an auf die Umgebung *einwirken* und einigen Einfluß auf sie nehmen.[6] An diesem Punkt wird der Säugling mit einem körperlichen und einem emotionalen Selbst *identifiziert*. Wenn das Kind später sprechen lernt, *transzendiert* das Selbstgefühl die ausschließliche Identifizierung mit dem Körper und den Gefühlen

(Wünschen, Begierden) und weitet sich aus, um die Identifizierung mit dem sprachlichen Verstandes-Ich einzuschließen. Das Kind kann dann beginnen, auf den Körper *einzuwirken* und Befriedigungen hinauszuzögern, indem es zwischen Bedürfnissen und Wünschen unterscheidet. Erreicht das Kind allmählich Kontrolle über den Körper, löst es die Identifizierung mit ihm auf.

Der Gebrauch von Sprache hat zur Folge, daß das Selbst zunehmend mit dem sprachlichen Verstandes-Ich identifiziert wird. Wilber sagt: Es »entwickelt sich also gewöhnlich ein ziemlich geschlossenes Verstandes-Ich, sondert sich schließlich [mit Hilfe der Sprache] nach der ödipalen Phase vom Körper ab, *transzendiert* die einfache biologische Welt und kann daher bis zu einem gewissen Grad auf sie *einwirken*..., wobei es sich des repräsentatorischen Denkens bedient... Das erlaubt zugleich eine Sublimierung der emotional-sexuellen Energien des Körpers zu feineren, komplexeren und höher entwickelten Aktivitäten.«[7] Die gesunde Entwicklung des Selbstkonzepts beruht auf der *Integration* von Körper und Geist, wohingegen die Trennung von Körper und Geist zu Un-Wohlsein und Krankheit führt. Wenn in einem späteren Stadium die Identifizierung mit dem sprachlichen Verstandes-Ich transzendiert zu werden beginnt, hängen Gesundheit und Ganzheit immer noch von der *Integration* der früheren Identifizierungsstadien ab.[8]

Das ichhafte Selbstbewußtsein

> Das ichhafte Selbstbewußtsein befindet sich auf halbem Wege zwischen dem Unbewußten der Natur und dem Überbewußten des GEISTES.
>
> *Ken Wilber*[9]

Fragen der Identität und des Selbstkonzepts sind von großer Bedeutung, wenn das Selbst überwiegend mit dem sprachlichen Verstandes-Ich identifiziert ist. In dieser Phase kann man von dem Bedürfnis getrieben sein, den eigenen Wert zu beweisen, und von ichbezogenen Fantasien über Heldentum in Anspruch genommen sein. In der psychoanalytischen Theorie wird eine starke, gesunde Ich-Identität als Kennzeichen von Gesundheit betrachtet. Aus transpersonaler Sicht wird dieses Stadium der Identifizierung als notwendige Übergangsphase bei der Evolution eines Selbstkonzepts angesehen, die später zu existentieller Identität transzendiert wird.[10]

Das Konzept der Ich-Identität[11] ist Psychotherapeuten vertraut, aber ihre Ansichten darüber, wie wir diese Identität aufbauen und welche Funktion sie hat, gehen auseinander. Wilber hat das Ich als Ansammlung von Selbstkonzepten und verwandten Bildern, Phantasien, Identifizierungen, Erinnerungen, Teilpersönlichkeiten, Motivationen, Ideen und Information beschrieben.[12] Das Ich kann also, mit anderen Worten, als all das beschrieben werden, wofür wir uns *halten*. Wie Descartes sagt das sprachliche Verstandes-Ich »Ich denke, also bin ich«, und wird mit dem Denken gleichgesetzt. Wenn ich mich frage: »Was bin ich?«, wird jede erdenkliche Antwort genau so lauten: ein Gedanke darüber, was ich bin. Es gibt keine andere Möglichkeit, darüber zu sprechen, was ich bin, als in Form eines Begriffs. Bei der Suche nach Identität kann man sich mit den verschiedensten Gedanken oder Begriffen identifizieren, die im wesentlichen Inhalte des Bewußtseins sind. Antworten auf die Frage »Was bin ich?« geben daher begrenzte Wahrnehmungen und vorprogrammierte kulturelle Glaubenssätze wieder.

Wenn ichbezogene Identifizierungen als im wesentlichen von begrifflicher Natur betrachtet werden, kann das Ich als das Selbstgefühl definiert werden, das aus der Identifizierung des Bewußtseins mit einer Ansammlung von Gedanken darüber, wer und was wir sind, entsteht. Identifiziert sich das Bewußtsein ausschließlich mit dem Ich als unabhängigem Wesen, entsteht bezeichnenderweise ein abgeschnittenes und isoliertes Selbstgefühl. Aus der Sicht des sprachlichen Verstandes-Ich existiert jeder Mensch als isoliertes, individuelles Wesen, das frühen Konditionierungen unterworfen ist, die das Verhalten bestimmen. Es sieht sich selbst eine unsichere Existenz in einem gefährlichen Universum führen, das es jederzeit zu überwältigen oder auszulöschen droht.

Um diese Phase zu transzendieren, muß man bereit sein, sich den existentiellen Realitäten Freiheit, Alleinsein und Tod zu stellen. Das Selbstgefühl, das aus der Konfrontation mit diesen Realitäten erwächst, kann man als das existentielle Selbst bezeichnen. Mit dem existentiellen Selbst zu Rande zu kommen, ist eine wichtige Grundlage für die weitere psychologische und spirituelle Entwicklung.

Existentielle Identität

Das existentielle Selbst verlangt nach Authentizität und Autonomie. Als sozial anpassungsfähige Geschöpfe, die sich mit dem sprachlichen Verstandes-Ich identifizieren, können wir lernen, der Welt eine akzeptable Fassade zu präsentieren. Der Preis der Anpassung kann aber in einem Gefühl des Selbstverlusts oder darin liegen, nicht zu wissen, wer man eigentlich ist. Das Gefühl »eigentlichen« Seins wird im allgemeinen mit der Verpflichtung zu Authentizität und persönlicher Freiheit assoziiert. Während der ichbezogene Held aufbricht, um Reichtümer zu suchen und die Welt zu erobern, zieht der existentielle Held los, um Wahrheit zu suchen und Angst zu überwinden. Authentizität, und die beinhaltet auch Wahlfreiheit und innere Lenkung, wird nicht durch Mitgliedschaft in einer Gruppe vermittelt. Persönliche Integrität auf dieser Stufe hat nichts mit gesellschaftlichem Konformismus oder Nonkonformismus zu tun. Wer sich damit identifiziert, ein Rebell oder Nonkonformist zu sein, kann genauso durch kollektive Rollenmodelle geprägt sein, wie jemand, der sich genötigt fühlt, sich konform zu verhalten.

Untersuchungen zur moralischen Entwicklung weisen darauf hin, daß sich die moralische Urteilskraft, wie die kognitiven Fähigkeiten auch, mit zunehmender Reife entwickelt. Die Phasen der moralischen Entwicklung werden grob als vorkonventionell, konventionell und nachkonventionell bezeichnet.[14] Die vorkonventionelle Moral kennt nur persönliches Überleben und eigene Interessen. Die konventionelle Moral wird von gesellschaftlichen Regeln beherrscht. Die nachkonventionelle Moral ist selbstbestimmt und beruht auf persönlicher Integrität und der Kenntnis der gegenseitigen Abhängigkeiten. Die Moral des gesunden existentiellen Selbst ist nachkonventionell. In dieser Phase ist der Mensch nicht mehr an gesellschaftliche Gesetze und Rollen gebunden, und er entscheidet sich frei für eine ethische Lebensführung als Ausdruck persönlicher Integrität.

Gegründet auf eine Integrität, die die Übereinstimmung von Gedanken, Worten und Handlungen erfordert, wird das gesunde existentielle Selbst als einheitliches, integriertes Ganzes erfahren. Mit der Erkenntnis der Kraft, die in Wahlmöglichkeit und Zielgerichtetheit liegt, wird

Wert darauf gelegt, organische Ganzheit und Selbstverwirklichung aufzubauen. Ein Mensch, dessen Selbstkonzept sich bis zu diesem Stadium entwickelt hat, ist bezeichnenderweise spontan und authentisch. Sein Verhalten und seine Kommunikation mit anderen decken sich mit seiner inneren Erfahrung. Eine gesunde existentielle Identität zeichnet sich dadurch aus, daß man sich selbst achtet und seinen eigenen inneren Bezugsrahmen hat, statt sich auf die Zustimmung oder Anleitung anderer zu verlassen.

Das existentielle Selbst, das sich mit den Tatsachen der Existenz ausgesöhnt hat, sieht sich direkt mit dem Alleinsein und der Unausweichlichkeit des eigenen Todes konfrontiert. Man wird allein geboren, und man stirbt allein. So gesehen gibt es keinen Ausweg aus der Isolation. Das existentielle Selbst strebt manchmal nach einem langen Leben oder nach der Illusion der Unsterblichkeit durch Kinder oder durch das Erschaffen von Werken, die seine kurze, endliche Existenz überdauern und die Erinnerung an es wachhalten werden.[15] Da es sich jedoch ausschließlich mit dem biologischen Geist/Körper-Organismus identifiziert, bleibt sein Einfluß auf das Leben dürftig und vergänglich.

Dem Ich, das sich der Drohung des Nichtseins gegenübersieht, mag der Glaube an ein Leben nach dem Tode, Reinkarnation oder eine andere religiöse Doktrin als Trost dienen. Aber das existentielle Selbst mit seiner Verpflichtung auf Authentizität weigert sich, sich selbst zu täuschen. Letztlich wird es sich der drohenden Auslöschung stellen müssen. Im Wissen um seine eigene Sterblichkeit nimmt das existentielle Selbst den Wettkampf mit dem Tod auf und versucht, trotz des seiner Isolation in einer Welt ohne Bedeutung innewohnenden Leidens, seine unabhängige Existenz zu verlängern. Für das Selbst, das das Universum und jeden anderen als von sich verschieden, nicht wie sich selbst wahrnimmt, ist Entfremdung unausweichlich. Für den Existentialisten gibt es keine annehmbare Zuflucht, denn Flucht aus diesem Zustand des Getrenntseins wird für Selbstbetrug gehalten.

Aus der Bereitschaft heraus, sich der Angst und den schmerzhaften Realitäten des Alleinseins und des Todes zu stellen, verpflichtet sich das existentielle Selbst, die Realität genau so zu nehmen, wie sie ist. Seine Stärke liegt darin, daß es sich weigert, Leiden zu beschönigen oder so zu tun, als ob die Dinge besser werden könnten. Unglücklicherweise überschattet die starke Beschäftigung mit dem Tod jede vorübergehende Freude. Daher zeigt die Klischeevorstellung eines Existentialisten ihn eher verdrießlich als jovial. Wie kann man die Freuden des Lebens genießen, wenn man weiß, daß sie vergänglich sind? Der knöcherne Schädel grinst immer auf das Festmahl herunter,[16] und alles, was man erreicht hat, muß man schließlich wieder aufgeben. Das Bewußtsein der Sterblichkeit und die Angst vor dem Verlust durchdringen so jede Erfahrung und berauben einen jeder Freude. Nichts bleibt bestehen, alles verändert sich, jeder muß sterben, und die Liebe selbst scheint nur eine romantische Illusion zu sein.

Im Angesicht der Bedeutungslosigkeit versucht der Existentialist durch individuelle Handlungen Bedeutung in der Welt zu schaffen. Aber selbst die heroischsten Anstrengungen können nicht über die ontologische Angst siegen. Aus dieser Perspektive gibt es keine Möglichkeit das existentielle Grauen zu überwinden.[17] Das isolierte Selbst wird letzten Endes immer vom Tod besiegt.

Auf dem Weg zur transpersonalen Identität

> Welchen Schatz könnte ich suchen und finden und
> behalten, der meiner Identität gleich käme?
> *A Course in Miracles*[18]

Will man das existentielle Getrenntsein transzendieren, muß man bereit sein, die Annahme, daß das Selbst eine unabhängige, getrennte, autonome Einheit ist, in Frage zu stellen. Damit werden der Wert und die Bedeutung von Individuation und die Suche nach existentieller Identität ebenso wenig geleugnet, wie eine gesunde mentale Entwicklung die Wichtigkeit von körperlicher Gesundheit anzweifelt. Jedoch wird damit anerkannt, daß Ganzheit zwar existentielle Identität einschließt, durch sie aber nicht definiert wird.

Gesunde menschliche Entwicklung heißt aus transpersonaler Sicht, daß das Selbstgefühl sich mit zunehmender Reife immer mehr ausweitet.[19] Wenn das Selbstgefühl, ursprünglich ausschließlich mit dem Körper und den Gefühlen identifiziert, sich um die Identifizierung mit dem sprachlichen Verstandes-Ich erweitert, werden soziale Rollen wichtig. Dieses Stadium ist typischerweise ein konformistisches. Daraus kann in der Folge das unabhängige existentielle Selbst als gesundes Selbstkonzept entstehen, das auf der persönlichen Erfahrung von Geist/Körper-Integration und organischer Ganzheit beruht. Selbstbeobachtung kann in dieser Phase zwischen dem Beobachter oder inneren Zeugen und den Inhalten des Bewußtseins, also Bildern, Gedanken, Gefühlen und Sinneseindrücken unterscheiden. Die gegenseite Abhängigkeit von Beobachter und Beobachtetem, Geist und Körper, Organismus und Umgebung auf allen Ebenen zu erkennen, kann zu einer weiteren Ausdehnung des Selbstkonzepts führen.

Die Transformation des Selbstkonzepts nimmt wieder den Weg über Differenzierung, Transzendenz und Integration. Sind die mentalen, emotionalen und körperlichen Vorstellungen des Selbst erst einmal unterschieden, transzendiert sie das Selbst oder löst die Identifizierung mit ihnen auf. Umfassendere Vorstellungen des Selbst beinhalten zusätzlich die feineren Wahrnehmungen des spirituellen Bewußtseins. Wenn diese Wahrnehmungen zunehmend bewußt werden, kann man Erleuchtungserfahrungen oder Ahnungen eines gemeinsamen Bewußtseins haben. Obwohl also Identifizierungen des Selbst mit Teilerscheinungen des Ganzen angemessene Entwicklungsstufen sind, sind Festlegungen auf welche Ebene auch immer sowohl einschränkend wie pathogen. Während es also für ein Kind angemessen ist, sich ausschließlich mit Körpergefühlen, und für einen Jugendlichen, sich ausschließlich mit dem sprachlichen Verstandes-Ich zu identifizieren, können Identifizierungen, die nicht das ganze Spektrum der Möglichkeiten aufgreifen, als Störung einer gesunden Entwicklung angesehen werden. Mentale und existentielle Identifizierungen stellen demnach wichtige Phasen menschlichen Wachstums dar, aber gesunde Reife und Ganzheit erfordern, daß man über sie hinauswächst.

Bewußtsein kann nicht auf ichbezogene Selbstkonzepte begrenzt werden. Die existentielle Identität ist insofern praktisch, als sie es möglich macht, mit den gewöhnlichen Aufgaben des Lebens in dieser Welt fertig zu werden – so wie die Newtonsche Physik praktisch ist, wenn man eine Brücke bauen will. Die ausschließliche Identifizierung mit dem existentiellen Selbst als unabhängiger Einheit macht hingegen angesichts von Bewußtseinszuständen, die die gewöhnlichen Begrenzungen von Raum und Zeit transzendieren und in einer Realität operieren, die sich besser in der Sprache der subatomaren Physik beschreiben läßt, keinen Sinn.[20]

Von Bewußtheit, die die Grenzen des Ich transzendiert, wird oft zuerst bei transpersonalen Gipfelerfahrungen oder tiefer Meditation ein flüchtiger Eindruck erhascht. Neuere Untersuchungen transpersonaler Bewußtseinszustände legen nahe, daß die Auflösung der Identifizierungen mit ichbezogenen Selbstkonzepten zur Entstehung eines umfassenderen Selbstgefühls führt, das am besten als das transpersonale Selbst beschrieben wird. Wilber sagt: »... an diesem Punkt in der Evolution ... ist die Aufgabe des Ich erfüllt: es hat gute Dienste dabei geleistet, die Evolution vom Unterbewußtsein zum Selbstbewußtsein voranzubringen, aber nun muß es selbst aufgegeben werden, um Platz für das Überbewußtsein zu schaffen.«[21]

In der transpersonalen Identität weitet sich das Selbst aus, um höhere Bewußtseinszustände einzuschließen. Solche höheren Bewußtseinszustände kann man als jene Zustände definieren, die alle Fähigkeiten des gewöhnlichen Wachzustands beinhalten und noch ein paar dazu.[22] Aus transpersonaler Sicht erscheint unser gewöhnliches Wachbewußtsein als defensiv beschränkt und weit unterhalb des Optimums liegend.[23] Obwohl ernsthafte Verzerrungen der Wahrnehmung gemeinhin als pathologisch angesehen werden, werden die gewöhnlichen defensiven Verzerrungen – Projektion, Verleugnung und Unterdrückung – im allgemeinen als normal akzeptiert. Aus der Perspektive der transpersonalen Identität werden jedoch die Probleme, die mit defensiven Verzerrungen des Bewußtseins zusammenhängen, offensichtlich.

Der Prozeß, die existentielle Identität zugunsten der transpersonalen Identität aufzugeben, kann durch die Unterscheidung echter Transzendenz oder transpersonaler Zustände von regressiven präpersonalen Zuständen erleichtert werden. Ken Wilber spricht in diesem Zusammenhang von der Prä/Trans-Verwechslung. Er sagt:

Das Wesen der Prä/Trans-Verwechslung läßt sich ohne weiteres beschreiben. Wir nehmen zunächst einmal einfach an, daß der Mensch tatsächlich Zugang zu den drei allgemeinen Bereichen des Seins und der Erkenntnis hat – zum Sinnlichen, zum Verstandesmäßigen und Geistigen und zum Spirituellen. Man kann nach Belieben auch von den unterbewußten, ich-bewußten und überbewußten oder von den prärationalen, rationalen und transrationalen oder von den präpersonalen, personalen und transpersonalen Bereichen sprechen. Der entscheidende Punkt ist einfach der, daß dem ungeschulten Auge zum Beispiel das *Prä*rationale und das *Trans*rationale, weil sie auf ihre je eigene Weise *nicht*-rational sind, als ziemlich ähnlich oder sogar identisch erscheinen… Mit anderen Worten, man neigt dazu, die präpersonale Dimension mit der transpersonalen Dimension zu verwechseln…[24]

Über das Ich hinauszuwachsen bedeutet nicht Regression zu infantilem ozeanischem Einssein.[25] Diese Fehleinschätzung führt zum Verharren auf der existentiellen Ebene der Identität und zu Angst vor der Transzendenz. Manchmal geht ein Zusammenbruch von Grenzen und Strukturen der Reintegration auf einer komplexeren und umfassenderen Organisationsebene voraus. So wie die entwicklungsgeschichtliche Kette von Materie über Pflanzen, niedrige Tierformen und Säugetiere zum Menschen zunehmende Komplexität und Bewußtheit aufweist, so wird das Selbst, das sich in Richtung Ganzheit entwickelt, zunehmend feiner Unterscheidungen fähig. Prigogines Theorie der dissipativen Strukturen, die beschreibt, wie die Struktur von chemischen Elementen zerfällt und in der Folge auf einer höheren Komplexitätsstufe reorganisiert wird, wird manchmal als Analogie zu diesem Prozeß herangezogen, aber die Gesetze der Chemie lassen sich nicht immer auf die Psychologie anwenden.[26] Gewiß nicht jeder Zusammenbruch führt zu Reintegration. Es ist daher wichtig, eine regressive Disintegration, einen Zerfall persönlicher Identität von Transzendenz, die zu einem weiteren, umfassenderen Selbstgefühl führt, zu unterscheiden.

Ganz ähnlich entwickelt sich bei gesundem persönlichen Wachstum Abhängigkeit über Unabhängigkeit zu gegenseitiger Abhängigkeit oder Interdependenz. Es ist nicht schwierig, Interdependenz, die auf Selbstvertrauen gründet, von Abhängigkeit zu unterscheiden, obwohl beide etwas anderes sind als Unabhängigkeit. Sich das Selbst als offenes, lebendiges System vorzustellen, das in einem größeren Ökosystem existiert, kann den Wechsel von einer Sicht des Selbst als isolierte, unabhängige Einheit zur Erkenntnis seiner vollständigen Interdependenz und seiner Einbettung im Ganzen erleichtern. So wie es für den einzelnen in der persönlichen Entwicklung notwendig ist, die Unabhängigkeit zu durchleben, bevor er bei gesunder, echter Interdependenz ankommen kann, so muß die existentielle Identität zunächst hergestellt werden, bevor sie transzendiert werden kann.

Unterscheidet man deutlich zwischen der transpersonalen Identität und präpersonalen Zuständen, kann man eine ganze Reihe von Zuständen integrieren, die die existentielle und die mentale Identifizierung transzendieren. Der Wechsel von der existentiellen zur transpersonalen Perspektive fällt leichter, wenn man das Selbst nicht als ein Objekt, sondern als organisierendes Prinzip oder System sehen kann.

Die Systemtheorie sieht die Welt in Form von Beziehungen, Organisationsmustern und Interaktionen statt als Ansammlung von individuellen Einheiten oder Strukturen, die isoliert und unabhängig voneinander bestehen. Betrachtet man das Selbst aus dieser Perspektive, kann man es als offenes, lebendiges System in einem komplizierten Netz sich gegenseitig bedingender Beziehungen begreifen.

Diese Sicht erkennt sowohl unsere biologische wie unsere psychologische Abhängigkeit von der Umwelt an. Auch wenn wir subjektiv das Gefühl haben, von der Natur und von anderen Menschen abgeschnitten zu sein, sind wir doch innerhalb des ganzen Gewebes der Realität alle voneinander abhängig und miteinander verbunden. Wir werden in jeder Phase der Entwicklung eines Selbstkonzepts von der Gesellschaft und der Umwelt konditioniert. Aber zugleich formen wir die Umwelt und arbeiten an dem sozialen Gewebe, das uns stützt, mit. Das komplexe Netz von Beziehungen, in dem wir leben, schließt einen beständigen

Fluß von gegenseitig veranlaßter Interaktion ein, für die wir immer mehr Verantwortung übernehmen können, je besser wir unseren Anteil an ihrer Entstehung verstehen.

Die Psyche, die das ganze Universum widerspiegelt, kennt keine anderen Grenzen als die, die wir ihr auferlegen.[27] Mentale Bilder und Selbstkonzepte können nur Teilwahrnehmungen dieser Totalität widerspiegeln. So stehen Glaubensvorstellungen, an denen wir hängen und die wir nicht in Frage stellen wollen, der Ganzheit im Weg.

Aus existentieller Sicht scheint das Selbst eher wie ein Organismus zu wachsen als dadurch, daß Eigenschaften oder Fähigkeiten ihm wie Bausteine hinzugefügt werden. Es weist ein bemerkenswertes Maß an innerer Folgerichtigkeit, Flexibilität und Formbarkeit auf. Wachstumsmuster sind zwar erkennbar, aber der Prozeß ist nicht starr festgelegt. Scheinbare Ketten von Ursache und Wirkung können durch Entscheidungen verändert werden. In Feedback-Schleifen und dem Austausch von Informationen zeigt sich sowohl die schöpferische wie die reaktive Komponente beim Beziehungsaustausch auf allen Ebenen. Wenn das Bewußtsein klar von seinen Inhalten unterschieden wird, stellen wir fest, daß wir daran teilhaben können, das Denken zu programmieren – falls wir zu lernen beschließen, wie dieser Prozeß funktioniert.

Betrachtet man das Selbst als organisierendes Prinzip, wird es nicht ausschließlich mit irgendeinem bestimmten Stadium oder einem festen Bestandteil der psychologischen Entwicklung gleichgesetzt. In Momenten eines vereinenden Bewußtseins kann es als eins mit dem größeren Ganzen erfahren werden, wovon es ein wesentlicher Bestandteil ist. Was auch immer wir zu sein glauben, wir nehmen fortwährend an einem Prozeß eines aufeinander bezogenen Austauschs auf allen Ebenen des Bewußtseins teil: der spirituellen, existentiellen, mentalen, emotionalen und der körperlichen.

Als offenes, lebendiges System hat das Selbst dauernd an der Miterschaffung einer interdependenten Welt teil, ob nun bewußt oder unbewußt. Wenn man aufhört, die Existenz isolierter mentaler und existentieller Selbstkonzepte zu verteidigen und das Selbst als ein solches offenes System sieht, wird die transpersonale Identität sichtbar.

Offene, lebendige Systeme sind Ganzheiten, deren spezifische Prozesse aus den Interaktionen und Interdependenzen ihrer Teile entstehen.[28] Zerlegt man ein lebendiges System in seine Bestandteile, wird es zerstört. Wenn wir davon ausgehen, daß Körper (Soma) und Geist (Psyche) ein natürliches, lebendiges System bilden, dann können wir sie nicht voneinander trennen, sondern müssen sie als Ganzes betrachten. Dennoch ist das Bewußtsein, ein wesentlicher Aspekt des Ganzen, mit keinem seiner Teile oder Inhalte identisch. Um zu verstehen, wer oder was wir als ganze Wesen sind, ist daher nicht nur die Integration von Körper und Geist, sondern auch die des Bewußtseins nötig.

Bewußtsein ist schwierig zu beobachten, und reduktionistische Versuche, es zu analysieren, können zerstörend auf die ihm innewohnenden Eigenschaften wirken. Auch wird das Bewußtsein von emotionalen Zuständen eingefärbt und verzerrt, deren Auswirkungen manchmal übersehen werden. Außerdem sind Bewußtseinszustände im allgemeinen ansteckend, und sie lassen sich selbst ewig fortbestehen. Angst zum Beispiel ist ansteckend. Auch wenn der ursprüngliche Auslöser gar nicht mehr vorhanden ist, besteht die Angst weiter und wird leicht mitgeteilt. Ähnlich macht ein wütender Mensch oft auch andere wütend, und ein Depressiver wirkt auch auf andere bedrückend. Um genaue Beobachtungen in diesem Bereich machen zu können, ist es daher notwendig, Verantwortung für subjektive Bewußtseinszustände zu übernehmen.

Auf dieser Ebene Verantwortung zu übernehmen, kann befreiende Wirkung haben. Wenn wir bereit sind, in uns selbst nach Faktoren zu suchen, die zu unserem gegenwärtigen Zustand beitragen, können wir leichter eine Veränderung einleiten. Wir fühlen uns oft hilflos, wenn wir glauben, daß die Hauptursache für einen Zustand in der Vergangenheit oder in der äußeren Welt liegt. Für das Erreichen anhaltender Veränderung ist es oft erforderlich, jene Vorstellungen neu zu untersuchen, die unsere Erfahrungsmuster verewigen. Dabei sind Vorstellungen über das Selbst und darüber, wie Veränderungen geschehen, entscheidend. Vorstellungen und Erfahrungen verstärken einander. Wunden aus der Vergangenheit zu heilen und in Richtung Ganzheit zu wachsen, hängt daher mindestens teilweise von unserer Bereitschaft ab, solche Vorstellungen zu hinterfragen, die beschränkende Selbstkonzepte festschreiben. Psychologisches Wachstum bei einem gesunden Menschen ist ein fortdauernder Prozeß von Veränderung, vom Sterben früherer Identifizierungen.

Wenn das Selbst beginnt, die Identifizierungen mit dem, was es wahrscheinlich sei, loszulassen, kann dieser Prozeß dem Ich bedrohlich erscheinen. Ist beispielsweise jemand in mittleren Jahren gerade in einer existentiellen Krise, wird er wahrscheinlich eine radikale Neudefinition des Selbst ablehnen, obwohl sie ihm den Ausweg aus einer scheinbar ausweglosen Situation, einer Sackgasse, liefern könnte. Ein vertrautes Selbstkonzept loszulassen, kann als Tod des Ich erfahren werden, und Veränderung heißt vielleicht, daß man liebgewonnene Vorstellungen und Annahmen über die Realität aufgeben muß. Oft bedeutet das, der Tatsache ins Auge zu sehen, daß die Dinge sich nicht immer so entwickeln, wie man es für richtig hält, und sich dem Unbekannten zu stellen.

Letzten Endes sind Identifizierungen, die man transzendiert, nicht verloren. Sie werden Teil einer komplexeren und umfassenderen Organisationsstruktur. Die *ausschließliche* Identifizierung mit einem Bestandteil des Selbst als Totalität muß jedoch aufgegeben werden zugunsten fortgesetzten Wachstums und Erfüllung. So wie das Kind, das die ausschließliche Identifizierung mit dem Körper transzendiert, das Verlangen nach sofortiger sensorischer Befriedigung aufgeben muß, so muß der Erwachsene , der die ichbezogenen Identifizierungen transzendiert, das Verlangen nach ichbezogener Befriedigung aufgeben. Damit ist kein Verlust von etwas gemeint, sondern ein Verlangen anerkennen zu lernen, ohne davon beherrscht zu werden. Das spirituelle Erwachen schließlich macht es nötig, alle Ansprüche auf Besonderheit oder eine ausschließliche, getrennte Identifizierung aufzugeben, während sie alle zugleich anerkannt werden. Ganzheit endlich verlangt nach einer Integration sowohl personaler wie transpersonaler Definitionen des Selbst.

Wenn ein Mensch bereit ist, die ausschließliche Identifizierung mit dem existentiellen Selbst zu transzendieren und das Selbstgefühl so auszuweiten, daß es die feinstofflicheren Bereiche des transpersonalen Bewußtseins miteinschließt, kann die Angst vor dem Verlust der Identität durch das Konzept eines höheren Selbst gelindert werden. Psychologische Entwicklung über das Ich hinaus ist nicht der Verlust des Ich, sondern die Transzendenz des sprachlichen Verstandes-Ich und des existentiellen Selbst zu einer umfassenderen, höherrangigen Integration. Alte, beschränkende Selbstkonzepte loszulassen ist ein notwendiger Teil des Prozesses, und Heilung und Ganzheit hängen davon ab.

Schlußfolgerung

Abbildung 3 zeigt die Evolutionsphasen, die das Selbst auf seiner Reise zur Ganzheit durchläuft. Jede Bewußtseinsebene entspricht einem bestimmten Identitätsstadium und geht mit einer entsprechenden Weltsicht einher. Mit wachsender Bewußtheit weitet sich das Selbstgefühl aus und wird umfassender. Das Selbst, das sich ursprünglich nur mit dem Körper identifiziert hat, schließt zunehmend die Identifizierung mit feinstofflicheren Bewußtseinsebenen ein. Jedes Stadium erfordert eine verfeinerte Empfänglichkeit für Erfahrungen und eine andere Weise, die Beziehung zum Ganzen zu erfahren.

Abbildung 3

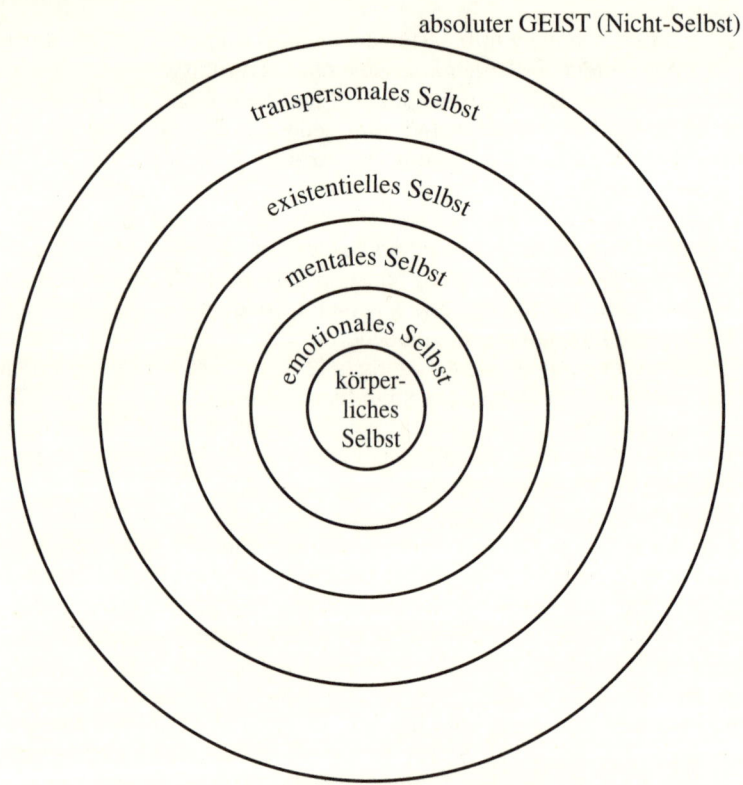

absoluter GEIST (Nicht-Selbst)

transpersonales Selbst

existentielles Selbst

mentales Selbst

emotionales Selbst

körper-
liches
Selbst

Um es noch einmal zusammenzufassen Die Evolution des Selbstkonzepts durchläuft deutlich unterscheidbare Phasen der Identifizierung
mit den fünf Ebenen des Bewußtseins, wie wir sie im ersten Kapitel
erörtert haben. Grundlegende Orientierungen und Einstellungen zur
Welt werden weitgehend von spezifischen Identifizierungen bestimmt,
und jede psychologische Theorie neigt dazu, das Selbst aus einer bestimmten Perspektive heraus zu betrachten. So konzentriert sich der
Behaviorismus vorwiegend auf das physische Selbst, die Psychoanalyse auf das emotionale Selbst und die Ich-Psychologie auf das mentale
Selbst. Die Humanistische und die Existential-Psychologie wenden
sich an das existentielle Selbst, und die Transpersonale Psychologie
rückt das transpersonale Selbst in den Blick. Jede Schulrichtung ist

beschränkt durch ihre Vorstellungen von der Natur des Menschen und das eigene Selbstkonzept, ebenso wie ein einzelner eingeschränkt wird durch das, was er über sich selbst glaubt. Als vollständigste Beschreibung des ganzen Selbst wird diejenige gelten, die sie alle transzendiert und einschließt. Diese umfassendere Sicht des Selbst werden wir jetzt ausführlicher untersuchen.

Erfahrungsübung

Wer bist Du?

Mach eine Liste mit allen Antworten, die Dir auf die Frage »Wer bist du?« einfallen.
Schließe nun die Augen, achte auf Deinen Atem, und entspanne Dich. Denke an einen langen Zeitraum. Denke an einen noch längeren Zeitraum, und denke an einen Zeitraum, der nochmal doppelt so lang ist. Und denke an die Ewigkeit.
Denke nun über Dein Leben nach und über seine Endlichkeit. Wer bist Du, wenn Du all die Rollen losläßt, die Du in diesem Leben spielst? Wiederhole diese Frage immer wieder, und achte auf alle Antworten, die in Deinem Kopf entstehen. Was auch immer Du *denkst* oder *sagst*, es kann nicht alles umfassen. Die Grenzen des begrifflichen Denkens werden sehr deutlich, wenn wir versuchen, über die begrenzten Interpretationen dessen, was wir sind, hinauszureichen. »Was Du zu sein meinst, ist ein Glaube, der aufgelöst werden will.«[29]

3 Das transpersonale Selbst

Ein Mensch ist weder ein Ding noch ein Prozeß, sondern eine Öffnung oder Lichtung, durch die sich das
Absolute manifestieren kann.

Ken Wilber[1]

Das transpersonale Selbst, oder, wie ich es jetzt nennen werde, das
Selbst, ist ein Selbstgefühl, das die Ich-bezogenen und existentiellen
Identifizierungen, die im zweiten Kapitel beschrieben wurden, transzendiert, aber noch nicht absoluter GEIST ist. Der Begriff *transpersonal* bedeutet wörtlich »jenseits des Personalen«, leugnet aber weder
den Wert noch die Bedeutung von individueller Einzigartigkeit.
»Transpersonal« kann insofern von »transzendent« unterschieden werden, als es sich auf das Transzendentale bezieht, wie es sich in und
durch den Menschen manifestiert. Die Transpersonale Psychologie befaßt sich daher mit den Erfahrungen und den Bestrebungen, die Menschen dazu bringen, Transzendenz zu suchen, sowie mit dem Heilungspotential der Selbsttranszendenz.
Es ist offensichtlich, daß die Transzendenz der existentiellen Identität
nicht dazu führt, daß sich ein abgetrenntes Selbstgefühl vollkommen
auflöst. Das transpersonale *Selbst*, das personale Grenzen überschrei-
tet, bleibt als das *Erfahrende* von dem unterschieden, was *erfahren
wird*. Das transpersonale *Selbst* gelangt manchmal zuerst dann zur Bewußtheit, wenn der innere Zeuge oder der Beobachter von Erfahrungen
erwacht, der von den Inhalten des Bewußtseins wie Gedanken, Gefühlen, Sinneswahrnehmungen oder Bildern unterschieden bleibt.
In der Analytischen Psychologie wird das *Selbst*, der Mittelpunkt der
Psyche, vom Ich, dem Mittelpunkt der bewußten Persönlichkeit, unterschieden:

Man kann das Selbst als ein inneres wegleitendes Zentrum definieren, das
nicht mit dem Bewußtsein in eins fällt und nur eine dauernde Ausweitung und
Reifung der Persönlichkeit anstrebt. Zunächst ist aber dieses größere Zentrum
in uns nur eine angeborene Möglichkeit; es kann sich im Laufe des Lebens
mehr oder weniger verwirklichen, je nachdem, ob das Ich bereit ist, seinen
Winken Gehör zu schenken.[2]

Diese Definition des *Selbst* als eines organisierenden Prinzips ist nützlich, wenn man fortgeschrittene Stadien psychologischen Wachstums und spiritueller Entwicklung umreißen will. Erwachende Selbstbewußtheit auf dieser Ebene kann durch einen Wechsel von personaler, ichbezogener Motivation zu altruistischeren, sozialeren Werten gekennzeichnet sein, oder auch dadurch, daß man sich eine Zeitlang der inneren Entwicklung widmet. Wenn die Aufmerksamkeit sich auf die spirituelle Entwicklung richtet, mag das zunächst narzißtisch und selbstversunken wirken. Aber der Wertewechsel, der echten sprituellen Bestrebungen eigen ist, spiegelt sich im Verhalten, das charakteristischerweise moralisch ist und gut gemeint und um die Auswirkungen der eigenen Handlungen auf andere besorgt ist. Gesunde spirituelle Entwicklung ist nicht nur auf persönlichen Gewinn aus.

Das transpersonale *Selbst* entdeckt man, wenn man sich nach innen wendet, manchmal durch Meditation oder Kontemplation. Selbsterkenntnis ist nicht dadurch zu gewinnen, daß man außerhalb seiner selbst sucht. Der Wert inneren Suchens wird sowohl von der Tiefenpsychologie wie von jeder wichtigen spirituellen Tradition bestätigt. Im Christentum heißt es: »Das Reich Gottes ist in dir.« Im Buddhismus: »Schau nach innen, du bist der Buddha.« Im Siddha-Yoga: »Gott wohnt in dir als du.« Im Hinduismus: »Atman (das individuelle Bewußtsein) und Brahman (das universelle Bewußtsein) sind eins.« Im Islam: »Wer sich selbst kennt, der kennt seinen Herrn.« In der *Philosophia perennis* ist die Selbsterkenntnis ein wesentlicher Schritt auf dem Weg zu transzendentaler Weisheit und universalem Bewußtsein.[3]

In der Analytischen Psychologie ging C.G. Jung von einem Instinkt oder Trieb zu Individuation oder innerer Ganzheit aus. Diese autonome Kraft drängt uns fortwährend, unser wahrstes Selbst zu erfüllen.[4] Teil des Ziels der Individuation ist es, »unser tiefstes existentielles Sein als solches zu erfahren, es anzunehmen und zu bestätigen«.[5]

Auf der Reise zur Entdeckung unseres *Selbst* wird jedoch auch dies transzendiert. Jung sah die ichbezogenen Tendenzen, sich mit dem *Selbst* zu identifizieren, als potentielle Gefahr. Wenn das Ich versehentlich mit dem *Selbst* identifiziert wird, ergeben sich daraus leicht pathologische Zustände, meist in der Form einer Inflation des Ich, einer aufgeblasenen Selbstüberschätzung. Nach Jungianischem Verständnis ist diese Ich-Inflation eine der grundlegenden Gefahren einer Identifizierung mit dem transpersonalen *Selbst*. Das *Selbst* muß daher deutlich vom Ich unterschieden werden. Jung schreibt:

Das Selbst ist etwas außerordentlich Unpersönliches, außerordentlich Objektives. Wenn man durch das Selbst wirkt, ist man nicht man selbst – das ist es, was man fühlt... Wie es Paulus sagt: »Nicht ich lebe, es ist Christus, der in mir lebt«. Damit meint er, daß sein Leben nicht sein eigenes Leben ist, sondern das Leben [des Selbst].[6]

Nur wenn es einem gelungen ist, Gedanken, Gefühle und Sinneswahrnehmungen als Inhalte des Bewußtseins anzusehen und zu erkennen, daß man sie hat, daß man aber nicht identisch mit ihnen ist, kann man beginnen, das *Selbst* kennenzulernen. Die transpersonale Entwicklung wird daher durch einen Prozeß der Auflösung von Identifizierungen, der Disidentifikation oder der Loslösung von ichbezogenen Selbstkonzepten eingeleitet. Jung sagt:

Niemand versteht, was das Selbst ist, da das Selbst genau das ist, was man nicht ist – es ist nicht das Ich. Das Ich entdeckt sich selbst als einen bloßen Anhang des Selbst in einer Art loser Verbindung.[7]

Dieser Prozeß der Loslösung vom Ich ist ein Transzendieren des Ich, keine Verleugnung des Ich. Es ist typisch für die innere Reise, daß sie als Sinnsuche auf der existentiellen Ebene beginnt und schließlich zur Loslösung vom Ich und zum transpersonalen Erwachen führt. Während der Prozeß voranschreitet, durchläuft man ichbezogene Phasen der Identifizierung, die das Selbstbild betreffen, und die existentielle Suche nach Authentizität. »Wer bin ich, wenn ich nicht der bin, der ich zu sein scheine?« Ein gesundes ichbezogenes Selbstbild erwächst aus der Integration der *Persona*, das ist die Maske, das positive Selbstbild, das man der Welt zeigt, und des *Schattens*, das ist das unterdrückte Selbstbild, das, was man zu werden befürchtet. Außerdem muß das Selbstbild des mentalen ichbezogenen Selbst die Körperbewußtheit integrieren, um sich vollkommen seiner organischen Ganzheit und seiner existentiellen Freiheit bewußt zu werden. Wenn eine authentische existentielle Identität hergestellt ist, kann man sich der Bewußtheit des transpersonalen *Selbst* nähern, indem man sich von den mental-ichbezogenen und existentiellen Selbstkonzepten löst.
Diese Loslösung kann die Gefahr einer Ich-Inflation mindern. Wird sie allerdings zu früh vollzogen, kann das dazu beitragen, daß der Schatten geleugnet oder unterdrückt wird. Wenn das passiert, wird die Trennung zwischen Persona und Schatten nicht geheilt, sondern eher verschlimmert. Aus psychologischer Sicht sollte die Auflösung von Identifizierungen daher erst dann erfolgen, wenn eine existentielle Identität wirklich gesichert ist. In Maslows Hierarchie der menschlichen Motivatio-

nen steht daher die Selbsttranszendenz über (oder jenseits) der Selbstverwirklichung.[8]

Es ist wichtig, das transpersonale *Selbst* vom Ich-Ideal zu unterscheiden. Transpersonale Bewußtheit ist zwar die Quelle von Werten wie Liebe und Mitgefühl, aber das *Selbst* existiert nicht als eine getrennte, unabhängige Identität, die durch ichbezogenes Streben zu erreichen wäre. Es ist vielmehr eine archetypische Form, der man kein bestimmtes Bild zuordnen kann. Seiner Gegenwart gewahr zu werden ist nicht Ergebnis von Mühe oder Leistungen. Während Ich-Ideale kulturell bestimmt sind und mit sozialem Status und Anerkennung verknüpft werden, ist das transpersonale *Selbst* eine universale Erfahrungsdimension, die in allen Kulturen mit der subjektiven Erfahrung von echter Transzendenz einhergeht. Ein Ich-Ideal mag auch einige der Attribute des *Selbst* wie Weisheit, Schönheit und Wahrheit umfassen, aber das transpersonale *Selbst* wird nicht durch personale Bestrebungen oder Projektionen definiert.

Das transpersonale *Selbst* fällt keine Urteile und setzt keine Maßstäbe. Es gibt nichts, dem es ausweicht oder was es anstrebt. Es ist einfach jeder Erfahrung gegenwärtig, ob innerer oder äußerer, und sieht das Innere und das Äußere als zwei voneinander abhängige Seiten einer Realität. Man kann es als holistisch und ökologisch bezeichnen. Es erkennt, daß alle Phänomene miteinander in Beziehung stehen. Es ist ein integriertes, harmonisches Ganzes, das keine Grenzen zieht und keine einzelnen Teile sieht. Als grenzenloses, transzendentales Sein, hat es teil an unendlicher Weisheit und Mitgefühl, alles verstehend, alles zulassend, alles vergebend - ohne Ausnahme und ohne Vorbehalte. Als Manifestation des absoluten GEISTES ist es zu bedingungsloser Liebe fähig.

Die Eigenschaften des transpersonalen Selbst

Eine Möglichkeit, sich des transpersonalen *Selbst* stärker bewußt zu werden, ist, es vom Über-Ich zu unterscheiden. Diese Unterscheidung hilft einem, die beiden nicht aus dem Wunsch nach Selbsttranszendenz heraus zu verwechseln. Man hält oft das, was man selber tun zu *sollen* glaubt, für die Führung des transpersonalen *Selbst* als Quelle innerer Weisheit. Das *Selbst* kann wie folgt vom Über-Ich unterschieden werden:

Über-Ich	*Transpersonales Selbst*
beurteilend	mitfühlend
furchtsam	liebend
starrsinnig	weise
zudringlich	empfänglich
dominierend	zulassend
begrenzt	unbegrenzt
rationalisierend	intuitiv
kontrolliert	spontan
einschränkend	kreativ
konventionell	inspiriert
ängstlich	friedvoll
defensiv	offen
isoliert	verbunden

Im Gegensatz zum Über-Ich bezieht das transpersonale *Selbst* nicht für oder gegen etwas Stellung. Es ist nicht beurteilend und drängt sich nicht auf. Es ist nicht ängstlich oder defensiv und versucht nicht, die Realität zu kontrollieren oder zu manipulieren.

Das transpersonale *Selbst* bleibt so lange im Hintergrund der Bewußtheit, bis wir uns entscheiden, ihm Aufmerksamkeit zu zollen. Als Erfahrungszusammenhang wird es üblicherweise als Gewahrsein oder Bewußtsein beschrieben, die wie ein glänzender Spiegel alles ohne Verzerrungen reflektiert. Der Geisteszustand ist von einer ruhigen Wachsamkeit bestimmt. Die Wahrnehmung ist klar, genau und ungebunden. Das Gemüt ist freudig und liebevoll, und das vorherrschende Gefühl ist das der Dankbarkeit. Die Energie fließt leicht, man sieht klar und kann die Aufmerksamkeit leicht konzentrieren oder streuen. Man hat das Gefühl, als wesentlicher Teil eines größeren Ganzen mit allem und jedem verbunden zu sein. Diese Bewußtheit kann zugleich als etwas beschrieben werden, was nichts Besonderes ist, einfach ein stilles Zulassen. Man muß sich nicht verändern, um es zu erfahren.

Das transpersonale *Selbst* ist sowohl ein organisierendes Prinzip wie eine Verkörperung höherer Werte. Seine grundlegenden Eigenschaften sind Weisheit und Mitgefühl. Wir wissen, daß wir für das transpersonale *Selbst* wach sind, wenn wir das Gefühl des Friedens haben. Seine Stimme ist die Stimme der Wahrheit. Wir wissen, daß wir dieser Stimme lauschen, wenn niemandem Schaden zugefügt wird.

Die Veränderungen, die man beim Wechsel von der existentiellen zur transpersonalen Identität beobachten kann, werden am besten als Prozeß beschrieben. Zwar kann ein plötzlicher Durchbruch zu einer Umkehr im Denken und zur Erfahrung einer spirituellen Wandlung führen, aber anhaltende Veränderung ist eher das Ergebnis einer allmählichen evolutionären Entwicklung von Persönlichkeitsmerkmalen und Werten, die mit höheren Bewußtseinszuständen assoziiert werden. Persönlichkeitsveränderungen auf dieser Ebene führen im allgemeinen weg von Arroganz, Urteilen und Schuldzuweisungen und hin zu Demut, Mitgefühl und Vergebung; weg vom Leugnen und Unterdrücken hin zur Annahme und Integration von Gedanken, Gefühlen und physischen Begrenzungen; von Abwehr zu Offenheit; von Angst zu Liebe; vom Opfer zum Erschaffenden; von Feindschaft zu Freundschaft; von Unabhängigkeit zu Interdependenz; von einer ausschnitthaften mechanistischen Weltsicht zu einer holistischen organischen Perspektive; von isoliertem Individualismus zu zusammenhängender Systemtheorie; von existentieller Verzweiflung zu transpersonaler Heilung.

Lee Hixon schreibt über eine christliche Sichtweise:

Das begrenzte Selbst ist die Bewußtseinsdimension, die sich aus Gier und Angst entwickelt hat und die weiter bestehen bleibt, bis wir mit unserem ganzen Sein bejahen können, daß… *Gott alles in allem ist*, daß es nichts zu wünschen oder zu fürchten gibt. Selbst wenn wir begonnen haben, in dieser erleuchteten Bejahung zu leben… bleibt das begrenzte Selbst als illusorisches Phantom bestehen… Nachsicht mit uns selbst oder Sorgen um unser begrenztes Selbst entspringen der Illusion von Getrenntheit. Solange wir auf der Ebene des absoluten Geistes ekstatisch offen bleiben, gibt es keine Trennung zwischen dem Selbst und der Natur Christi. Paulus erklärt: *Der Geist bringt uns… Liebe, Freude, Frieden, Geduld, Wohlwollen, Güte, Vertrauen, Sanftheit.*[9]

Das transpersonale Selbst erwecken

Der Bewußtheit des transpersonalen *Selbst* kann man sich aktiv handelnd durch die Auflösung von Identifizierungen nähern. Eine solche Auflösung sollte jedoch erst dann erfolgen, wenn die ichbezogene Identität fest begründet ist. Um die Loslösung von den Inhalten des Bewußtseins zu üben, sagt man: »Ich *habe* Gedanken, Gefühle und Empfindungen , aber ich *bin nicht* diese Gedanken, Gefühle und Empfindungen«. Wenn man in der Lage ist, Gefühle zu unterscheiden, sie voll zu erfahren und sich von ihnen zu lösen, das heißt sich nicht als mit ihnen identisch zu erleben, dann kann man lernen, angemessen auf sie zu reagieren. Man kann sich bewußt entscheiden, sie zum Ausdruck zu bringen oder zu unterdrücken, ihnen Aufmerksamkeit zu widmen oder sie nicht zu beachten.

Hat man sich erst einmal von der Identifizierung mit den Gefühlen gelöst, ist man nicht mehr ihr Opfer, das keine Kontrolle über sie hat. Das heißt nicht, daß man keine Gefühle hat. Im Gegenteil: Je mehr man willens ist, subjektiver Erfahrung vollkommen gewahr zu sein, desto besser kann man sehen, wie sie aktiv geschaffen wird. Ist man sich der inneren Erfahrungen relativ unbewußt, scheinen die Gedanken, Gefühle und Empfindungen einfach so zu kommen. Wenn man lernt, die mentalen Prozesse genau zu beobachten und Verantwortung für sie zu übernehmen, verfügt man über größere Freiheit, jene Zustände zu erschaffen, die das Wohlbefinden mehren. Gesunde Auflösung von Identifizierungen erfordert Meisterschaft – im Unterschied zur Abspaltung oder Dissoziation, bei der das Spektrum der verfügbaren Erfahrungen verringert wird, und man auf einen sehr begrenzten Bereich des potentiellen Seins beschränkt bleibt, ohne Kontakt mit der subjektiven wie der objektiven Realität.

Das erweiterte *Selbst*-Gefühl, das aus der aktiven Disidentifikation oder Loslösung entsteht, wird zu Recht als transpersonal bezeichnet und nicht als unpersonal, da es sich in und durch das Personale manifestiert und es doch zugleich transzendiert. Das transpersonale *Selbst* dient daher als Brücke zwischen dem existentiellen Selbstbewußtsein und dem transzendentalen Einheitsbewußtsein, bei dem kein isoliertes Selbstgefühl mehr bleibt.

Als organisierendes Prinzip führt das transpersonale *Selbst* die Evolution in Richtung Ganzheit, und sich seiner bewußt zu sein, kann eine Quelle der Heilung und Inspiration sein. Gesunde transpersonale Identität hängt von Selbsterkenntnis, Selbstregulierung und Selbstbeherrschung ab und von einer neuen Erfahrung des *Selbst*, wobei sich trennende ichhafte und existentielle Identifizierungen auflösen. Erfahrungen des *Selbst* werden in der Jungianischen Analyse als therapeutisch anerkannt, da sie für einen Zufluß von Energie und Vitalität sorgen und zu kreativeren Antworten auf das Leben führen.[10] Jung hat das Heilungspotential von numinosen transpersonalen Erfahrungen ausdrücklich bestätigt. Er sagte: »... Es ist jedoch so, daß der Zugang zum Numinosen die eigentliche Therapie ist, und in so weit man zu den numinosen Erfahrungen gelangt, wird man vom Fluch der Krankheit erlöst.«[11]

Beschreibungen des transpersonalen *Selbst* spiegeln immer Werte wider, die ichbezogene Belange transzendieren und die Beteiligung am größeren Ganzen bestätigen. Die existentielle Identität bleibt trotz aller Authentizität und Freiheit eine Sackgasse, wenn man sich nicht *entscheidet*, sie zu transzendieren. Vielleicht kann ein besseres Verständnis des transpersonalen *Selbst* dazu beitragen, eine Zukunft zu entwerfen, die anders ist als die Vergangenheit, eine Zukunft, in der menschliche Wesen ihre gegenseitige Abhängigkeit erkennen und mitfühlender miteinander leben lernen.

Eine gesteigerte Bewußtheit des transpersonalen *Selbst* kann die Fähigkeit steigern die Wirklichkeit als Netz von Beziehungen zu sehen.[12] Bewußtsein, das auf dem inneren Bogen erweckt ist, spiegelt sich in der Qualität einer jeden Beziehung. Wenn man freiwillig das Getrenntsein aufgibt und die gegenseitige Abhängigkeit akzeptiert, dann kann man andere besser annehmen als sie es selbst vermögen. Der Zustand der Erweckung, der individuelle Ursprünge und persönliche Geschichte transzendiert, ist an der Gegenwart von Offenheit, Wahrhaftigkeit und mitfühlender Freude zu erkennen. Sich mit dem transpersonalen *Selbst* zu identifizieren heißt, nirgendwo hin zu wollen und nichts für sich selber tun zu wollen. Sogar der Wunsch nach Erleuchtung wird transzendiert. Wenn Leistung und Status nicht mehr als bedeutsam angesehen werden und das Streben danach aufhört, können Gleichmut und Befreiung wachsen. Dieser erwachte Zustand kann die Freiheit von Konditionierungen, von Angst und von unbewußten Konflikten schenken.

Selbst, Seele und Psyche

Das transpersonale *Selbst*, der bewußte Zeuge von existentieller, mentaler, emotionaler und körperlicher Erfahrung, ist nicht identisch mit der *Seele*. Da die Begriffe jedoch manchmal auch austauschbar benutzt werden, scheint es angebracht, die Bedeutung der Seele in der Psychotherapie zu besprechen, um sie vom *Selbst* zu unterscheiden. Der Begriff »Seele« wird im allgemeinen benutzt, um das schlichte Subjekt der Bewußtheit auf irgendeiner Bewußtseinsebene zu bezeichnen. Als solches schlichtes Subjekt der Bewußtheit kann die Seele mit jeder Bewußtseinsebene identifiziert werden, wohingegen das transpersonale *Selbst* sich als Zeuge von den Bewußtseinsinhalten gelöst und frühere Identifizierungen transzendiert hat.

Einige Psychologen haben vorgeschlagen, den Begriff der *Seele*, obwohl er religiöse Assoziationen weckt, wieder als einen der zentralen Gegenstände einzuführen, denen die Psychologie ihre Aufmerksamkeit widmen sollte. Bruno Bettelheim schreibt, daß Freud oft von der Seele sprach, und verweist darauf, daß Freud besonders in späteren Jahren damit die Gesamtpsyche bezeichnete.[13] Der Begriff des *Ich* bezieht sich ganz spezifisch auf das bewußte, rationale mentale Leben. Die Gesamtpsyche schließt auch das *Es*, die unbewußten Triebe, die uns manchmal überwältigen, und das *Über-Ich* ein. Diese Gesamtheit beinhaltet sowohl das Gewissen, das uns vernünftige moralische Werte auferlegt, als auch die irrationalen, fordernden und strafenden Aspekte introjizierter gesellschaftlicher Werte.

Freud verwendet die beiden Begriffe »Psyche« und »Seele« wie folgt:

> »Psyche« ist ein griechisches Wort, und seine deutsche Übersetzung ist »Seele«. Psychische Behandlung bedeutet also »Behandlung der Seele«. Man könnte daher denken, gemeint sei die Behandlung der morbiden Phänomene im Leben der Seele. Aber das ist nicht die Bedeutung dieses Begriffs. Psychische Behandlung soll viel mehr bedeuten; nämlich Behandlung, die ihren Ursprung in der Seele hat, die Behandlung von psychischen und körperlichen Störungen – durch Maßnahmen, die vor allem und sofort die Seele des Menschen beeinflussen.[14]

Für Freud war die Seele kein religiöses Phänomen sondern ein psychologischer Begriff der das bezeichnete, »was am Menschen das Wertvollste ist, solange er lebt«. Die Seele galt als Sitz sowohl des Denkens wie der Leidenschaften. Ohne sorgfältige Nachforschungen bleibt man sich der Seele wahrscheinlich weitgehend unbewußt.

Psychologie, das Studium der *Psyche*, bedeutete ursprünglich das Studium der Seele, aber diese Bedeutung ist dem größeren Teil der westlichen Psychotherapie verlorengegangen. Auch das Wort *Therapie*, das von dem griechischen Wort für Heilung abgeleitet ist, hat manches von seiner ursprünglichen Bedeutung verloren. James Hillman hat sich, wie andere Jungianer auch, dafür eingesetzt, daß Psychotherapie in der Tat der Seele dienen sollte.[15] Wenn Psychotherapie bewußt darauf ausgerichtet wird, der Seele zu dienen, wäre es denkbar, daß sie die ausschließliche Konzentration auf körperliche, emotionale und mentale Heilung transzendieren und eine transpersonale Perspektive mit einschließen könnte, ohne daß dies notwendigerweise so sein müßte.

Wie man sich die Seele vorstellt, hängt davon ab, von welcher Bewußtseinsebene her man sie sieht. Vom jungianischen Standpunkt aus beschreibt Hillman die Seele als Anima, die innere Frau, im Menschen. Die Seele kann im allgemeinen insofern als weiblich betrachtet werden, als sie empfänglich ist in bezug auf den absoluten GEIST. In einer Frau kann sie jedoch auch als Animus auftauchen, als das innere männliche Prinzip. Das transpersonale *Selbst* transzendiert dagegen Geschlechtsunterschiede.

Im Christentum wird die Seele von Körper und Geist unterschieden, ohne daß sie Körper und Geist notwendigerweise mit einschließt. Wilber sagt:

Das Reich der Seele... bezeichnet das Reich der platonischen Formen, der Archetypen, personaler Gottheiten (Yidam, Ishtadeva, erzengelhafte Muster und so weiter). Im Reich der Seele besteht noch eine Art feinstoffliche Dualität von Subjekt und Objekt; die Seele erkennt das Sein oder kommuniziert mit Gott, aber es bleibt doch eine unumstößliche Grenze zwischen ihnen. Im Reich des Geistes... *wird* die Seele in einem nicht- dualistischen Zustand radikaler Intuition das Sein... Im Reich der Seele kommunizieren Gott und die Seele; im spirituellen Reich vereinigen sich Gott und Seele zum absoluten Geist...[16]

Das transpersonale *Selbst* unterscheidet sich zudem insofern von der Seele, als man die ichbezogenen und existentiellen Selbstkonzepte – dieselben, die manchmal der Seele als einer feinstofflichen, getrennten Einheit zugesprochen werden – transzendiert haben muß, um es zu erkennen. Das transpersonale *Selbst* schließt also die *Bewußtheit* der Seele mit ein, identifiziert sich aber nicht ausschließlich mit ihr. Wilber weist darauf hin, daß die Aufgabe der Seele in diesem Leben die ist, sich an sich selbst zu erinnern, ihr Einssein mit dem absoluten GEIST zu entdecken:

Die Aufgabe der Seele in diesem Leben ist es, sich zu erinnern. Das buddhistische *Smriti* und *Sati-Patthana*, das hinduistische *Smara*, das *Zikr* des Sufismus, Platos Wieder-Erinnerung und die *Anamnese* Christi: Alle diese Begriffe werden präzise als Erinnerung übersetzt.[17]

Sich des transpersonalen *Selbst* bewußt zu sein, bezeichnet also die spezifische Entwicklungsphase, in der die Seele sich an sich selbst und ihr früheres Einssein mit dem Absoluten erinnert.
Der Religionsgelehrte Jacob Needleman hat die Notwendigkeit erörtert, »die symbolische Kraft der Idee der Seele zurückzubringen, sie als Führer auf der Suche nach uns selbst wiederzugewinnen«. Er bezeichnet die Seele als das vermittelnde Prinzip in der menschlichen Natur, das die Stelle zwischen GEIST und Materie einnimmt. Seiner Ansicht nach ist die Kraft oder Funktion der Seele die Aufmerksamkeit. Je mehr sich diese entwickelt, desto größer wird die Seele. Er sagt:

Seele ist der Name für jene Kraft, jenes Prinzip in der menschlichen Natur, das all die intellektuellen, emotionalen und instinkthaften Aspekte des menschlichen Wesens durch eine vermittelnde Beziehung an die höchsten Prinzipien von Ordnung und Geist im Universum binden kann.« Daher heißt es im Englischen, daß Liebe die Seele nähre.[18]

Needleman unterscheidet dann zwischen außengeleiteter psychologischer Liebe, innengeleiteter religiöser Liebe und ontologischer Liebe. Letztere definiert er als Übertragung jener Bedingungen, die das Wachstum der Seele nähren, von einem Menschen auf einen anderen. Die großen spirituellen Traditionen können als Erscheinungsformen ontologischer Liebe betrachtet werden, die dann religiös, psychologisch und sozial zum Ausdruck kommt. So gesehen hängt die Erfüllung der menschlichen Möglichkeiten vom Innersten der ontologischen Liebe ab, die zur Entwicklung der Seele führt.

In der Übersetzung der spirituellen Lehren von Sri Nisargadatta Maharaj, die in der Hindu-Tradition stehen, hat der Begriff *Psyche* den der Seele als Verbindung zwischen GEIST und Materie ersetzt. Er sagt:

Es läuft alles auf die mentale oder psychologische Verbindung zwischen Geist und Materie hinaus. Wir können die Verbindung Psyche nennen (Antahkarana). Wenn die Psyche roh, unentwickelt, recht primitiv ist, dann unterliegt sie groben Illusionen. Nimmt sie an Breite und Empfindsamkeit zu, wird sie zu einer perfekten Verbindung zwischen reiner Materie und reinem Geist, gibt der Materie Bedeutung und verleiht dem Geist Ausdruck.

Es gibt die materielle Welt (Mahadakash) und die spirituelle (Paramakash). Dazwischen liegt der universale Geist (Chidakash), der zugleich das universale Herz (Premakash) ist. Weise Liebe macht die zwei zu einem.[19]

Im Gegensatz zum transpersonalen *Selbst* bezeichnen weder Psyche noch Seele eine bestimmtes Stadium der Entwicklung. Der Begriff »Seele« wird allgemein gebraucht, um das feinstoffliche, getrennte Selbstgefühl zu bezeichnen, das durch verschiedene Reiche des Seins auf dem spirituellen Pfad wandert. Der Begriff »Psyche« wird eher benutzt, um die Grundlage psychologischer Selbstbewußtheit auf irgendeiner Ebene des Bewußtseinsspektrums zu bezeichnen.

Ein gut geschulter transpersonaler Psychotherapeut kann in jedem Stadium der psychologischen Entwicklung dadurch zum entwicklungsgemäßen Heilungsprozeß beitragen, daß er Bewußtheit für das transpersonale *Selbst* wachruft. Indem die Erfahrung aus dieser Perspektive in einen neuen Rahmen gestellt, in anderem Bezug gesehen wird, wird es leichter, das nächste Stadium der Identität zu erreichen. Jedes Stadium führt einen näher an das Erinnern des *Selbst* heran, aber erst wenn die Identität vom existentiellen zum transpersonalen *Selbst* wechselt, erinnert sich die Seele bewußt an ihr Einssein mit dem absoluten GEIST. Auch dann ist aber die *Selbst*-Erinnerung unvollständig, solange das feinstoffliche getrennte Selbstgefühl fortbesteht.

GEIST, der sich dadurch von der Seele unterscheidet, daß er sowohl die Grundlage wie das Ziel der menschlichen Evolution ist, ist allumfassend. Er ist bereits so, wie er immer gewesen ist. Die spirituelle Reise wird daher als eine der ewigen Wiederkehr beschrieben, nicht zu einem früheren Zustand in der Zeit, sondern zur Bewußtheit des Einsseins in der Realität – trotz des scheinbaren Getrenntseins.[20]

Der transpersonale Schatten

> Die einzigen Teufel auf der Welt sind die, die in unseren eigenen Herzen toben. Das ist der Ort, an dem der Kampf stattfinden sollte.
>
> *Mahatma Gandhi*[21]

Der Schatten ist ein beziehungsreicher Begriff, der in der Analytischen Psychologie benutzt wird, um die unbewußten Aspekte der Persönlichkeit zu bezeichnen, die unterdrückt wurden. Der persönliche Schatten besteht aus Eigenschaften, die für das Ich unannehmbar sind und nicht in das Bild passen, das man der Welt bewußt zu zeigen versucht. Der Schatten ist das, was man zu werden befürchtet, wenn man die Abwehr und die Kontrolle ganz loslassen würde. Er wird auf diejenigen projiziert, die man beneidet, haßt, fürchtet oder verachtet. Der Schatten ist somit das Gegenteil der Persona oder Maske, die man in konventionellen sozialen Rollen annimmt. Der persönliche Schatten ist ein dunkler, nicht zum Ausdruck gelangender Aspekt der Psyche. »Je heller das Licht, desto dunkler der Schatten«, ist eine Warnung davor, sich vom äußeren Erscheinungsbild täuschen zu lassen. Sie kann auch vor Selbsttäuschung schützen, besonders wenn sich das aufgeblasene oder arrogante Ich als strahlendes Licht sieht und annimmt, es habe keinen Schatten. Der Schatten kann in Träumen und in den Menschen des eigenen Geschlechts erkannt werden, die man nicht mag oder fürchtet. Der persönliche Schatten ist das Gegenteil des Ich-Ideals.

Über den persönlichen Schatten hinaus, gibt es jedoch das Problem des kollektiven oder archetypischen Schattens, der sich als das Böse darstellt, wie es in der ganzen Welt auftritt. Das Problem des kollektiven Schattens unterliegt kollektiver Verantwortung, die man nicht ignorieren darf. Jeder Versuch, bestehende Konflikte zu heilen, erfordert, sich ihm zu stellen. Der kollektive Schatten ist vermutlich von einer solchen Größe wie sie niemand erwarten würde, aber er manifestiert sich immer durch Menschen. Im Mittelalter war es üblich, Verantwortung für das Böse im Menschen auf den Teufel zu übertragen. Heute wird das Böse eher auf andere Menschen projiziert.

Die derzeitigen Bedrohungen für das Überleben dieses Planeten sind von ihrem Ursprung her grundsätzlich psychologischer Art.[22] Zum ersten Mal in der Geschichte hat die Menschheit die Macht, die Welt zu zerstören. Diesem kollektiven Schatten der Selbstzerstörung müssen wir uns stellen. Ihn zu demaskieren ist vielleicht unsere einzige Hoffnung. Solange wir ihn verleugnen, projizieren oder vermeiden, droht er uns zu verschlingen.

Die Psychotherapie liefert Hinweise darauf, daß man sich dem Schatten nicht alleine stellen kann. Wenn man das Glück hat, einen Therapeuten zu finden, der keine Angst hat, ihm gegenüberzutreten, kann der Schatten demaskiert und seine Energie der kreativen Integration zugeführt werden.[23] Zur Entwicklung einer gesunden ichhaften Identität muß der Riß zwischen der Persona und dem persönlichen Schatten geheilt werden. Bei gesunder existentieller Identität stellt sich der ganze Organismus der Realität des biologischen Todes. Die Herausforderung, der man sich gegenübersieht, wenn man die transpersonale Identität sucht, liegt in der Heilung des Risses zwischen dem *Selbst* und dem kollektiven Schatten. Diese Aufgabe bedarf gemeinsamer Anstrengung. Niemand kann sie uns abnehmen, und niemand kann sie allein bewältigen. Jung sagte:

Der Schatten kann mit einiger Selbstkritik unschwer durchschaut werden, insoweit er persönlicher Natur ist... es liegt im Bereich der Möglichkeit, daß man das Relativ-Böse seiner Natur erkennt, wohingegen es eine ebenso seltene wie erschütternde Erfahrung bedeutet, dem Absolut-Bösen ins Auge zu sehen.[24]

Das Bild der Gegensätze von Licht und Schatten ermöglicht es, ihre gegenseitige Abhängigkeit und die relative Natur dessen zu verstehen, was für das Böse gehalten wird. Wenn Dunkelheit als das Fehlen von Licht beschrieben wird, dann kann der Schatten selbst als substanzlos gesehen werden. Der transpersonale Schatten wird oft auf das Unbekannte projiziert. Unsere Beziehung zum Unbekannten spiegelt unsere Vorstellungen über die Realität: Wir sind so weit frei von Angst, wie wir es umarmen; in dem Ausmaß, in dem wir ihm davonlaufen, verfolgt es uns; so heftig, wie wir gegen es kämpfen, so heftig sind unsere Konflikte.

Im tibetischen Buddhismus drohen die zornigen Götter, die furchterregenden Masken Gottes, dem Ich mit dem Tod.[25] Was am meisten gefürchtet wird, ist die Zerstörung des getrennten Selbst – das ohnehin nur eine Illusion war. Der Schatten, der immer mit Angst verbunden wird, ist das untrennbare Gegenstück der ichbezogenen Selbstkonzepte. Der Schatten, der das Ich spiegelt und ihm mit Vernichtung droht, muß umarmt werden, wenn die existentielle Identität entsteht. Auch der archetypische kollektive Schatten, der Gegenpol des transpersonalen Selbst, muß demaskiert und in die endgültige formlose Bewußtheit integriert werden.

Vom transpersonalen Standpunkt aus betrachtet, ist der Wunsch, getrennt und abseits von dem zu sein, was man fürchtet, die Fortschreibung der Illusion, daß der Schatten draußen in der Welt sei und nicht in einem selbst. So lange man ihn auf andere projiziert, bleibt man ein Opfer seines Schreckens. Heilung als Prozeß des Ganzwerdens auf allen Ebenen tritt ein, sobald der Schatten bewußt unterschieden, transzendiert und schließlich in ein weiteres, umfassenderes Selbstkonzept integriert wird.

Jeder trägt das Licht des Bewußtseins in sich. Der Schatten, das Dunkel, ist das Unbekannte, das außerhalb der Bewußtheit liegt. Der Schatten wohnt in jedem, unterhalb der Schwelle des normalen Wachbewußtseins, aber innerhalb unserer Erkenntnismöglichkeiten. Wahre Einsicht ignoriert ihn nicht, sondern demaskiert ihn, versteht ihn als einen Teil von uns, der noch angenommen und integriert werden muß. Er ist ein Teil des *Selbst*, den wir verlassen haben, etwas, das von unserer Einsicht noch nicht umfaßt wird.

Wenn wir die transpersonale Identität entdecken, stellen wir fest, daß das, was wir in anderen sehen, eine Projektion des gemeinsamen *Selbst* ist. Wird die Wahrnehmung von Angst beherrscht, kann alles die bedrohliche Erscheinung des Schattens annehmen. Der Schrecken des Nichtseins ist manchmal formlos, ein andermal taucht er in den Bildern auf, die wir erschaffen. Aber er liegt nicht in der Welt außerhalb der Psyche. Er ist genau der Seinszustand des getrennten Selbst. Wann immer das getrennte Selbst von der Vernichtung bedroht wird, sieht es seinen Schatten. Wird das Gefühl eines getrennten Selbst transzendiert und sind keine Grenzen mehr zu sehen, dann gibt es weder Schatten noch Angst. Wo immer es ein Anderes gibt, gibt es auch Angst. Wenn nichts als etwas Anderes als das *Selbst* wahrgenommen wird, gibt es nichts, wovor man Angst haben müßte.[26] Dieser Zustand ist nur in der Bewußtheit des absoluten GEISTES zu erreichen. Wilber sagt uns, ebenso wie Hegel, Aurobindo und die *Psychologia perennis* im allgemeinen, daß die Evolution der Prozeß der Selbstverwirklichung des GEISTES ist.[27] Das Erwachen der Bewußtheit für den absoluten GEIST ist der Gipfel der evolutionären Reise zur Ganzheit.

Die Analytische Psychotherapie sieht die Psyche als selbstregulierendes System, das absichtsvoll in Richtung auf Ganzheit und größere Bewußtheit wirkt.[28] Wilber definiert das System des *Selbst* als organisierendes Prinzip, das auf jeder beliebigen Entwicklungsebene Einssein vermittelt. Es läßt sich daher nicht ausschließlich mit einer bestimmten Bewußtseinsebene in Verbindung bringen.[29] Das transpersonale *Selbst* kann also als integrierendes Prinzip verstanden werden, das auf jeder Entwicklungsstufe wirkt. Aber es wird nur dann erfahrbar, wenn es als das formlose Zentrum der Bewußtheit anerkannt wird, das alle Objekte und Inhalte von Bewußtsein begreift, aber selbst nichts ist. So wie sich das Auge nicht selber sehen kann, kann das *Selbst* nicht zum Objekt gemacht werden.

Das transpersonale *Selbst* als einen bewußten, losgelösten Beobachter zu erwecken, ist demnach ein weiteres Stadium im Entwicklungsprozeß des Selbstkonzepts. Und auch dieses kann transzendiert werden. Arthur Diekman schreibt:

Der grundlegende Unterschied zwischen der westlichen Psychologie und der mystischen Tradition liegt in unseren Annahmen über das Selbst. Wir betrachten das Selbst als eine Art Objekt, das an den Körper gebunden und von anderen Objekten getrennt ist; die Mystik hält diesen Glauben für eine Illusion, da er nur für einen begrenzten Ausschnitt des menschlichen Lebens zutrifft. Die Mystiker bestehen darauf, daß es ein Selbst gibt, das, vom gewöhnlichen Bewußtsein verborgen und nicht an Raum und Zeit gebunden, sowohl individuell wie universal sein kann – wie die Welle, die besteht und dann vollständig mit dem Meer verschmilzt, von dem sie nie getrennt war und dessen Wesen auch das ihre ist.[30]

So konnte Clemens von Alexandria sagen, daß sich der kennt, der Gott kennt. Und so wird, wie Jung bemerkte, das *Selbst* ununterscheidbar von einem Bild Gottes.[31]

Nicht-Selbst

Jenseits der Identifizierung mit einem transpersonalen *Selbst*, das archetypische Eigenschaften des Göttlichen verkörpert, liegt das Erkennen des absoluten GEISTES, das Einssein von Subjekt und Objekt. Wenn das *Selbst* als Subjekt sich selbst als Nichts kennt, als Leere oder reine Bewußtheit, der keinerlei Eigenschaften mehr zugeordnet werden können, dann kann es nicht mehr als *Selbst* bezeichnet werden. Ein Subjekt ist nur in Beziehung zu Objekten, die als von ihm getrennt wahrgenommen werden, ein Subjekt. Wenn es nicht mehr als Einheit objektiviert wird, die fähig ist, das Andere wahrzunehmen, aber in der Erkenntnis seiner allumfassenden Bewußtheit von Allem wie es ist bleibt, dann ist es nicht mehr als irgend etwas zu identifizieren. Es gibt kein *Etwas*, das erkennen oder unterscheiden könnte. Es gibt nur Bewußtheit.

Im Buddhismus wird diese Bewußtheit manchmal als Prozeß beschrieben. Wenn ich beispielsweise höre, wie die Türglocke schellt, ist die Bewußtheit nicht von dem Schellen getrennt. Die Glocke ist nur dann ein Objekt, wenn ich mich als Subjekt vom Hören trenne. In Bewußtheit ist nur das Schellen. Das Objekt kann nur dann vom Subjekt erkannt werden, wenn Dualität geschaffen worden ist, und meine eigene Vorstellung von mir selbst als Objekt, unterschieden von der Bewußtheit, schafft die Trennung. In Bewußtheit gibt es nur das Schellen oder nur das Hören – es gibt kein Hören ohne Hörer, kein Subjekt ohne Objekt.

Vielleicht kann man verstehen, daß das *Selbst* als Subjekt nicht erkannt werden kann, ohne sich in ein Objekt zu verwandeln und sich dadurch begrifflich vom Ganzen zu trennen, von dem abgesondert es nicht existiert. Man mag dennoch damit fortfahren, sich selbst so zu behandeln, *als ob* man eine losgelöste, getrennte Einheit sei, die nach ihrer wahren Natur sucht. So wie sich das Auge nicht selbst sehen kann, so kann das *Selbst* sich nicht selbst finden. Sobald ich mich als Objekt betrachte, habe ich mich zu einem Wesen gemacht, das nur als Begriff in meinem Denken existiert. Das Ich wird, soweit es als Objekt erkannt oder wahrgenommen wird, das Objekt eines unbekannten und übergeordneten Subjekts, nämlich des *Selbst*. Dieses *Selbst* kann erfahren, aber nicht als Objekt erkannt werden.

Bernadette Roberts, eine in der Tradition der Kontemplation stehende Christin, hat ihre Erfahrung des Nicht-Selbst wie folgt beschrieben:

Es war eine Reise durch einen unbekannten Korridor, der zu einem so neuen und anderen Leben führte, daß ich seine Existenz trotz vierzigjähriger Erfahrung mit kontemplativen Übungen nie auch nur erahnt hätte… da das Selbst in seinem tiefsten Innern in das Göttliche übergeht , habe ich nie ein wahres Selbst außerhalb von Gott gefunden. Das Eine zu finden, heißt das andere zu finden.

Da dies die Grenze meiner Erwartungen (und meiner Erfahrungen) war, war ich umso überraschter und verwirrter, als ich auf einen dauerhaften Zustand stieß, in dem es kein Selbst gab, nicht einmal ein höheres Selbst, ein wahres Selbst oder irgendwas, was man ein Selbst nennen könnte. Zweifellos war ich außerhalb meines eigenen und auch des traditionellen Bezugrahmens gelandet, als ich auf einen Pfad stieß, der dort seinen Anfang zu nehmen schien, wo die Werke derer aufhörten, die das kontemplative Leben beschrieben hatten… Obwohl mir die buddhistische Vorstellung vom Nicht-Selbst einleuchtete, konnte sie doch die christliche Erfahrung des Nicht-Selbst natürlich nicht erklären, denn ihr fehlt die Anerkennung oder zunächst die Begegnung mit der Ganzheit des Selbst in seiner Verbindung mit Gott.[32]

Die buddhistische Lehre von Anatta, vom Selbst als Nicht-Ding, sagt einfach, daß das *Selbst* als Subjekt kein Objekt sein kann. Sobald ich sage , »ich sehe« oder »ich hab's«, habe ich es verfehlt – genau deswegen, weil ich nichts »sehen« oder »haben« kann, ohne es zu objektivieren. Das *Selbst* ist absolute Subjektivität, und von daher kann man nichts darüber sagen. Es gibt kein *Selbst* als »es«. Es gibt nur das, was im jeweiligen Moment auftaucht. Aus diesem Blickwinkel, der aber kein Winkel ist, sondern eine allumfassende Sicht, gibt es nichts zu suchen und niemanden, der suchen könnte.[33]

Aber das Suchen geht weiter. Bei der Subjekt/Objekt-Trennung ist das, was gesucht wird, genau das, was sucht. Da ich mein *Selbst* oder meine »wahre Natur« *bin*, kann ich es solange nicht finden, wie ich weiter aktiv suche. Das Suchen scheint mich davon zu trennen, aber die Trennung ist illusorisch. Die Welt der Wahrnehmung wird daher nicht in dem Sinne als illusorisch bezeichnet, daß sie nicht in der Bewußtheit existiert, sondern in dem Sinne, daß alle Objekte nur in Beziehung zu einem Subjekt bestehen und umgekehrt. Es kann kein Subjekt ohne Objekt geben, kein Objekt ohne Subjekt. Die Trennung der beiden geschieht rein begrifflich und wird daher für illusorisch gehalten. Wo es keine Trennung, keine Dualität von Subjekt und Objekt, Selbst und Anderem gibt, da gibt es weder einen Weg noch ein Werk. Über diese letzte Wahrheit gibt es nichts zu sagen.

Das Konzept eines transpersonalen *Selbst* wird daher wie jedes theoretische Konstrukt als nützliche oder vorübergehende Lehre betrachtet und nicht als endgültige. Als Mittelpunkt der Bewußtheit umfaßt das transpersonale *Selbst* sowohl das bewußte wie das unbewußte Denken als mitentscheidende Faktoren der Erfahrung. Als transzendentales Postulat scheint es psychologisch gerechtfertigt zu sein. Als Ziel, das realisiert werden soll, wird es zu einem ethischen Postulat, das eine Verbindung zwischen dem getrennten Selbst und Atman, dem inneren Gott, liefert. Diese Dimension von Identität anzustreben heißt, die Wanderschaft auf dem spirituellen Pfad anzutreten. Aber ein Mensch, der sich auf den spirituellen Pfad begibt, kommt nie am Zielpunkt an, da das, was man zu sein glaubt, sich nur als Illusion eines getrennten

Selbst erweist, das sich schließlich in der Göttlichkeit, im größeren Ganzen auflöst.

Hat man erst die illusorische Natur aller Selbstkonzepte im Kontext absoluter Subjektivität wahrgenommen, kann das transpersonale *Selbst* als Bild für Eigenschaften stehen, die man wertschätzen will, statt als getrennte Identität, die man aufbauen will. Man kann das *Selbst* so sehen, als ob es eine a priori bestehende Verkörperung abstrakter Ideale wie Wahrheit, Güte und Schönheit sei (platonischer Idealismus), oder so, als habe es abgesehen von konkreten Ausdrucks- und Entwicklungsformen keine Existenz (Existentialismus). Sich mit dem transpersonalen *Selbst* zu identifizieren oder es zum Ausdruck zu bringen, ist auf die eine oder andere Art stets eine Alternative, die man wählen, eine Identität, die man suchen kann, ein Wert, der zu erschaffen ist, eine Realität, die man erfahren kann – solange man das Gefühl hat, daß man als ein Subjekt, getrennt von einer Welt der Objekte, existiert.

Die Psychologie ist, wie die exoterische Religion, eher ein Behelf als eine endgültige Lehre. Sie kann angewandt werden, um den Geist zu heilen, Leiden zu mindern und die Evolution des Bewußtseins zu erleichtern. Aus verschiedenen Identifizierungen wächst man ganz natürlich im Prozeß der biologischen und psychologischen Reifung heraus. Jedes Stadium der Selbstentwicklung verlangt, frühere Identifizierungen loszulassen, und der Prozeß kann schwierig sein, besonders wenn man den nächsten Schritt ins Unbekannte fürchtet und sich ihm widersetzt. Wenn man die Identifizierungen mit den existentiellen Selbstkonzepten, die isoliert und vom restlichen Universum getrennt zu sein scheinen, aufgelöst hat und sich des transpersonalen *Selbst* gewahr ist, das mit allen und allem verbunden ist, dann fällt es leichter, dem Prozeß zu vertrauen. Irgendwann kann man dann schließlich sehen, daß das Teil nie vom Ganzen getrennt ist, und daß alle Selbstkonzepte sowohl Trittsteine wie Hindernisse auf dem Weg zur Wahrheit sind.

Erfahrungsübungen

Vorbereitung zur Erfahrung des transpersonalenSelbst

Manchmal kann das transpersonale *Selbst* direkt durch Meditation erfahren werden. Wenn das Denken ruhig ist, und der endlose innere Monolog aufhört, kann der stille, offene Geist das *Selbst* als Quelle und

Kontext aller Erfahrung erleben. In der Meditation der inneren Betrachtung, bei der man sorgfältig auf alles achtet, was das Feld des Bewußtseins beherrscht,[34] wird die Aufmerksamkeit zuerst auf die Empfindung des Atems konzentriert, wie er einströmt, wie er ausströmt. Wenn man eine gute Konzentration erreicht hat, kann man die Aufmerksamkeit auch auf andere körperliche Empfindungen wie Muskelspannung, Schmerz oder feine Freude ausdehnen. Wenn man sie aufmerksam betrachtet, scheinen alle Empfindungen im Bewußtsein aufzutauchen und dann zu vergehen.

Dasselbe läßt sich bei Gefühlszuständen und Gedanken beobachten. Wenn er alle Erfahrungen sorgfältig wahrnimmt, beginnt der Meditierende vielleicht, die Vergänglichkeit aller Phänomene zu bemerken. Alles steigt zur Bewußtheit auf und vergeht dann wieder. Wenn der Verstand sich einem bestimmten Gedanken oder einer bestimmten Phantasie hingibt und den Prozeß des Aufsteigens und Vergehens zu beobachten vergißt, verliert er sich in einem Traum und vergißt, daß er sich entschieden hat, sich auf diesen speziellen Aspekt von Erfahrung zu konzentrieren und den Rest zu ignorieren.

Die Selbstbeobachtung braucht nicht notwendigerweise an förmliche Meditation gebunden zu sein. Sie kann unablässig und bei jeder Aktivität ausgeübt werden, ist aber leichter zu erlernen, wenn die Aufmerksamkeit von der äußeren Umgebung abgezogen und nach innen gelenkt wird. Dabei sollte der Körper ruhig bleiben und der Geist wach.

Die Aufmerksamkeit oder Achtsamkeit zu schulen, ist als ein Prozeß zur Verfeinerung der Wahrnehmungsempfindlichkeit und zur Ausbildung des Geistes in der Selbstbeobachtung beschrieben worden.[35] Die Aufmerksamkeit wird gewöhnlich zuerst auf die *Inhalte* des Bewußtseins gerichtet, also auf Empfindungen, Gefühle und Gedanken, die zur Bewußtheit auftauchen. In einem zweiten Schritt wird die Aufmerksamkeit dafür geschult, sich auf den *Prozeß* zu richten, durch den wir uns entscheiden, auf einen bestimmten Reiz eher zu reagieren als auf einen anderen. Dies ist eine Übung zur direkten Beobachtung, wie selektive Wahrnehmung funktioniert. Psychologen wissen, daß Wahrnehmung selektiv ist, aber sehr wenige haben gelernt, den inneren Prozeß zu beobachten, durch den die Aufmerksamkeit auf die mentalen Ereignisse gerichtet werden kann, die der gezielten Ausrichtung der Aufmerksamkeit auf ein bestimmtes Objekt oder einen besonderen Aspekt der Erfahrung vorausgehen.

Mit zunehmend umfassenderer Bewußtheit, kann der Bereich unserer Aufmerksamkeit Zusammenhang, Inhalt und Prozeß zugleich erfassen. Optimale Bewußtseinszustände beinhalten womöglich all diese Erfahrungsaspekte gleichzeitig: Zusammenhang, Inhalt und Prozeß. Aber wenn man nicht zuerst die Aufmerksamkeit dafür schult, diese Aspekte einzeln zu unterscheiden, können Versuche mit diesem weitgefaßten Blick leicht zu unscharf ausfallen, als daß sie eine bewußte Erfahrung der transpersonalen Dimension des Seins ermöglichen würden.

Offene, nicht auswählende Bewußtheit[36] kann eine nützliche Übung zur Entdeckung der transpersonalen Identität sein. Sie schließt freischwebende Aufmerksamkeit mit ein, die wach und diffus ist. Es wird kein Versuch unternommen, sich auf ein bestimmtes Objekt zu konzentrieren. Die Erfahrung wird einfach mit jedem Moment aufgenommen. Diese Übung kann jeder machen, der lernen will sich selber zu heilen. Zum Prozeß des Ganzwerdens gehört es, alle Erfahrung anzuerkennen. Um sich selber ganz kennenzulernen, ist es notwendig, vorübergehend Aufmerksamkeit von der äußeren Welt abzuziehen und zur Selbstbeobachtung nach innen zu lenken. Dieser Prozeß muß nicht narzißtisch oder von einem Sichgehenlassen geprägt sein. Er ist einfach eine andere Art von Erziehung, Bestandteil eines Lernprozesses, wie der Geist arbeitet und wie er geschickter genutzt werden kann, um Konflikte zu lösen und Leiden zu mindern.

Selbstheilung beginnt mit Selbstbewußtheit und transpersonale *Selbst*-Bewußtheit kann man als eine Quelle der Heilung in jedem von uns betrachten. Wenn wir bereit sind, den inneren Erfahrungen Beachtung zu schenken, werden wir zu bewußter Selbststeuerung fähig. Ohne Selbstbewußtheit werden Versuche zur Selbstkontrolle langfristig vermutlich scheitern und vielleicht sogar schaden. Wir müssen uns selber kennen und annehmen, bevor wir versuchen, uns zum Zwecke von Änderungen zu manipulieren, die wir für wünschenswert halten. Alles verstehen heißt alles vergeben, und uns selber zu vergeben, daß wir genau so sind, wie wir sind, ist der erste Schritt zur Heilung.

Dialog mit dem transpersonalen Selbst

Wir alle haben in uns eine Quelle von Weisheit, Mitgefühl und Kreativität, und wir können lernen, mit ihr Kontakt aufzunehmen.

Stell Dir vor, daß Dein transpersonales *Selbst* die Eigenschaften darstellt, die Du am meisten schätzt. Dieses Bild Deines *Selbst* verkörpert all die positiven Qualitäten, die latent in Dir vorhanden sind und die Du vielleicht in einem erleuchteten Wesen zu finden erwarten würdest. Es verkörpert Dein intuitives Wissen, Deine innere Weisheit und Deine liebende Güte. Wenn Du diese Eigenschaften sichtbar verkörpern würdest, wie würdest Du Dich dann sehen?

Laß das Bild jetzt los und richte Deine Aufmerksamkeit auf Deine Atmung. Sobald Dein Geist ruhig und Dein Körper entspannt ist, stell Dir vor, daß Du alleine in einer schönen Gegend spazierengehst, in der Du Dich völlig sicher fühlst. Denke über Dein Leben nach, so wie es ist, und über jedes Problem, das Dich vielleicht beunruhigt. Greif einen Punkt heraus, der Dich beschäftigt, und formuliere eine einzige Frage, zu der Du gerne einen Rat erhalten würdest.

Stell Dir jetzt vor, daß Dein transpersonales *Selbst* gekommen ist, um Dich dort zu treffen, wo Du bist. Laß Dir einen Moment Zeit, um Dir vorzustellen, wie es sich in der Gegenwart eines Wesens anfühlt, das vollkommenes Mitgefühl ist. Du kannst dieses Wesen alles fragen, was Du wissen willst. Welche Antwort auch immer Du bekommst, höre zu und nimm Dir Zeit, über sie nachzudenken. Sie ist vielleicht genau das, was Du für Deinen nächsten Schritt auf dem Weg wissen mußt. Vertraue Deinem *Selbst*. Werde Dein *Selbst*. Laß los, verabschiede Dich, und kehre in Deinen normalen Wachzustand hier und jetzt zurück.

Das transpersonale *Selbst* ist immer zugänglich, aber es ist nie aufdringlich. Es ist der Zusammenhang persönlicher Erfahrung, ob anerkannt oder nicht. Wenn man sich einmal entschieden hat, sich des *Selbst* bewußt zu sein, steht es immer mehr als Quelle von Heilung und Führung zur Verfügung.

Affirmation

Ich bin GEIST…
Sicher und geheilt und ganz.[37]

Wir werden uns jetzt einer ausführlicheren Beschreibung dessen zuwenden, wie die Bewußtheit von Inhalt und Prozeß in jedem Stadium der evolutionären Reise zu Heilung und Ganzheit beitragen kann. Wenn wir verstehen, daß Erfahrung immer durch den bestimmten Blickwinkel eines Selbstkonzepts erfolgt, das einem der verschiedenen hier beschriebenen Stadien der Identifizierung Ebene entspricht, dann können wir auf jeder Ebene Heilung und Wachstum in Richtung Ganzheit erleichtern.

4 Heilende Bewußtheit

Heilung entsteht nur aus dem, was den Patienten
über sich selbst und über seine Verwicklungen mit
dem Ich hinausführt.

C.G. Jung[1]

Heilende Bewußtheit ist eine Qualität von Aufmerksamkeit, die man erfahren kann, wenn das Bewußtsein sich mit dem transpersonalen *Selbst* identifiziert. Die im vorangegangenen Kapitel beschriebenen Eigenschaften des transpersonalen *Selbst* sind solche, die der Heilung zuträglich sind. Wenn man die Identität nicht ausschließlich an ein isoliertes, existentielles Selbst knüpft und die Identifizierung mit mentalen und emotionalen Zuständen gelöst hat, kann man nicht nur beobachten, *was* in der Psyche geschieht, sondern auch *wie* es geschieht. Wenn das Bewußtsein selbst zum Objekt der Aufmerksamkeit wird, können die für die Heilung notwendigen Bedingungen sichtbar werden.

Achtet man zum Zwecke der Heilung auf die inneren Erfahrungen, so muß man sich nicht nur der Inhalte des Bewußtseins, sondern auch seines Zusammenhangs und Prozesses bewußt sein. Das wird immer leichter, je mehr man übt. Zunächst genügt es, die Qualität der Aufmerksamkeit wahrzunehmen, die man üblicherweise Erfahrungen entgegenbringt. Meistens nehmen einen die Inhalte der Erfahrungen so in Anspruch, daß man den Bewußtseinszustand des Erfahrenden übersieht.

Heilende Bewußtheit ist eine schon vorhandene Wahlmöglichkeit, die man bewußt kultivieren kann. Es ist eine unaufdringliche Form der Aufmerksamkeit, die natürliche Selbstheilungsreaktionen geschehen läßt. Diese Bewußtheit ähnelt dem, was Freud freischwebende Aufmerksamkeit nannte. Fritz Perls, der Begründer der Gestalt-Therapie, hat bemerkt: »Bewußtheit *per se* – durch und aus sich selbst heraus – kann heilsam sein«.[2] Carl Rogers hat betont, wie wertvoll bedingungslose positive Beachtung für die Unterstützung persönlichen Wachstums ist. Ken Wilber spricht von der Notwendigkeit der frei-fühlenden Aufmerksamkeit bei der natürlichen Entfaltung des Bewußtseins.

Bewußtheit kann in der Psychotherapie als wichtiges Heilungsinstrument eingesetzt werden. Im Idealfall sollten alle Psychotherapeuten lernen, den Klienten ihre ungeteilte, offene, annehmende Aufmerksamkeit entgegenzubringen, um die Heilung zu erleichtern. Die verschiedenen Therapieansätze konzentrieren sich dabei auf unterschiedliche Erfahrungsinhalte. Einige stellen beispielsweise frühe Kindheitserfahrungen und das emotionale Selbst in den Mittelpunkt ihrer Arbeit (Psychoanalyse), einige das Lernen (Kognitive Psychologie und Behaviorismus), einige das persönliche Wachstum und die Integration von Geist und Körper (Existential- und Humanistische Psychologie) und einige die inneren Erfahrungen und die spirituelle Entwicklung (Analytische und Transpersonale Therapie). Zudem bietet jede Schule eine andere Methode für eine wirksame Heilung an, aber sie alle bringen in den Prozeß eine gewisse Art konzentrierter Aufmerksamkeit ein, die den grundlegenden Rahmen ihrer Arbeit bildet.

Ein Psychotherapeut muß heilende Bewußtheit nicht nur für sich selbst, sondern auch für seine Klienten entwickeln. Unglückseligerweise lernen Therapeuten selten, sich selber die bedingungslose, positive Beachtung oder die freischwebende Aufmerksamkeit zu schenken, die sie anderen zu geben versuchen. In den helfenden Berufen treten daher häufig Gefühle von emotionaler Entbehrung oder Ausgebranntsein auf. Wenn man sich selbst nicht die für die Selbstheilung notwendige Aufmerksamkeit geben kann, kann man sie bei anderen suchen und vielleicht sogar vorübergehend bekommen. Ist sie jedoch nicht verfügbar, fühlt man sich wütend, verletzt oder enttäuscht. Auch übertriebene Selbstkritik kann auf einen Mangel an Bewußtheit auf diesem Gebiet hinweisen. Für einen Therapeuten kann es eine willkommene Befreiung von solcher Selbstkritik bedeuten, heilende Bewußtheit in sich selbst zu entwickeln, die auch eine günstige Umgebung zur Selbstheilung schafft und das Ausbrennen verhindert.

Noch wichtiger ist, daß heilende Bewußtheit durch einen Therapeuten, der sie bewußt vorlebt, auch in anderen geweckt werden kann. Bewußt oder unbewußt gibt ein Therapeut immer ein Modell für Einstellungen wie für Verhaltensweisen. Weniger offensichtlich ist, daß das für uns alle dauernd gilt. Wer warm und mitfühlend ist, bietet ein Vorbild für dieses Verhalten und kann es auch leichter bei anderen hervorrufen. Wer selbst kühl und überheblich ist, führt diese Eigenschaften als erstrebenswert vor. Klienten lernen mehr aus dem, was ein Therapeut ist und tut, als aus dem, was er sagt. Wenn er oder jemand anderes ein

70

Modell einer urteilsfreien, frei-fühlenden Aufmerksamkeit ist, dann lernen andere diese Eigenschaften auch zu pflegen. Die Qualitäten des Bewußtseins scheinen ansteckend zu sein. Man kann beispielsweise leicht von der Angst oder Wut eines anderen ergriffen werden. Dasselbe gilt für positive Zustände und insbesondere für die heilende Bewußtheit.

Psychotherapie ist nur eine mögliche Weise, sich des transpersonalen *Selbst* gewahr zu werden und heilende Bewußtheit zu entwickeln. In Bewußtheit kann man sich jederzeit und überall üben. Sie scheint am besten zu funktionieren, wenn man sie ständig nutzt. Wird sie blockiert oder behindert, verringert sich ihr Heilungspotential.

Wenn sich die heilende Bewußtheit entwickelt, lernt man, Inhalt, Prozeß und den Zusammenhang des Bewußtseins zu sehen, ohne zu versuchen sie zu bewerten, zu kontrollieren oder zu modifizieren. Das Selbstgefühl, das sich von körperlichen, emotionalen, mentalen und existentiellen Selbstkonzepten löst, wird offener und für freifühlende Aufmerksamkeit erreichbar. Wenn die Verzerrungen des Selbstkonzepts korrigiert werden, können sich Heilung und das Wachstum zur Ganzheit ungehindert entfalten.

Heilende Bewußtheit kann auf jeden Aspekt der Psyche wirken. Die gegenwärtigen Psychotherapien können danach unterschieden werden, welche Bewußtseinsebenen sie ansprechen, welche Interventionen gemacht und welche Ergebnisse angestrebt werden. Auf jeder Ebene kann Aufmerksamkeit auf den Inhalt, den Kontext oder den Prozeß gelenkt werden.

Die biologische Psychiatrie ist ein Ansatz zur Behandlung mentaler Störungen, der besonders auf körperliche, biologische Interventionen ausgerichtet ist. Sie behandelt mentale Störungen chemisch oder biologisch. Es handelt sich dabei um ein medizinisches Modell, bei dem Heilung mit der Anpassung an soziale Normen gleichgesetzt ist. Einige psychoanalytische Therapieformen richten sich ausschließlich an die emotionalen Inhalte des Bewußtseins. Manche zielen hauptsächlich auf das Lindern von Symptomen und auf ein angemessenes Funktionieren ab. Einige kurze Psychotherapien benutzen kognitive Verhaltensansätze, um gewohnte Denkweisen zu ändern und die Reaktionsweisen neu zu programmieren.

Viele Therapien, die ausschließlich an Problemlösungen und den Inhalten des Bewußtseins arbeiten, sprechen die Fragen des Bewußtseinskontexts oder -prozesses gar nicht an. Unter den Humanistischen und Existentiellen Therapien gibt es einige, die hauptsächlich auf den Prozeß ausgerichtet sind und darauf abzielen, den einzelnen zur Übernahme von Verantwortung für den Inhalt und den Prozeß der Erfahrung zu befähigen. Diese betonen meist die Freiheit der Wahl und die Authentizität.

Die Transpersonalen Therapien, die sich mit Befreiung und Transzendenz befassen, zielen eher darauf ab, einen Kontext von Selbst-Bewußtheit zu entwickeln, innerhalb dessen der Prozeß sich entfaltet. Ein transpersonaler Ansatz schließt andere Formen der Arbeit nicht notwendigerweise aus, vielmehr geht er von einer breiteren Perspektive aus. Dieser Ansatz geht über die üblichen therapeutischen Techniken hinaus und schafft einen günstigen Kontext für Heilung auf jeder Ebene, indem er die Vorstellungen über die Natur des Selbst in Fage stellt.

Die Ebenen heilender Bewußtheit

Heilende Bewußtheit hängt von der Bereitschaft ab, die Wahrheit über sich auf allen Ebenen anzuerkennen. Sie wird noch verstärkt, wenn man Eigenschaften wie urteilsfreie Aufmerksamkeit, Geduld, Mitgefühl, Verständnis und Vergebung pflegt, sich also mit dem transpersonalen *Selbst* identifiziert. Ist diese Art von Aufmerksamkeit unverfälscht vorhanden, kann sie als friedvolle Haltung erlebt werden. Diese Einstellung scheint die Heilung bei anderen und bei einem selbst leichter zu machen. Andere können helfen, aber letzten Endes müssen Heilung und Ganzheit aus einem selbst heraus kommen. Der Körper und die Psyche sind ununterbrochen damit beschäftigt, sich selbst zu heilen und zu erneuern. Wir aber verstehen nicht wirklich, wie Heilung geschieht. Wie ein bekannter Wissenschaftler einmal sagte: »Ich kann nicht erklären, was vor sich geht, wenn ein Schnitt, den ich mir beim Rasieren zugezogen habe, heilt, obwohl ich mein ganzes Leben damit zugebracht habe, diesen Vorgang zu untersuchen.«

Obwohl es schwierig ist, genau zu erklären, wie Heilung vonstatten geht, wissen wir, daß sie dadurch erleichtert werden kann, daß wir jeder Erfahrung mit heilender Bewußtheit Beachtung schenken. Gefühle, Vorstellungen und Einstellungen beeinflussen offensichtlich den Heilungsprozeß auf allen Ebenen: körperlich, emotional, mental, existentiell und spirituell.

Körperlich heilende Bewußtheit

Auf der körperlichen Ebene geht die Heilung leichter voran, wenn man auf den Körper hört und auf physiologische Prozesse achtet. Man kann sich darin schulen, Prozesse, wie den Kreislauf des Blutes, den Herzschlag und die Gehirnwellen, derer man sich meist unbewußt ist, willkürlich zu beeinflussen. Die Technik des Biofeedback macht das sehr viel einfacher. Diese Fertigkeiten sind jedoch nicht durch Willenskraft oder bewußte Anstrengung zu erreichen. Sie lassen sich am leichtesten in einem Zustand des *passiven Wollens*[3] erlernen, in dem Veränderungen erst beobachtet und dann zugelassen werden. Bei der physiologischen Selbstregulierung ist es so, daß einem etwas um so weniger gelingt, je mehr Mühe man sich damit gibt. Hört man andererseits mit den Bemühungen auf und läßt einfach zu, was kommt, dann stellt sich der Erfolg oft von alleine ein. Möchte man beispielsweise die Temperatur der Hände erhöhen, eine Methode zur Schmerzlinderung bei Migräne, so geht das besser, wenn man sich vorstellt, daß man seine Hände vor einem Feuer wärmt oder sie in angenehm warmes Wasser taucht, als wenn man bewußt versucht, die Temperatur zu kontrollieren.

Mentale Vorstellungen können nicht nur physiologische Funktionen steuern, sondern auch dazu dienen, Heilung in anderen Bereichen zu visualisieren. Carl und Stephanie Simonton etwa haben bei der Behandlung von Krebs ergänzend zu den traditionellen Methoden auch Visualisierungen benutzt.[4] Welche Form die Visualisierung auch haben mag, der wirksame Einsatz von Bildern zur Heilung erfordert eine Haltung passiven Wollens oder nichteingreifender Aufmerksamkeit, die beobachtet, was geschieht, wenn die Bilder herbeigerufen werden. Die Wirksamkeit von Visualisierungen auf körperliche Heilung steigt daher, wenn man heilende Bewußtheit entwickelt.

Will man lernen, für bestimmte Hinweise auf das zur Erhaltung der Gesundheit Notwendige empfänglicher zu werden, ist es wichtig, die Aufmerksamkeit willentlich auf verschiedene Teile des Körpers lenken zu können. Häufig wird der Körper so lange ignoriert, bis es irgendwo weh tut. Nur wenn man bereit ist, ihm mit heilender Bewußtheit zu lauschen und leiblichen Bedürfnissen nach Ernährung, Bewegung und Entspannung nachzukommen, läßt sich optimale körperliche Gesundheit aufrechterhalten.

Bei ihrer Pionierarbeit auf dem Gebiet des Biofeedback an der Menninger-Klinik in Topeka, Kansas, haben Elmer und Alyce Green folgenden psycho-physiologischen Grundsatz formuliert, der das sehr gut zusammenfaßt:

Jede Veränderung im physiologischen Zustand wird, bewußt oder unbewußt, von einer entsprechenden Veränderung im emotional- mentalen Zustand begleitet. Und umgekehrt geht jede bewußte oder unbewußte Veränderung im emotional-mentalen Zustand mit einer entsprechenden Veränderung des physiologischen Zustands einher.[5]

Eine genaue Unterscheidung mentaler und emotionaler Zustände hängt vom Bewußtsein ab. Mein Körper spürt keinen Schmerz, wenn ich bewußtlos geworden bin. Lust und Schmerz werden nur im Gehirn unterschieden, und es erfordert Klarheit und Wachheit, um die feineren Unterscheidungen zwischen positiven und negativen mentalen und emotionalen Zuständen genau wahrzunehmen.

Emotional heilende Bewußtheit

Auf der emotionalen Ebene bedeutet heilende Bewußtheit, sowohl positive wie negative Gefühle zu erkennen. Manchmal mag es leichter scheinen, wütende, feindselige Gefühle anzuerkennen als warme, zärtliche. Es ist oft schwierig, tiefe Sehnsüchte und geheime Ängste mitzuteilen. Aber im ehrlichen Austausch von Gefühlen entdeckt man die gemeinsame Grundlage menschlicher Erfahrung. Jeder erfährt Trennung, Geburt und Tod, Liebe und Angst, Hoffnung und Enttäuschung, Erfolg und Versagen, Freude und Kummer, Alleinsein und Beziehungen in irgendeiner Art. Einem anderen Menschen, einem Therapeuten oder einem nicht urteilenden Freund, wahrhaft die eigenen Emotionen vermitteln zu lernen, kann ein wichtiger Schritt auf dem Weg zur Übernahme von Verantwortung für Selbstheilung sein und die direkte Erfahrung heilender Bewußtheit erleichtern.

In der Psychotherapie kann emotionale Heilung dadurch herbeigeführt werden, daß man die Vergangenheit mit heilender Bewußtheit betrachtet. Schmerzhafte, bislang unterdrückte Erfahrungen lassen sich willentlich rekonstruieren. Verschüttete Erinnerungen aufzudecken und die mit ihnen verbundenen Gefühle neu zu erleben, kann durch eine Haltung heilender Bewußtheit erleichtert werden. Unterdrückte Gefühle freizusetzen, hat eine reinigende Wirkung, es kann Depressionen lindern, Angst mindern und zum Gefühl inneren Friedens beitragen. Die Fülle der Emotionen läßt sich leichter in einem Klima heilender Bewußtheit mitteilen.

Man kann sich beispielsweise im Wortsinne »erleichtert« fühlen, wenn man sich von schuldbeladenen Geheimnissen aus der Vergangenheit losmacht. Schuld zu leugnen, zu projizieren oder zu unterdrücken schränkt die Bewußtheit ein. Sie loszulassen eröffnet dagegen neue Möglichkeiten für echten Selbstausdruck. So lange man etwas festhält, das man einem anderen Menschen nicht erzählen kann, schleppt man die Last der Schuld mit sich herum, die nach Bestrafung ruft. Ohne heilende Bewußtheit wird man sich vermutlich selbst strafen, wenn auch unbewußt.

Wann immer man Schmerz erfährt, ist es nützlich sich zu fragen: »Wofür strafe ich mich wohl?« Je ehrlicher man sein kann, desto schneller und leichter kann man die Wut, die Angst und die Schuldgefühle loslassen, die den Weg zur Heilung verstellen. Die Bereitschaft, sich seiner Gefühle bewußt zu sein, ist ein Schlüssel zur Befreiung. Die Angst vor ihrer Heftigkeit und Fülle, sei sie nun positiv oder negativ, kann man leichter überwinden, wenn man heilende Bewußtheit in einer Atmosphäre des Vertrauens mit einem anderen Menschen teilt. Die Notwendigkeit, Gefühle anzuerkennen und auszudrücken, gibt nicht das Recht, anzugreifen oder Wut unangemessen herauszulassen. Sich selbst oder andere anzugreifen, fördert die Heilung nicht.

Sich der Gefühle so bewußt zu werden, wie sie sind, und nicht so, wie man sie sich wünscht, enthüllt die unauflösbare Verbindung zwischen emotionalem Wohlbefinden und allgemeiner Gesundheit und Ganzheit. »Ich fühle mich gut«, oder »Ich fühle mich nicht gut«, sagt man oft, ohne zwischen bestimmten Gefühlen zu unterscheiden. Wenn ich beispielsweise wütend bin, fühle ich mich »nicht gut«.

Wenn man davon ausgeht, daß Gefühle durch äußere Geschehnisse verursacht werden, bleiben die inneren Quellen von Gefühlen vielleicht außer Betracht. Innerliche Ursprünge von Konflikten oder Streß können im Lichte heilender Bewußtheit leichter identifiziert werden. Bei diesem Prozeß ist die Bereitschaft, zu sehen, anzuerkennen, was subjektiv wirklich los ist, wesentlich. Manchmal hat man Angst vor dem, was durch innere Klarheit enthüllt werden könnte. Neigt man dazu zu urteilen, unterdrückt man oft die Bewußtheit von Gedanken und Gefühlen. Man zieht den Nebel der Verwirrung der Bewußtheit dessen, was ist, vor. Ist das der Fall, wird die natürliche Heilung blockiert.

Heilende Bewußtheit auf der emotionalen Ebene erfordert eine Bereitschaft, sich der eigenen Angst zu stellen und der Wahrheit über sich selber, so wie sie ist. Es ist diese Wahrheit, die einen von selbstauferlegten Begrenzungen und angstvollen Phantasien befreit. Von Angst und Wut kann man nur dann frei sein, wenn man frei von Schuldgefühlen ist. Daher blockiert alles, was man versteckt zu halten versucht, den Prozeß. Achtet man auf die innere Erfahrung und teilt sie mit, so kann man auch Denk- und Verhaltensmuster aufdecken, die zu emotionalem Streß und körperlichen Verspannungen beitragen.

Negative Gefühle haben immer auf irgendeine Weise mit Angst zu tun. Demjenigen, der sich ausschließlich mit seinem Körper identifiziert, machen Alter, Krankheit und Tod Angst. Wenn man sich bedürftig und abhängig fühlt, regrediert man manchmal in einen kindischen oder infantilen Zustand. Fühlt man sich dagegen wohl, sucht man gern nach neuen Erfahrungen, Kommunikation, Entdeckungen und Wachstum. Gefühle werden manchmal mit Worten wie hell oder dunkel und schwer beschrieben. Wir sprechen davon, strahlende Laune zu haben oder düsterer Stimmung zu sein. Kummer lastet auf uns. Bedauern, Reue und Groll können schweres emotionales Gepäck sein, das man aus der Vergangenheit in die Gegenwart schleppt.

Eine buddhistische Lehrgeschichte erzählt von einem jungen Mönch auf der Suche nach Erleuchtung, der einen Bergpfad hinaufstieg, weil er zu einem alten Weisen wollte, der dort hoch oben lebte. Auf seinem Weg bergauf traf er auf den alten Mann, der gerade hinunterwanderte. Er bat ihn, ihm etwas über Erleuchtung zu sagen. Der alte Mönch, der ein Bündel auf dem Rücken trug, stellte es einfach für einen Moment ab. Dann hob er seine Last wieder auf und setzte seinen Weg ins Tal fort. Der junge Mönch verstand und wurde erleuchtet.

Heilende Bewußtheit macht es einem möglich, emotionale Belastungen aus der Vergangenheit leichter loszulassen. Hat man die Ärgernisse und Verstimmungen erkannt, die man nicht vergeben will, und die schmerzhaften Wunden, die man nicht vergessen hat, dann deckt man meist auch Schuldgefühle auf. Schuldgefühle und Groll sind zwei Seiten derselben Medaille. Man fühlt sich manchmal für Fehler schuldig und außerdem dafür, daß man nicht seinen Möglichkeiten entsprechend lebt.

Das Gefühl, man solle eine Sache tun, wenn man eigentlich eine andere tun will, ist eine weitere verbreitete Erfahrung. Aber »Ich sollte« läßt sich in »Ich könnte« verwandeln und als echte Wahlmöglichkeit erfahren. Dann kann man frei wählen. Man kann Verantwortung dafür übernehmen, die »Ich könnte« entweder umzusetzen, oder sie loszulassen. Wenn man die Ergebnisse dessen, wofür man sich in der Vergangenheit entschieden hat, nicht mag, kann man Alternativen untersuchen. Sich dessen bewußt zu werden, daß es eine freie Wahl (auf der existentiellen Ebene) gibt, ermöglicht einem, Freiheit zu erkennen und eine bessere Wahl zu treffen.

Emotionale Heilung beruht auf der Erkenntnis, der Annahme und der Mitteilung von wahren Gefühlen. Ganzheit basiert auf einem Gleichgewicht, nicht darauf, das loszuwerden, was wir nicht mögen. Wenn wir eine Unstimmigkeit oder einen Konflikt zwischen innerer Erfahrung und äußerem Ausdruck, Persona und Schatten, Angst und Liebe, Leben und Tod, Körper und Geist oder irgendeinem anderen Gegensatzpaar spüren, erleben wir Schmerz und Spannung. Die *Upanishaden*, uralte Hindu-Schriften, sagen, daß es immer dann Angst gibt, wenn es das Andere gibt, da Angst aus Dualität geboren wird.[6] Wir können erst dann frei von Angst sein, wenn wir die Einheit der Gegensätze erkennen und lernen, die Polaritäten emotionaler Erfahrung im Kontext heilender Bewußtheit auszubalancieren.

Mental heilende Bewußtheit

Betrachtet man den Geist als die Quelle von Lust und Schmerz, kann jeder Schmerz als Hinweis darauf dienen, daß der Geist der Heilung bedarf. Wenn die heilende Bewußtheit daher, wie in vielen Psychotherapien üblich, nicht auf den Körper, sondern auf den Geist ausgerichtet ist, kann das auch zur spontanen Auflösung von körperlichen Symptomen führen. Die Symptome können auch durch andere Arten der Intervention verschwinden, aber sie kommen meist in derselben oder in einer anderen Gestalt wieder, wenn man nicht darauf achtet, unter welchen Bedingungen oder in welcher geistigen Verfassung sie entstanden sind. Die Heilung des Geistes kann zu einer Heilung des Körpers führen, aber der Geist wird nicht einfach dadurch geheilt, daß die körperlichen Symptome erleichtert werden.

Leiden in jeder Form – körperlich, emotional oder mental – wird durch Verleugnung oder Vermeidung unnötig schwerer. Der Versuch, die Bewußtheit von Schmerz zu unterdrücken, macht ihn unglückseligerweise nur noch schlimmer. Ein erster Schritt in Richtung Heilung kann es daher sein, anzuerkennen, daß etwas nicht in Ordnung ist und daß der Geist als Quelle der Erfahrung verändert werden kann.

Der Geist ist immer aktiv. Selbst nachts, wenn wir schlafen, ist er mit träumen beschäftigt. Und jeder, der schon einmal versucht hat zu meditieren, weiß, wie schwierig es ist, den Geist zur Ruhe zu bringen. Wir alle erfahren dabei das, was Aldous Huxley den »endlosen idiotischen Monolog« nennt, der ewig weitergeht und alle Bemühungen, sich zu konzentrieren oder still zu sein, untergräbt. Auf mentaler Ebene heißt heilende Bewußtheit, auf die Gedanken zu achten, wenn sie kommen, ohne zu versuchen, sie zu manipulieren oder zu kontrollieren.

Die meisten Menschen sind bereit, Verantwortung für ihr Verhalten zu übernehmen, nicht aber für ihr Denken. Gedanken scheinen von ganz allein zu kommen und zu gehen. Aber Gesundheit kann genausoviel mit dem zu tun haben, was wir denken, wie mit dem, was wir tun. Heilende Bewußtheit kann dazu beitragen, die Überzeugungen, die unseren Erfahrungen zugrunde liegen, zu identifizieren, und es uns ermöglichen zu sehen, wie oft Gedanken zu sich selbst erfüllenden Prophezeiungen werden. Dieser Prozeß kann auch die Aufdeckung versteckter Annahmen und Interpretationen erleichtern, die emotionalen Konflikten zugrunde liegen. So gesehen können Gefühle als Schnittfläche der Interaktionen von Körper und Geist gelten.

Die Vorstellung, daß Denken Erfahrung schaffen könnte, mag zunächst beunruhigend scheinen. Wer hat nicht schon Gedanken gehabt, von denen er selbst meint, er solle sie nicht haben? Gedanken scheinen ein Eigenleben zu führen. Gedanken an Gewalt, Haß und Angriff sind tief in der kollektiven Psyche verwurzelt. Man kann keine Zeitung lesen, ohne vielfältigen Darstellungen von Gewalt ausgesetzt zu sein. Aber solche Gedanken werden nicht durch Selbstisolation oder einen kontrollierten Umgang mit Informationen ausgelöscht. Zusätzlich zu dem, was täglich von außen auf uns zukommt, entwerfen wir in angstvollen Träumen und Phantasien laufend gewalttätige Drehbücher. Selbst in relativ geschützten Umgebungen wie Meditationszentren, in denen das, was von außen kommt, drastisch reduziert ist, erzeugen unsere Gedanken und Phantasien weiter Furcht und Zorn. Auch wenn man in einer relativ gütigen Umgebung lebt, kann man Angst erfahren. Es ist verlockend, davon auszugehen, daß die äußere Realität die innere Erfahrung verursacht, aber es kann ebensogut andersherum sein. Der Zustand der Welt spiegelt kollektiv wie individuell den Zustand des Geistes wider.

Die Überzeugungen und Annahmen über die Welt und die Realität zu untersuchen, ist ein wichtiger Aspekt von Heilung und Ganzheit. Falsche Vorstellungen, zu denen auch unrichtige Vorwürfe gegen sich selbst und andere gehören, aufzudecken, kann einem helfen zu sehen, wie man unbewußt Lebensbedingungen schafft, die man nicht mag. Wenn man die Quelle von Schmerz und Unbehagen im eigenen Geist sucht, statt anderen die Schuld daran zuzuweisen, kann man vielleicht Veränderungen in eine gewünschte Richtung einleiten.

Die Einstellungen, die der Entwicklung von heilender Bewußtheit für die Gedanken und geistigen Prozesse am förderlichsten zu sein scheinen, sind Neugier, Forscherdrang und Verständnis. Außerdem kann eine gute Portion Humor von großer Hilfe sein. So wie wir auf körperlicher Ebene in den Körper hineinzuhören lernen, um zu entdecken, was ihn gesund hält, so kann gut auf unsere Gefühle und Gedanken zu achten uns helfen, klar zu sehen, was zu Glück und Ganzheit beiträgt. Ob wir inneren Frieden erreichen oder nicht, mag davon abhängen, ob wir die Kraft des Denkens erkannt haben.

Existentiell heilende Bewußtheit

Nicht genug damit, daß das existentielle Selbst sich mit den Ungewißheiten des täglichen Lebens herumschlagen muß, zusätzlich wird es auch noch von der Sorge geplagt, es könnte ausgelöscht werden. Der Versuch, nicht über den Tod nachzudenken, kann die Angst verbergen, läßt sie aber nicht verschwinden. Will man den lähmenden Auswirkungen, die die Angst auf den Geist hat, entkommen, dann muß man den Tod schließlich akzeptieren. Wie klar man über ihn denkt und was man für Vorstellungen von ihm hat, kann jeder selbst entscheiden. Wenn man beschließt, ihm auszuweichen, hat man dafür einen Preis zu zahlen. Versucht man ihn zu ignorieren, lauert er verkleidet hinter jedem mentalen Schatten und jedem körperlichen Symptom. Entscheidet man sich, mit ihm Frieden zu schließen, kann man heilende Bewußtheit leichter in jeden Erfahrungsaspekt einbringen und so die defensiven Störungen in Form von Unterdrückung, Projektion und Verleugnung verringern.

Abwehr schützt scheinbar das Ich vor dem, was ihm bedrohlich scheint. Der Unwillen, die Abwehrhaltungen und die Vorstellungen, die diese Haltungen stärken, zu untersuchen, schränkt die Bewußtheit ein. So kann man darin gefangen werden, einerseits der Angst vor dem Tod auszuweichen und andererseits der vor dem Leben. Wenn die Sterblichkeit geleugnet wird, wird die Freiheit beschränkt und der Selbstausdruck gehemmt. Folglich lebt man in alles durchdringendem existentiellen Grauen und einer beengten Bewußtheit, die wiederum Schuldgefühle nährt, weil man das Leben nicht voll ausschöpft.

Optimale Gesundheit erfordert heilende Bewußtheit und Verantwortlichkeit auf allen Ebenen. Auf der existentiellen Ebene kann man lernen, Verantwortung für Vorstellungen, Gedanken und Gefühle ebenso zu übernehmen wie für das Verhalten. Auf diesem Wege kann man Authentizität, Autonomie und Freiheit erlangen. Schließlich wird man rückhaltlos Verantwortung für die persönliche Erfahrung beanspruchen können.

Spirituell heilende Bewußtheit kann langsam oder plötzlich, bewußt oder unbewußt erwachen. Der Bewußtheit transpersonaler Erfahrungsdimensionen kann ein spontanes mystisches Erlebnis, eine spirituelle Beziehung, eine Konfrontation mit dem Tod, die Einnahme einer psychedelischen Droge oder jede intensive Erfahrung vorangehen, die den Schleier der Konditionierungen hebt, um bis dahin ungeahnte Dimensionen der Realität zu enthüllen, die wirklicher und bedeutungsvoller scheinen als die begrenzten Wahrnehmungen des normalen Bewußtseins. Solche Erfahrungen können eine befreiende und heilende Wirkung auf die Psyche haben. Das spirituelle Erwachen lenkt die Aufmerksamkeit darauf, daß alles in diesem Leben vergänglich ist und daß man keine Dauerhaftigkeit herstellen oder lange an etwas festhalten kann. Die volle Entwicklung der heilenden Bewußtheit hängt davon ab, daß man sowohl die transpersonale Identität wie das Absolute erkennt. Eine Erfahrung von Selbsttranszendenz oder ein Blick auf das Nicht-Selbst läßt einen jedes persönliche Melodrama aus einer umfassenderen Perspektive sehen.

Selbstbewußtheit wird zwar weithin als therapeutisches Werkzeug anerkannt, dennoch aber wird spirituelle Bewußtheit in der Psychologie des Westens selten berücksichtigt. Während man sich auf dem Weg zur Ganzheit entwickelt, bietet heilende Bewußtheit einen Kontext, innerhalb dessen man sowohl die hellen wie die dunklen Seiten in sich selber annehmen kann. Ein Gefühl der Ganzheit ist nur zu erreichen, wenn man bewußt alles von sich annimmt, einschließlich der transpersonalen Identität. Liebe und Dankbarkeit scheinen die Haltungen zu sein, die der Erweiterung der Bewußtheit auf dieser Ebene am zuträglichsten sind. Wenn man bereit ist, sich selbst zu lieben und Dankbarkeit für alles, was man ist, zu zeigen, dann kann man sich weiter der transpersonalen Identität, dem absoluten GEIST öffnen.

In der spirituellen Praxis erscheint die Befreiung von der Illusion eines getrennten Selbstgefühls durch Erlangung transzendentaler Einsicht oft als Ziel des Werks. Wenn der spirituelle Aspirant die nichtstoffliche Natur aller Phänomene erkennt und zu der Erkenntnis des Nicht-Selbst erwacht, soll daraus die Freiheit von allem Leid folgen. Vom Standpunkt der westlichen Psychologie aus scheinen Einsicht und Erkenntnis zwar notwendige, aber keine hinreichenden Bedingungen für Ganzheit und ein stabiles psychologisches Wohlbefinden zu sein. Durch den Schleier der Illusion zu schauen, ist eine Sache;

in dieser Bewußtheit zu leben, eine ganz andere. Selbst wenn jemand in Verbindung mit spiritueller Praxis zu einer profunden Verwirklichung transzendentaler Einsicht gelangt, kehrt er in normale Bewußtseinszustände zurück, in denen das getrennte Selbstgefühl wieder einmal objektiv Geltung zu haben scheint. Ein derartiges Aufflammen von Einsicht kann durch fortdauernde Übung zu einem dauerhaften Licht der Achtsamkeit werden, das jede Erfahrung durchdringt. Aber das braucht seine Zeit und bei diesem *Prozeß* des Erwachens kann Psychotherapie nützlich sein.

Aus transpersonaler Sicht könnte man sagen, das Selbst zu heilen hieße, das Selbst zu transzendieren. Ganzheit findet man, wenn man die illusionistische Natur aller Selbstkonzepte erkennt und sie alle in heilender Bewußtheit umfaßt. Demnach kann man also in der Verbesserung von Selbstkonzepten eine nützliche Lehre sehen, bei der eine Illusion gegen eine andere ausgetauscht wird, die man für besser oder »realistischer« hält. Da jedoch alle Konzepte eines getrennten Selbst Fehlwahrnehmungen der Realität sind und also Täuschungen, verlängern sie zumeist das Leiden. Solange jemand an einem getrennten Selbstgefühl festhält, bleiben die dualistischen Polaritäten, die Konflikte erzeugen, ein integraler Bestandteil jeder Erfahrung. Die Psyche kann nur durch vollständige Auflösung der Identifizierungen ganz werden und vollkommen geheilt.

Spirituell heilende Bewußtheit macht es leichter, einengende Selbstkonzepte und Bindungen an das, was man sein zu sollen glaubt, loszulassen und zu werden, was man sein kann. Hat man vom Schein und der Selbsttäuschung auf der existentiellen Ebene losgelassen, fällt es wohl leichter, sich der Selbsttranszendenz hinzugeben und zum inneren Frieden zu finden, der optimale Bedingungen für Heilung schaffen kann. In diesem Stadium geht es nicht darum, mehr zu tun, sondern die Heilung zuzulassen. C.G. Jung schreibt:

Das Geschehenlassen, das Tun im Nicht-Tun, das Sichlassen des Meister Ekkart wurde mir zum Schlüssel, mit dem es gelingt, die Türe zum Weg zu öffnen: *Man muß psychisch geschehen lassen können.*[7]

Heilung *durch* uns geschieht leichter, wenn wir Heilung *in* uns zulassen. So wird aus dem verletzten Heiler, der sich auf der existentiellen Ebene mit dem Schmerz und dem Leiden derjenigen, die er zu heilen versucht, identifiziert, der geheilte Heiler, der in Leere und Mitgefühl verankert ist und damit leichter heilen kann. Wenn man den absoluten GEIST nicht als einen von allem anderen getrennten Bereich ansieht, sondern als den Grund oder das Sein aller Bereiche,[8] dann kann jede Interaktion im Kontext heilender Bewußtheit stehen und aus jeder Situation eine Gelegenheit werden zu heilen.

Erfahrungsübungen

Zugang zum inneren Heiler

Die Psyche trägt in sich eine kraftvolle Quelle der Selbstheilung. Diese Heilquelle kann als das transpersonale *Selbst* erkannt werden. Aus ihr erwachsen Weisheit, Mitgefühl, Stärke, Einsicht und Inspiration. Der Zugang zu ihr wird erleichtert, wenn wir uns mit einem anderen Menschen zusammentun, der uns helfen kann, einen Kontext heilender Bewußtheit herzustellen.

Denke über Dein eigenes Leben nach, und erinnere Dich an eine Zeit, in der Dir ein anderer Mensch sehr geholfen hat. Welche Eigenschaften in diesem Menschen sind Dir hilfreich erschienen?
Welche Eigenschaften auch immer Du damals in diesem Menschen gesehen hast, Du kannst sie jetzt auch in Dir selber finden. Wenn Du sie in einem anderen erkannt hast, kannst Du sie auch in dir selber erfahren. Welche Eigenschaften auch immer Du bei anderen hilfreich fandest, Du kannst sie auch in Dir selber pflegen. Wenn Du diesen Eigenschaften in Dir selbst mehr Aufmerksamkeit schenkst, stehen sie allmählich mehr und mehr zur Selbstheilung zur Verfügung und auch dafür, den Prozeß der Heilung bei anderen zu erleichtern.

Affirmation

In der Therapie geht es Klienten im allgemeinen besser, wenn sie auf allen fünf besprochenen Bewußtseinsebenen Verantwortung für sich selbst übernehmen. Die folgende Affirmation zur Verantwortung zu wiederholen, kann einen Einstellungswechsel erleichtern und zur Entwicklung heilender Bewußtheit beitragen:

Ich bin verantwortlich für das, was ich sehe.
Ich wähle die Gefühle aus, die ich erfahre,
und ich entscheide, welches Ziel ich erreichen möchte.
Und alles, was mir zu widerfahren scheint,
habe ich erbeten, und ich bekomme, worum ich gebeten habe.[9]

Entscheide ich mich, alles, was mir widerfährt, als etwas zu betrachten, worum ich gebeten habe, kann ich vermutlich aus jeder Erfahrung etwas lernen. Statt mich über Ereignisse in meinem Leben zu beschweren, kann ich zu sehen beginnen, wie frühere Entscheidungen zu den gegenwärtigen Bedingungen beigetragen haben, und mir bewußt werden, wie daher Entscheidungen, die ich jetzt treffe, die Zukunft formen. Wenn ich diese Affirmation so annehme, als sei sie wahr, dann wird sie auch in meiner Erfahrung wahr werden. Indem ich Verantwortung übernehme, werde ich verantwortlich. Ich nehme darüber hinaus Optionen und Gelegenheiten wacher wahr, wenn ich ein klares Ziel vor Augen habe. Je mehr ich mit Absicht handle, desto wirksamer und kraftvoller wird meine Absicht. Wenn ich bereit bin, zu größerer Autonomie, Authentizität und Ganzheit zu wachsen, kann mir diese Affirmation helfen, das zu tun. Wenn ich frei von vorgefaßten Erwartungen bin, kann ich mir eine Zukunft vorstellen, die anders ist als die Vergangenheit und in der eine Heilung leicht zu erreichen ist.

Was auch immer mir in der Vergangenheit widerfahren ist – jetzt kann ich mich entscheiden, meine Erfahrung aus einer neuen Perspektive zu sehen und mich auf meinen Anteil an ihrem Werden konzentrieren, statt anderen die Schuld zuzuweisen. Ich weiß, daß ich mich ändern kann, wenn ich Veränderung will. Wenn ich ein bestimmtes Ziel anstrebe, kann ich Änderungen in die gewünschte Richtung bewirken. Verantwortung für meine kreative Teilhabe an der Erfahrung zu übernehmen, kann der Beginn davon sein, zu einer bewußten Heilkraft in meinem eigenen Leben zu werden.

Falls sich Widerstand dagegen regt, diese Affirmation zu sprechen, achte auf Deine Einwände, und nutze sie als Hinweise auf Hindernisse, die anerkannt werden müssen. Wenn Du die Affirmation wiederholst, wirst Du vielleicht Gelegenheiten bemerken, bei denen Du Dich wirklich für Deine Wahrnehmungen und Reaktionen verantwortlich fühlst, und andere, bei denen das nicht so ist. Denke stets daran, daß Du tatsächlich die Freiheit hast, Deine Ziele und Absichten zu bestimmen, wie auch immer Deine gegenwärtigen Lebensumstände aussehen mögen. Auf der existentiellen Ebene gilt: »Wenn ich mein Schicksal nicht ändern kann, kann ich dennoch meine Einstellung dazu ändern.«

Ganz zu werden heißt, uns ganz zu akzeptieren lernen und die Kluft zwischen Schatten und Persona, Denken und Fühlen, Geist und Körper und letzten Endes die zwischen Subjekt und Objekt zu heilen. Einige dieser Dichotomien werden vielleicht offensichtlich, wenn Du siehst, was Du an Dir selber und an anderen schätzt oder nicht schätzt. Mache eine Liste all der Dinge, die Du an Dir selber magst und all derer, die Du nicht magst. Du wirst vielleicht feststellen, daß sich auf Deiner Liste etliche Gegensatzpaare finden. Wenn ich mir also etwa zugute halte, daß ich verantwortungsvoll bin, werde ich möglicherweise mich selber und andere für jeden Mangel an Verantwortung ablehnen. Meine Aufgabe ist dann, die Tatsache zu akzeptieren, daß ich sowohl verant-wortungsvoll wie verantwortungslos bin – ohne darüber zu richten.

Ich kann sagen, daß ich verantwortungsvoller sein möchte, daß ich es versuche, oder daß ich es vorhabe. Meine guten Absichten werden jedoch vermutlich wenig wirkungsvoll sein, wenn ich nicht bereit bin, meinen Widerstand dagegen zu erforschen, daß beide Seiten der Kluft mir angehören. Den Widerstand zu erforschen heißt, auf den Schatten-teil von mir zu hören, der keine Verantwortung übernehmen will, auf das also, was ich nicht als rechtmäßigen Teil dessen, was ich bin, anerkennen will. Es mag leichter scheinen, einfach zu sagen:»Nun, zumindest bin ich verantwortungsvoller als viele andere Leute.« Dann projiziere ich meine eigenen Neigungen zur Verantwortungslosigkeit auf einen anderen und urteile über diesen Menschen oder ärgere mich über sein Verhalten, während ich weiterhin den Teil von mir ignoriere, der weniger verantwortungsvoll sein will. Es kann hilfreich sein, die Position des anderen einzunehmen und im Rollenspiel das Gegenteil dessen darzustellen, was ich sein zu sollen glaube. Die Bereitschaft hierzu kann ein wichtiger Schritt zur Selbstheilung sein.

Wer nicht bereit ist, den Schatten zu integrieren, projiziert ihn vermut-lich unbewußt leicht auf andere. Man findet dann an jedem, außer an sich selbst, etwas auszusetzen, schützt persönliche Unschuld vor, sieht nur in anderen, was man nicht mag. Andererseits kann man auch posi-tive Potentiale auf andere projizieren, nichts Gutes in sich selber ent-decken, andere bewundern, die irgendwie besser zu sein scheinen. Hei-lende Bewußtheit zu entwickeln heißt zu lernen, sowohl die hellen wie die dunklen Seiten in sich selber anzunehmen und Vergleiche und Ver-urteilungen loszulassen. Dieser Prozeß macht es einem möglich, so-wohl die Gemeinsamkeiten der menschlichen Erfahrung wie die ein-malige Individualität dessen, was man sein kann, stärker zu würdigen.

Wahlfreiheit

Eine einfache Methode, um die Wahrnehmungen all der »Ich sollte« in »Ich könnte« zu ändern, ist die, eine Liste aller »Ich sollte« zu machen, das heißt sie zu identifizieren und dann im Geist in »Ich könnte, und ich habe die Wahl« zu verändern. So wird beispielsweise »Ich sollte liebevoller sein« zu »Ich könnte liebevoller sein, und ich habe die Wahl«. Achte darauf, wann Du zu Urteilen neigst, wann Du Dir selber vorwirfst, noch nicht frei von Schuld zu sein oder Dich entmutigt fühlst. Nimm Dir die Zeit, das alles mit heilender Bewußtheit zu fühlen.

Wenn Du einen emotionalen Mangel fühlst, dann frage Dich: »Wie bringe ich mir diesen Mangel selber in dieser Situation bei?« Die Antwort mag sich nicht auf den ersten Blick ergeben, aber wenn Du weiterfragst, entdeckst Du vielleicht etwas, das Du in der Tat ändern *kannst*.

Die Spaltung von Körper und Geist zu heilen bedeutet, daß man bereit sein muß, sich so intensiven Emotionen wie Angst, Hoffnungslosigkeit und Verzweiflung zu stellen. Auch Unmengen von Verleugnung, Unterdrückung oder Wunschdenken können die geheimen Ängste, die man zu verstecken sucht, nicht abschwächen. Zu akzeptieren, daß es notwendig ist, tiefe Gefühle und Gedanken mit einem anderen Menschen zu teilen, kann der erste Schritt zur Entlastung sein und zur Lösung, des mit dem Versuch, die Angst zugleich loszuwerden und sie zu verstecken, verbundenen Konflikts.

5 Das Streben nach Glück

Gott, der Liebe ist, ist auch Glück.
Und Glück eben ist es, was ich heute suche.[1]
A Course in Miracles

Das unablässige Streben nach Glück, geht von dem Traum aus, daß Glück möglich ist. Demnach läuft etwas schief, wenn jemand unglücklich ist. Aus einem besseren Verständnis der Natur des Glücks und der mit dem Streben danach verbundenen Probleme können Einblicke in die Motive erwachsen, die manche Menschen veranlassen, den spirituellen Pfad zu wählen, statt sich dem allgemein akzeptierten westlichen Streben zu widmen. Manchmal kann das unnachgiebige Streben nach dem Glück, das immer schwer zu greifen ist und einen so oft enttäuscht, schon selbst ein starkes Motiv dafür sein, die Aufmerksamkeit der inneren Reise zum *Selbst* zuzuwenden.

Man kann die Bewußtheit auf jede Dimension von Erfahrung ausrichten. So neigt etwa eine therapeutische Grundhaltung, die davon ausgeht, daß Probleme gelöst werden müssen, dazu, die Bewußtheit auf psychologische Probleme zu konzentrieren. Es herrscht nie Mangel an wirklichen oder eingebildeten Konflikten, die gelöst, oder an Bedürfnissen, die erfüllt werden sollen. Aber bereits C.G. Jung hat bemerkt, daß man die wichtigsten Probleme des Lebens nicht lösen, sondern nur »überwachsen« kann, wie er es nennt. Dieses »Überwachsen« erfordert eine neue Ebene des Bewußtseins.[2]

Im Rahmen der Psychotherapie wird die Bewußtheit dafür geschult, dieses »Überwachsen« von Problemen zu beobachten. Glück zu beobachten, wird dagegen ganz selten geübt. Wenn man die verschiedenen Entwicklungsphasen durchläuft, »überwächst« man ganz natürlich einige Probleme und Begierden; und die Wege, nach dem Glück zu suchen, verändern sich sowohl mit dem Alter wie mit den Bewußtseinsebenen. Im Erwachsenenalter ist die spezifische Form des Strebens nach Glück weitgehend von der psychologischen Entwicklungsstufe des Menschen bestimmt. Die Frage, wo wir das Glück suchen, wird in anderen Worten vermutlich davon bestimmt, für wen oder was wir uns halten.

Wer beispielsweise ausschließlich mit dem Körper-Ich verbunden ist, wird die Symbole von Lust und Status in Form materieller Besitztümer anstreben. Kommt man mit den eigenen Gefühlen in Berührung, werden befriedigende emotionale Beziehungen wichtiger. Das mentale ichhafte Selbst strebt eher personale Erfolge an. Herrscht eine existentielle Identität vor, erkennt man die Vergänglichkeit sinnlicher Vergnügungen, Beziehungen und Erfolge, nimmt das Glück selbst vielleicht als Illusion wahr. Dann wird statt Glück vielleicht die Wahrheit zum Objekt des Strebens.

Auf der transpersonalen Ebene können die Ideale selbstlosen Dienens, oft in der Form von Lehren und Heilen, Vorrang vor anderen Motiven erhalten. Ein Beispiel dafür ist das Bodhisattva- Gelöbnis, in dem auf persönliche Befreiung verzichtet wird, bis alle fühlenden Wesen erleuchtet sind. Der Bodhisattva entscheidet sich, in dieser Realität zu bleiben, um Leiden zu mindern und anderen auf dem Weg zur Erleuchtung zu helfen. Jemand, der dieses Gelöbnis bewußt ablegt, verzichtet auf persönliches Glück als Ziel. Diese Verpflichtung auf das Dienen kann man nicht dem Streben nach Glück im üblichen Sinne zurechnen. Fühlt man sich jedoch deswegen besonders tugendhaft, wirkt es auf subtile Weise ähnlich. Geben und Nehmen werden erst dann als dasselbe wahrgenommen, wenn die ausschließliche Beschäftigung mit dem abgetrennten Selbst transzendiert wird. Dann kann selbstloses Dienen zu einer wahren Quelle der Freude werden.

Darüber nachzudenken, was einem Freude bereitet, und wo man nach Glück sucht, kann einem als Spiegelbild dessen dienen, wie man sich selber in dem Prozeß des Wachstums zum Ganzwerden sieht. Jede Stufe wird durch die Anziehungskraft einer bestimmten Art von Lust charakterisiert. Höhere Formen der Lust sind solche, die befriedigender und anhaltender sind. Spirituelle Lehren ermutigen daher die Menschen, statt materieller Genüsse Frieden und Liebe zu suchen. Der Buddhismus lehrt, daß Frieden die höchste Form des Glücks ist; einige christliche Lehren setzen Glück mit Liebe gleich. In *A Course in Miracles* heißt es: »Glück ist ein Attribut der Liebe. Es kann nicht davon getrennt sein.«[3]

Doch die Suche geht weiter, und viele Menschen haben sich persönlichem Schmerz und existentiellen Schrecken gestellt, bevor sie eine innere Quelle des Friedens und der Liebe fanden – nicht aus blindem Glauben heraus oder als Illusion, sondern im Licht des Verständnisses und der Selbsterkenntnis.

Unglücklich zu sein wird in verschiedenen Systemen auch verschiedenen Ursachen zugeschrieben. In der Psychoanalyse wird das Unglücklichsein dem unvermeidbaren Konflikt zwischen persönlichem Begehren und gesellschaftlichen Notwendigkeiten angelastet, das heißt dem zwischen den Trieben des Es und den Forderungen des Über-Ich. In der Verhaltenspsychologie wird das Unglücklichsein falschem Lernen, unangemessener Konditionierung und Umwelteinflüssen zugeschrieben. Ein Marxist mag es mit sozialer Ungerechtigkeit und Unterdrückung erklären. Abraham Maslow, ein Vertreter der humanistischen Psychologie, sah Unglücklichsein als eine Funktion fehlender Selbstverwirklichung an. Er schreibt: »Ich warne dich: Wenn du absichtlich planst, weniger zu sein, als du sein könntest, wirst du für den Rest deines Lebens tief unglücklich sein.«[4]

Gerald May weist auf die Gefahren hin, die darin liegen, sich vornehmlich mit dem persönlichen Glück zu beschäftigen und anzunehmen, daß Unglücklichsein ein psychologischer Defekt sei. Wer davon ausgeht, daß heilig zu sein auch bedeutet, glücklich zu sein, der folgt einer gefährlichen Annahme, die zu spirituellem Narzißmus beiträgt. May macht eine wesentliche Unterscheidung zwischen Glück und Freude:

Glück hat mit Freuds altem Lustprinzip zu tun: Befriedigung von Bedürfnissen und Vermeidung von Schmerz. Freude ist ganz jenseits der Berücksichtigung von Lust oder Schmerz und erfordert in der Tat das Wissen um und das Annehmen von Schmerz. Freude ist die Reaktion, die man auf die volle Wertschätzung des Seins hat. Sie erfolgt als Antwort darauf, daß man seinen rechtmäßigen, verwurzelten Platz im Leben gefunden hat, und das kann nur geschehen, wenn man durch und durch weiß, daß absolut nichts verleugnet oder auf andere Weise aus der Bewußtheit ausgeschlossen wird.[5]

Im Buddhismus gelten Begehrlichkeit, Festhalten und Verhaftetsein als die Wurzeln des Unglücks im menschlichen Leben. In einer Welt fortlaufender Veränderungen, in der nichts beständig ist und alles fließt, ist der Wunsch, etwas festzuhalten, schon an sich frustrierend. Die christliche Religion schreibt das Unglücklichsein der Ursünde oder der Trennung von Gott zu. Die Angst vor Verlust oder die Angst vor Strafe führen, zusammen mit Gefühlen von Hilflosigkeit leicht zu Hoffnungslosigkeit und Verzweiflung. In der hinduistischen Tradition sagt Sri Nisargadatta: »Jeder schafft eine Welt für sich selbst und lebt darin als Gefangener der eigenen Unwissenheit.«[6]

Das Problem, das jeder Suche nach Glück innewohnt, liegt in der Unwissenheit begründet. Nimmt man einen Mangel wahr, der Begehrlichkeit entstehen läßt, fühlt man eine Entbehrung. Entdeckt man, daß die Erfüllung von Ich-Begierden nie anhaltende Zufriedenheit bringt, daß sofort neue Begierden entstehen, wenn eine alte erfüllt ist, dann wendet man sich vielleicht vom materiellen Streben ab und dem spirituellen zu – in der Hoffnung, dort eine anhaltendere Quelle des Glücks zu finden.

Die Motivation ist am Beginn der spirituellen Suche oft recht gemischt, aber wahrhafte Hingabe an die innere Arbeit trägt dazu bei, den Selbstbetrug aufzulösen.

Wenn sich jemand erst einmal einem spirituellen Pfad verschrieben hat, sucht er möglicherweise die Flucht aus dem Leiden in der Transzendenz. Dann wird die Befreiung von Begehren und von der Illusion eines getrennten Selbst zum Ziel. Friede scheint nur in einem Zustand der Ichlosigkeit erreichbar zu sein. Angemessene Übung vorausgesetzt, kann man lernen, Ruhe und Ausgeglichenheit zu pflegen. Das mag einem westlichen Menschen wie eine Loslösung vom Leben vorkommen, und einige meditative Verfahren zielen in der Tat darauf ab, Begehrlichkeit durch Askese auszulöschen und durch das Unterdrücken der Impulse, nach Zufriedenheit in der äußeren Welt zu suchen. Eine der irrigen Annahmen in diesem Zusammenhang ist die, daß Leiden nicht nur unvermeidbar, sondern sogar gut für dich ist – je mehr also, desto besser. Aber Unterdrückung ist nicht Transzendenz, und weltliche Begierden werden oft durch gleich starke Begierden nach spirituellen Verdiensten, hohen Erfahrungen oder verfeinerten Geisteszuständen ersetzt.

Sowohl die westlichen Pfade, die zu einer Beziehung oder Identifizierung mit der Gottheit (Religion) oder dem Selbst (Psychologie) führen, wie die östlichen Pfade der Auflösung von Identifizierungen bieten Alternativen zu den Frustrationen des täglichen Lebens, aber sie sind nicht dasselbe. Beide Richtungen gehen von einem Problem aus und bieten eine Lösung an, und beide arbeiten bei dem Versuch, dem Schmerz des Seins zu entfliehen, auf bestimmte Weise mit dem Geist. Der Existentialist hingegen lebt lieber im Schmerz, als daß er eine illusorisch erscheinende Flucht versucht. Selbst dann, wenn sich in Jean Paul Sartres Stück *Kein Ausgang* die Gefängnistür als Weg aus der Hölle hinaus öffnet, entscheiden sich die Protagonisten nicht etwa zu gehen. Existentialisten halten Glück eher für eine Selbsttäuschung. Da sie die tragische Seite des Lebens sehen, haben sie wenig Geduld mit flüchtigem Glück.

Das Streben nach Glück kann wie das Streben nach Spiritualität entweder zum Leiden oder zur Heilung beitragen, je nach erwartetem Ausgang. Die Ablehnung von Glück im Namen der Authentizität erinnert an die puritanischen Einstellungen zur Lust. Lust kann, genau wie Glück, zwar nicht festgehalten, sehr wohl aber erfahren werden. Sie ist ebensosehr Teil der menschlichen Erfahrung wie Schmerz. Soziale Tabus, die mit jeder Form von Lust verknüpfte Schuldgefühle erzeugen, können dazu beitragen, daß man ihr unbewußt aus dem Wege geht und sich »sicherer« fühlt, wenn man unglücklich ist oder Schmerzen hat. Es ist eine Binsenweisheit, daß es keine Lust ohne Schmerz gibt, aber niemand bezweifelt, daß es Schmerz ohne Lust gibt. Obwohl solche Gegensatzpaare untrennbar miteinander verknüpft sind, verliert man die positive Seite dieser Polaritäten leicht aus den Augen. Heutzutage werden diejenigen, die eher den Schmerz übersehen, Idealisten genannt – und diejenigen, die eher die Lust übersehen, Realisten.

Die Angst vor Schmerz, der als das unvermeidliche Ergebnis von Lust gilt, kann verhindern, daß man sich auch nur über einfache Genüsse freut. Schuldgefühle wegen der Lust können auch das Glücklichsein einschränken. Lust kann nicht mit Glück gleichgesetzt werden, aber Glück schließt die Möglichkeit ein, gewöhnliche Erfahrungen mit Lust zu genießen. Die Einstellungen zu Lust und Glück mit heilender Bewußtheit zu untersuchen, kann die Wertschätzung von Entzücken, Befriedigung, Friede und Freude in jedem Moment vertiefen.

Die Ausweitung des Lustprinzips

> Befriedigung der Sinne kann euch selbst nie befriedigen; denn ihr seid nicht die Sinne. Sie sind nur eure Diener, nicht euer wahres Selbst.
>
> *Yogananda*[7]

Viele der Aktivitäten, die als Suche nach Lustgewinn erscheinen, führen bei bewußter Betrachtung nicht weit – nicht nur, weil sie vergänglich sind, sondern weil man sie nicht wirklich schätzt, solange sie andauern. Sowohl Glück wie eine volle Wertschätzung der Lust bedürfen der Freiheit von Angst, Schuld und Konflikten. Ein gesunder, sich selbst verwirklichender Mensch, der das Leben als Möglichkeit empfindet, sich zu entdecken und kreativ auszudrücken, kann Lust und Glück in einem weiten Feld von Aktivitäten finden. Solche Erfahrungen kann man willkommen heißen und genießen. Andererseits wird ihr Fehlen nicht notwendigerweise als eine Ursache für Leid interpretiert.

Das Streben nach Glück nimmt in verschiedenen Stadien der Entwicklung unterschiedliche Formen an. Wenn die grundlegenden körperlichen Bedürfnisse befriedigt sind, steht eine breite Palette von Lustmöglichkeiten offen, deren Genuß jedoch ernstlich beschränkt sein kann. Sich seiner Hemmungen bewußt zu werden, kann ein erster Schritt dahin sein, sich von ihnen zu befreien. Sind die frühen Konditionierungen allerdings sehr hart, geht es vielleicht nicht ohne eine therapeutische Behandlung.

Schuld hemmt das Genießen von Lust, ganz egal wie unschuldig oder harmlos sie ist. Sexuelle Lust beispielsweise ist oft selbst dann gehemmt, wenn sie gesellschaftlich durch die Ehe abgesegnet ist. Bei manchen Menschen ruft jede Freizeitunternehmung, die nicht zielorientiert ist, Schuldgefühle hervor. Bewertet man Haben und Tun höher als Sein, ist es schwierig, zwanghafte Aktivitäten einzustellen. Diese Menschen widmen ihre Freizeit etwa ausschließlich dem Wettkampfsport oder dem Ausbau ihres Hauses. Diejenigen, die es genießen, draußen in der Natur zu sein, setzen sich dann feste Ziele: Experte in Pflanzenkunde zu werden, Treibholz zu sammeln oder an weit entfernte Orte zu wandern. Auf dem spirituellen Pfad kann Meditation in dem Versuch, den Geist zu kontrollieren, aufgabenorientiert werden. Zielorientierte Aufgaben sind kollektiv abgesegnet, das Nichtstun kann im Gegensatz dazu in hohem Maße angstauslösend wirken. Den Wert von freier Zeit zu akzeptieren, die Heilung, Glück und Kreativität zuläßt, kann schwierig sein. Sich selber das Privileg zuzugestehen, eine Zeitlang nichts zu tun, um ein tieferes Gefühl des *Selbst* entstehen zu lassen, kann einen Kampf mit eigenen Widerständen erforderlich machen. Dennoch ist das offensichtlich notwendig, nicht nur für persönliches Glück, sondern auch für relevantes soziales Handeln. Sri Nisargadatta sagt dazu:

Nur die, die das Selbst kennen, die jenseits der Welt gewesen sind, können die Welt verbessern... Was in der Welt ist, kann die Welt nicht retten; wenn du der Welt wirklich helfen willst, mußt du aus ihr heraustreten.[8]

Ein gutes Beispiel hierfür ist Mutter Teresa in Kalkutta, die für ihre Arbeit mit den Notleidenden und Sterbenden den Friedens- Nobelpreis verliehen bekam. Ihr ist das Bedürfnis, sich zurückzuziehen, mit Gott allein zu sein, ebenso wichtig wie ihre Arbeit.[9]

Persönliche Freiheit zeichnet sich dadurch aus, daß man die Ziele, die man anstreben möchte, selber auswählen kann. Das garantiert zwar weder Zufriedenheit noch Glück, aber die bewußte Wahl kann eine befreiende Wirkung haben. Was man anstrebt, ändert sich mit der Zeit. In Dantes Beschreibung der Hölle in der *Göttlichen Komödie* müssen die Sünder in alle Ewigkeit genau die Genüsse ertragen, die sie einst so geschätzt hatten.[10] Was in einem Stadium der Entwicklung lustvoll ist, ist in einem anderen uninteressant. Was im Alter von zehn wichtig war, spielt im Alter von zwanzig keine Rolle, und was einen mit zwanzig lockte, läßt einen mit vierzig vielleicht kalt. Der Volksmund sagt, wir sollten mit dem vorsichtig sein, was wir uns in unseren Zwanzigern wünschen, da wir genau das vermutlich in unseren Vierzigern bekommen werden. Das ichbezogene Streben nach Geld, Macht und Status, das das Leben vieler Menschen im Westen dominiert, wird im Angesicht des Todes leer und bedeutungslos. Das existentielle Interesse an Sinn und Zweck kann durch die Erfahrung der Transzendenz ebenso bedeutungslos werden. Aus der Perspektive des Bewußtseins der Einheit, etwa wie es im Zen-Buddhismus zum Ausdruck kommt, ist nichts wichtiger als irgend etwas anderes. Man kann alles genießen, obwohl alles vergänglich ist.

Unglückseligerweise hat das Streben nach Lust oder Glück ebenso wie das Streben nach Erleuchtung die Tendenz, die Freude daran zu zerstören. Statt aber das Streben ganz und gar aufzugeben, kann man sich dadurch, daß man verschiedene Arten von Lust und Glück erkennt, die Lösung von ihnen erleichtern. Das macht zugleich den Geist als die Quelle aller Lust und allen Vergnügens frei, mehr mögliche Formen des Glücks zu genießen und zu teilen.

Sinnliche Lust: Sex, Geld und Erfolg

Die vertrautesten und am häufigsten angestrebten Genüsse sind die sinnlichen und die materiellen, also etwa die Lust des sexuellen Orgasmus, die sinnlichen Freuden eines heißen Bades und einer Massage oder der exquisite Wohlgeschmack guter französischer Küche. Für Süchtige ist die von ihnen gewählte Droge vermutlich die einzige Quelle der Lust in ihrem Leben. Die Anhänger von gesunder Ernährung finden Vergnügen an frischem Obst und Gemüse, Sportenthusiasten denken ans Schwimmen, Laufen oder an einen sonnigen Tag auf einem Skihang. Eigenheimbesitzer finden Vergnügen daran, ihre Häuser neu herzurichten, junge Autofahrer an einem neuen Sportwagen. Die Lust, die darin liegt, teure Kleider zu kaufen, in luxuriösen Hotels zu übernachten, erstklassige Weine zu trinken und gute Unterhaltung zu genießen, ist sinnliche Lust. Die Suche nach dieser Lust ist die Basis einer milliardenschweren Industrie.

Die Tatsache, daß solche Genüsse bestenfalls vorübergehender Art sind, schreckt nicht vom Streben danach ab. Das Geld zu verdienen, das nötig ist, um sie zu finanzieren, erfordert eine Menge harter Arbeit. Diese Symbole von Lust können Momente des Entzückens liefern, aber sie tragen wenig zum Glück bei. Das Wesen des Verlangens liegt darin, daß etwas begehrt wird, bis man es hat. Dann entstehen fast sofort neue Begierden. Manchmal wird gar Neuheit selbst zum Objekt des Bestrebens.

Ist das Verlangen nach sinnlichen oder materiellen Genüssen bis zu einem bestimmten Grad gestillt, kann die weitere Erfüllung flach oder oberflächlich wirken. Ein Mensch, der sich einsam, entfremdet oder unsicher fühlt, findet auch in der besten Form sinnlicher oder materieller Genugtuung wenig Trost. Vielleicht sucht er dann in persönlichen Leistungen und Erfolgen lohnendere Quellen der Befriedigung. Der Genuß, den es bereitet, einen Wettkampf zu gewinnen, einen Weltrekord zu brechen oder einen erfolgreichen Geschäftsabschluß zu erzielen, wird dann wichtiger als einfache sinnliche Genüsse. Wer etwa eine olympische Goldmedaille zum angestrebten Ziel erklärt, verzichtet dafür leichter auf sinnliche Befriedigung. Wenn Leistung hoch eingeschätzt wird, wird Sinnlichkeit vielleicht als hedonistische Genußsucht betrachtet und wie eine Störung oder Ablenkung behandelt. Statt Sinnlichkeit als Teil eines integrierten Selbstbildes zu sehen, das für solche Erfahrungen offen ist, ohne von ihnen beherrscht zu werden, wird das Verlangen nach sinnlichem Genuß unterdrückt und auf andere projiziert. Die nimmt man dann als irregeleitet, minderwertig oder böse wahr.

Sowohl körperliche wie mentale Disziplinen fordern den Verzicht auf den unmittelbaren Genuß zugunsten einer zukünftigen Belohnung, die angeblich zufriedenstellender sei. Wenn ein Läufer für ein Rennen trainiert oder eine Meditierende ihre Konzentration übt, erleiden sie willentlich körperliches Unwohlsein, um sich dem zu nähern, was höher geschätzt wird. Jeder wählt mehr oder weniger bewußt aus, auf welche Genüsse er verzichten und welche er anstreben will.

Emotionale Lust: Austausch in der Beziehung

Lust, die aus Beziehung entsteht (also etwa Kommunikation oder Kooperation), gehört zu der emotionalen Ebene des Bewußtseins und schließt Empathie und das Miteinander in jeder Form zwischenmenschlichen Austausches ein. Manchen Menschen bereitet gemeinsame Arbeit, der Aufbau eines Teams oder das Erreichen bestimmter Ziele, die Führungsqualitäten und organisatorische Fertigkeiten verlangen, mehr Lust als individuelle Leistungen. Das Gefühl, in der Kommunikation mit Gruppen erfolgreich zu sein und Austausch mit anderen herzustellen, kann eine Quelle von Zufriedenheit sein, die ergiebiger ist als persönliche Anerkennung. Alleine schon Ideen und Gefühle mit anderen zu teilen, kann zu einer Quelle der Lust werden. Wenn beide Seiten das genießen, kann man es als Glück bezeichnen.

Glück hängt eng mit einer gut entwickelten Fähigkeit zu lieben zusammen. Wenn man jemanden oder etwas »liebt«, bedeutet das manchmal, daß man ihm verfallen ist, daß man ihn oder es besitzen will. Es könnte jedoch auch bedeuten, daß man Vergnügen an seiner Existenz findet, ohne den Wunsch zu haben, etwas an ihm zu verändern oder ihn zu kontrollieren. Liebe selbst ist nicht besitzergreifend. Aber die Ängste und Phantasien, die manchmal mit ihr einhergehen, können dazu führen, daß man verhaftet ist und klammert. Dann wird aus der Liebe leicht eine Quelle von Schmerz statt von Glück.

Die Erfahrung des Verliebtseins ist eine Art von Lust, die manche Menschen das ganze Leben lang unablässig anstreben. Dummerweise ist das Erlebnis, von einem anderen Menschen einfach »umgehauen« zu werden, ebenso vorübergehend wie alle anderen Genüsse. Lieben kann man unbeschränkt lange Zeit, aber die Aufregung des Verliebtseins hängt vom Neuigkeitswert ab und ist mit unbewußter Projektion verknüpft. Die beliebten Liebesromane bedienen das universelle Verlangen nach dieser Erfahrung. Jeder liest gern eine gute Liebesgeschichte, ob wahr oder erfunden. Eine Romanze wird oft von Neid, Eifersucht oder Zynismus beeinträchtigt, aber ihre Anziehungskraft ist universell.

Die Liebe in persönlichen Beziehungen ist für eine gesunde emotionale Entwicklung notwendig. Bleibt das Bedürfnis nach Zuneigung und Kommunikation unbefriedigt, scheinen andere Genußformen vergleichsweise schal. Manche befriedigende Beziehung ist überwiegend eine Quelle emotionaler Intimität; andere schließen die körperliche, die emotionale, die mentale und die spirituelle Ebene des aufeinander bezogenen Austauschs ein. Intimität kann sich auf einer oder auf all diesen Ebenen entwickeln. Im Idealfall geht man davon aus, daß Verliebtsein Intimität auf allen Ebenen bedeutet. Aber nach einer Weile stellt sich oft heraus, daß diese Annahme im wesentlichen auf Phantasie und Projektionen beruht hat. Die romantische Ent-Täuschung kann wie andere schwierige emotionale Erfahrungen zur Selbstheilung beitragen, wenn man bereit ist, den Prozeß im Licht heilender Bewußtheit zu untersuchen.

Emotionale Intimität wird manchmal mit Sexualität verwechselt, ist aber klar davon zu unterscheiden. Beides läßt sich unabhängig voneinander erfahren. Sex ohne emotionale Intimität ist häufig, geht aber selten mit Glück einher. Manche Menschen haben das Gefühl, daß sexuelle Lust von emotionaler Intimität abhängt. Andere, die emotional gehemmt sind, können sich Sex nur ohne Intimität gestatten. Emotionale Intimität ohne Sex (etwa das Phänomen der Übertragung in therapeutischen Beziehungen) kann eine heilende Erfahrung sein. Sie entwickelt sich im allgemeinen ganz natürlich, wenn die Hemmungen aufgehoben werden. Diese Entdeckung hat in den sechziger Jahren den Zulauf zu den Encountergruppen mächtig angeheizt. Es fühlt sich gut an, mit Menschen zusammen zu sein, bei denen man ganz man selbst sein und die Gefühle enthüllen kann, die verborgen bleiben, wenn man um Anerkennung besorgt ist.

Intime Beziehungen wie Ehen werden reicher, wenn die Partner sowohl körperliche wie emotionale Intimität genießen. Die Erwartungen sind heute höher als früher, und die meisten Ehepartner suchen Befriedigung auf diesen beiden Ebenen der Lust. Die gegenwärtige Beliebtheit von Sexualtherapien spiegelt das weitverbreitete Anliegen wider, körperliche Lust geben und nehmen zu können. In der Eheberatung werden dagegen eher emotionale Fragen angesprochen. Dank Freud wird heutzutage weitgehend akzeptiert, daß sexuelle Befriedigung zu emotionaler und mentaler Gesundheit beiträgt. Und man geht oft davon aus, daß ein Mensch glücklich ist, wenn der Austausch auf diesen Ebenen zufriedenstellend ist – allen Beweisen des Gegenteils zum Trotz.

Eine erhöhte Fähigkeit zu sexueller und emotionaler Lust kann in der Tat zu Gesundheit und Glück beitragen, aber wie bei jeder Lust, die von äußeren Anreizen abhängt, verbraucht das Streben danach viel Zeit, Energie und Aufmerksamkeit und ist nie vollkommen befriedigend. Man kann aus der psychoanalytischen Theorie ableiten, daß andere Formen von Genuß nur Ersatz für Sexualität sind – aber sexuelle Lust wird oft als Ersatz für Liebe gesucht. Sind erst einmal sowohl die sexuellen Bedürfnisse wie die nach Intimität befriedigt, treten gewöhnlich andere Begierden auf.

Die Lust an intimer Kommunikation (mental), Selbstbestimmung (existentiell) und transpersonalem Miteinander (spirituell) kann sowohl für die Menschen, die ihre körperlichen und emotionalen Bedürfnisse befriedigt haben, wie für die, für die das nicht gilt, eine Quelle des Glücks durch Beziehungen sein. Diese Lust kann sogar inmitten körperlichen oder emotionalen Schmerzes erfahren werden, und sie hat oft eine heilende Wirkung auf die betroffenen Menschen. Wenn die Schutzmauern zusammenbrechen und die Fassaden fallen, kann echter Kontakt mit einem anderen Menschen auf einer transpersonalen Ebene als zutiefst bedeutungsvoll erfahren werden. Dies kann die Öffnung zu einer Dimension des Glücks sein, die man in objektorientierter Lust nicht finden kann.

Psychologisch geschulte Menschen sind sich bewußt, daß Beziehungen eine Quelle der Lust im täglichen Leben darstellen. Aber viele, die sehr wohl wissen, daß ihnen der Kauf eines neuen Autos oder eines anderen Hauses kein anhaltendes Glück bescheren wird, glauben immer noch, daß das Streben nach Glück ein Ende fände, wenn sie nur endlich die richtige Beziehung hätten. Wenn es schließlich so aussieht, als wäre es vollkommen hoffnungslos, das Glück in einer bestimmten Beziehung zu suchen, wenn man überhaupt nicht mehr erwartet, von jemand anderem das Glück zu bekommen, das man sucht, dann kann man verzweifelt oder zynisch werden – oder man kann beginnen, nach innen zu schauen, um andere Quellen der Freude zu entdecken.

Mentale Lust: Kreativität und Kommunikation

Die Lust an der Kreativität schließt ästhetische Feinfühligkeit, hervorgerufen durch künstlerische Leistungen, ein und transzendiert sie. Kunst als Kommunikationsform umgeht Logik und Verstand. Sie kann inspirieren und die Wahrnehmung der Welt oder der Art, wie wir die Dinge sehen, verändern.

Selbstausdruck durch Kunst kann eine Quelle großer Lust und Befriedigung sein. Viele Künstler sind bereit, nicht nur dem Anhäufen von Geld oder Besitz, sondern auch persönlichen Beziehungen zu entsagen, um sich ganz der Muse zu widmen. Ein Künstler wird seine Arbeit eher unter dem Begriff der Authentizität als der Lust betrachten, kann aber ohne sie nicht glücklich sein. Unzufriedenheit mit anderen Bestrebungen kann sich als Ruhelosigkeit oder als Inspiration zu neuen Arbeiten ausdrücken.

Natürlich muß man kein Künstler sein, um die Befriedigung zu schätzen, die im Selbstausdruck liegt. In welcher Form auch immer – visuelle Kunst, Bewegung, Musik oder Sprache -, die Lust am Selbstausdruck ist für jeden da, der sich darin versucht. Für jede Form echten Selbstausdrucks ist Freiheit unabdingbar, und Freiheit bedeutet in diesem Zusammenhang nicht nur Freiheit von äußerem, sondern auch von innerem Druck. Kreativität kann man nicht genießen, wenn man unter inneren Zwängen oder äußeren Einschränkungen steht, die nach Anpassung verlangen. Künstler sind im allgemeinen Nonkonformisten und relativ frei von den üblichen gesellschaftlichen Konventionen.

96

Kreativität kann auf jedem Gebiet von innen heraus befriedigend sein, aber sinnvolle Kommunikation fügt dem eine weitere Dimension von Zufriedenheit hinzu. Wenn die eigene Arbeit Bedeutung für andere hat, wird das hoch bewertet. Freude an der Kreativität kann auch durch einen intellektuellen Austausch von Ideen zum Ausdruck kommen. Dabei können Klarheit, Einsicht, Originalität und Eleganz für einen Denker ebenso zur Quelle innerer Befriedigung werden, wie für einen Maler die ästhetische Qualität seines Bildes. Kommunikation ist jedoch für das Gefühl der Vollendung unabdingbar. Auch der Prozeß, Bedeutung im Leben zu entdecken oder zu schaffen, kann eine gemeinsame kreative Bemühung sein.

Humor ist eine weitere kreative Quelle mentaler Lust. Dazu gehört der spielerische Gebrauch von mentalen Möglichkeiten, die eine neue Perspektive eröffnen, welche sich von der gewöhnlichen Art, Dinge zu sehen, unterscheidet und zum Lachen einlädt. Lachen kann sowohl eine reiche Quelle der Lust und Freude wie ein günstiges Klima zur Heilung sein. Die Fähigkeit, über unsere eigenen Schwächen zu lachen, ist manchmal eine kraftvolle Hilfe bei der Selbstheilung. Humor kann, wie die Worte selbst, auf vielerlei Weise wirken. Beim schneidenden Sarkasmus ist er aggressiv, aber er kann andererseits auch ein Instrument der Heilung sein, wie er es etwa für Norman Cousins war, der behauptet, seine körperliche Gesundheit mit Hilfe des Humors wiedergewonnen zu haben.[11] Er dient besonders dazu, starre geistige Muster und Vorstellungen und Annahmen aufzubrechen. Humor und Lachen können bedeutungsvoll oder bedeutungslos sein, aber ein lachendes Herz wird immer mit Ganzheit und Glück assoziiert.

Existentielle Lust: innere Ganzheit

Auf der existentiellen Ebene des Bewußtseins wird Lust im allgemeinen mit Authentizität und der Integration von körperlicher, emotionaler und mentaler Lust assoziiert.

Nur wenige Menschen sagen rückblickend von sich, sie seien glückliche Kinder gewesen. Dagegen steht die allgemeine Ansicht, Kindheit sei eine Zeit der einfachen Freuden. Bei allen anderen Menschen geht man auch einfach davon aus, sie seien glückliche Kinder gewesen. Aber aufzuwachsen ist nie frei von emotionalem Schmerz. Dennoch denken die meisten Leute, die sich in Psychotherapie begeben, ihre schmerzhaften Erinnerungen an diese Zeit seien ungewöhnlich. Sie sehen ihre eigene Kindheit oft als entbehrungsreich oder schwierig an und gehen davon aus, daß die Sozialisierung anderen leichter fiel. Diese Fehleinschätzung läßt sich in Gruppen korrigieren, in denen die Teilnehmer einander zeigen, wie sie sich zu Beginn der Schulzeit oder in der Pubertät gefühlt haben. Die Jugendzeit ist oft von inneren und äußeren Konflikten geprägt, und sie zieht meist ein Ringen um Unabhängigkeit nach sich.

In den Jahren zwischen zwanzig und dreißig fühlen sich die meisten mit sich selbst wohler als in den zehn Jahren davor. Aber diese Zeit kann voll mühseliger Fragen nach der Identität sein. Junge Erwachsene fühlen sich oft unter Druck, sich zu beweisen und zu entscheiden, was sie mit ihrem Leben anfangen wollen. Manche streben außenbestimmte Erfolge an, die mit spezifischen sozialen Rollen verknüpft sind, andere begeben sich auf die innengeleitete Suche nach Identität. Einige erfüllen die elterlichen Erwartungen, andere verweigern sich oder rebellieren, manche versagen. Glücklich zu sein wird in diesen Jahren meist in die Zukunft verlagert, in der man mit einem Partner und einer Familie rechnet, mehr Geld verdienen und mehr Sachen kaufen kann. Die Suche nach der richtigen Beziehung ist oft das beherrschende Thema. Dies kann auch eine Zeit der Selbstsuche sein. Aber ob es nun leicht oder schwierig erscheint, einen Platz in der Welt zu finden: Junge Erwachsene konzentrieren sich eher auf die Zukunft. Im Rahmen einer gesunden Entwicklung sind die Hoffnungen, in der Zukunft Glück zu finden, stärker als die Ängste vor Versagen oder Vernichtung.

Die Lebensmitte wird oft von Desillusionierungen und existentiellen Krisen bestimmt. Wenn die erreichten Ziele sich als unbefriedigend herausstellen und die Zerstreuungen, die früher unterhaltsam waren, an Anziehungskraft verlieren, können Depressionen einsetzen. Aktivitäten, die einst eine Quelle des Vergnügens waren, werden langweilig – das Leben scheint bedeutungslos zu sein. Die Lebensmitte ist gemeinhin die Zeit, in der man Ich-Ziele hinterfragt, unabhängig davon, ob man sie nun erreicht hat oder nicht. Manche treten die innere Reise vor dieser Zeit an, andere schieben sie noch lange auf, aber sehr häufig beginnt sie in diesem Alter. Kennzeichnend dafür ist, daß man die Vergänglichkeit der Lust und die Flüchtigkeit des Glücks erkennt.

Die ausschließliche Ausrichtung auf eine bestimmte Art von Lust kann in jedem Alter als Störung des Gleichgewichts gesehen werden. Aus einem existentiellen Blickwinkel kann das Wachsen in Richtung Ganzheit (innere individuelle Ganzheit) als die höchste Form des Glücks betrachtet werden. Wie jedoch bereits erwähnt, weicht man dem Glück oft zugunsten der »Realität« aus, wie sie sich aus der Sicht des getrennten Selbst darstellt.

Für diese Bewußtseinsebene ist es typisch, daß sie vom Streben nach dem Glück enttäuscht ist. Befriedigung sucht man dann nicht mehr im Glück, sondern durch das Streben nach Sinn und die Suche nach der Wahrheit des Seins. Wenn man beharrlich dabei bleibt und auf einem spirituellen Weg ankommt, kann sich eine vollkommen andere Perspektive für das Streben nach Glück offenbaren.

Offene Kommunikation auf jeder Ebene – körperlich, emotional, mental, existentiell und spirituell – mehrt die Lust und trägt zum Glück bei. Bedeutungsvolle Kommunikation auf der existentiellen Ebene kann die Tür zu Verbundenheit und Liebe öffnen. Liebe trägt zu Glück, Heilung und Ganzheit auf allen Ebenen bei. Scott Peck, ein christlicher Psychiater, bezeichnet echte Liebe eher als eine Frage des Willens denn als eine der Emotionen. Er definiert Liebe als »den Willen, selbst weiter zu werden, um das eigene spirituelle Wachstum oder das anderer zu nähren«.[12]

Spirituelle Lust

Spirituelle Lust wird gewöhnlich mit Qualitäten wie Liebe und innerer Frieden assoziiert. Die Freude der Erleuchtung, die Ekstase mystischer Erfahrung und das Versinken in wonnevolle meditative Zustände – sie alle sind lustvoll. Im Buddhismus heißt es, die Lust des konzentrierten Geistes übertreffe jede sinnliche, ästhetische oder intellektuelle Lust. Aber fortgeschrittene Meditierende sagen, daß dies noch nicht die höchste Form der Lust sei, die aus der Schulung des Geistes erwächst. Wenn jemand gelernt hat, die Konzentration auf einen Punkt zu wahren, und die Hindernisse in Form von negativen Emotionen oder Geistesverfassungen überwunden hat, sollen innerer Friede und Reinheit des Geistes auf Gleichmut, Mitgefühl und teilnehmende Freude vorbereiten – auf die Fähigkeit, Lust an der Freude anderer zu erfahren.

Den Geist dafür zu schulen, diese Bewußtseinszustände aufrechtzuerhalten, läßt sich mit dem Training vergleichen, mit dem man den Körper auf Höchstleistungen vorbereitet. So wie ein gesunder Körper auf der physischen Ebene eine Quelle von Lust und Befriedigung sein kann, so kann aus transpersonaler Perspektive ein ruhiger ausgeglichener Geist zu einer Quelle der Lust werden.

Auf dieser Ebene kann Lust auch aus intuitiver Einsicht erwachsen. Während psychologische Einsicht sich meist auf die Inhalte des Bewußtseins, den Prozeß und die Muster der Wahrnehmung richtet, ist das Objekt der reinen intuitiven Einsicht meist das Reich des absoluten

GEISTES. Die weitverbreiteten Aha-Erlebnisse etwa, durch die man offensichtliche, aber bis dahin unbemerkt gebliebene Zusammenhänge erkennt, können den Eindruck vermitteln, daß alles leicht verständlich wird, sobald wir genug wissen. Bei der Aha-Erfahrung kann es sich jedoch sowohl um eine echte Erleuchtung wie um ein begrenzteres kognitives Verstehen handeln. Einsicht in die Beziehung zwischen Bewußtsein und Glück kann schon an sich bereits eine Quelle des Glücks und der Befriedigung sein. Aber selbst die tiefste Einsicht hat noch mit dem Geist und seinen Objekten zu tun. Die größte spirituelle Lust, gemeinhin Ekstase oder Seligkeit genannt, findet man nicht in der Einsicht, sondern im Transzendieren der Dualität, im Erkennen des Bewußtseins der Einheit.

Das spirituelle Leben, das jede Erfahrung mit Bewußtheit bestätigt und in Bewußtheit einschließt, manifestiert sich als Freude, die aus einer inneren Quelle ausstrahlt. Man findet sie nicht durch Suchen in der äußeren Welt, aber wenn die innere Quelle erweckt ist, spiegelt sie sich in allem. In den Worten von Kalu Rinpoche, einem tibetischen buddhistischen Lehrer: »Wenn du Dharma übst, werden die Sorgenwolken abziehen, und die Sonne der Weisheit und große Freude in dem klaren Himmel deines Geistes erstrahlen.«

Lust auf dieser Ebene kann man als Verzückung, Freude oder reines Licht beschreiben. Das Glück, das daraus entsteht, daß man den Geist auf dieser Ebene heilt, bleibt solange unzugänglich, wie man sich geteilt oder zerrissen fühlt. Für diese Form von Glück ist innerer Frieden unabdingbar. Ihn zu erreichen, läßt alle anderen Arten des Glücks blaß aussehen, schließt sie aber nicht aus.

Spirituelles Glück zu erfahren, hängt von der Bewußtheit ab. Auf dem Weg zur Ganzheit kann das Erwachen zur Wirklichkeit des *Selbst* als absoluter GEIST spontane Freude hervorrufen. Die Möglichkeit einer solchen Glücksebene ahnt man zunächst nur, erhascht vielleicht einen kurzen Blick darauf. Aber mit der Zeit kann sie zu einem durchdringenden Gefühl des Wohlbefindens führen. Das ist kein getrennter Zustand, den man erwerben oder seinem Repertoire hinzufügen könnte. Er läßt sich auf jeder Bewußtseinsebene in der Kommunikation vermitteln.

Gleichgewicht und Ganzheit

Um das Gleichgewicht zwischen Schmerz und Lust wiederherzustellen, bedarf es heilender Bewußtheit. Dem Schmerz verhaftet zu sein, kann sich genauso als Falle erweisen, wie der Lust verhaftet zu sein.

Die Bereitschaft, seine Einstellungen zu Lust und Schmerz zu überprüfen, kann einen von zwanghaften, sich wiederholenden Erfahrungsmustern befreien, die jenseits bewußter Kontrolle zu liegen scheinen. Manchmal zieht man aus Angst und Schuldgefühlen heraus den Schmerz der Lust vor; manchmal sucht man Lust, um dem Schmerz zu entgehen. Keins von beidem trägt dazu bei, glücklich zu sein. Authentisches Glück, das mit Ganzheit und einem erwachten Geist verbunden ist, kann davon abhängen, ob man das ganze Spektrum des Bewußtseins akzeptiert.

Da sich alles in der Welt immerfort verändert, auch unsere Geistesverfassung, kann nichts einen Zustand des fortdauernden Glücks garantieren. Nur wenn wir illusorische Selbstkonzepte aufgeben, können wir die Bedingungen für Glück herstellen. Dann können wir Glück als eine Einstellung wahrnehmen, die auf Weisheit und heilender Bewußtheit beruht.

Es war einmal ein König, der fragte einen weisen Mann nach dem Geheimnis des Glücks. Da gab ihm der Weise einen Ring mit der Inschrift: »Auch dies wird vergehen.« Erkennt man die Unvermeidbarkeit von Veränderung und die Vergänglichkeit des Lebens und aller menschlichen Erfahrung, dann hat man eher die Möglichkeit, sich in jedem Moment für das Glück zu entscheiden, und weiß sie tiefer zu wertschätzen. Das Versprechen der Befreiung liegt nicht in der Vergangenheit und nicht in der Zukunft. Und es existiert auch nicht anderswo. Es ist vielmehr ein Zustand oder eine Geistesverfassung, die man in jedem Moment wählen kann. Die Freiheit, sich dafür zu entscheiden, hängt jedoch davon ab, daß man frei von Bedürftigkeit, von Angst und von Schuldgefühlen ist.

Es ist aber dennoch möglich, selbst inmitten von Leiden oder Schmerz Momente der Lust und des Glücks zu erfahren. Heilung kann man beispielsweise in Form einer lustvollen Wärmeempfindung spüren. Die Lust, die man dabei empfindet, jemandem nahe zu sein, der liebevoll und fürsorglich ist, kann auf allen Ebenen heilend wirken. Augenblicke von wahrer Lust und Glück tragen immer zu körperlicher, emotionaler und mentaler Gesundheit bei, egal wie flüchtig sie sein mögen.

Ohne innere Freiheit bleibt Glück unerreichbar. Selbst die schönste spirituelle Lust kann von dem Gespenst der Unbeständigkeit heimgesucht werden. Erst wenn das getrennte Selbst nicht mehr an seiner unabhängigen Identität festhält, kann man frei von Angst sein. Angst verhindert Glück und stört die Lust, und Angst gibt es immer dort, wo es die Wahrnehmung des Anderen gibt.

Lust gibt es auf jeder Ebene des Bewußtseins. Sinnliche Lust kann man auch dann genießen, wenn sie ganz frei von Bedeutung ist, und man kann die Lust, die in Beziehungen, Kreativität und Einsicht liegt, als bedeutungsvoll und wesentlich wahrnehmen. Glück findet sich nicht durch Lust allein, aber es kann zu einer bewußt getroffenen Entscheidung werden, wenn eine Fähigkeit zur Lust auf den höheren Ebenen des Bewußtseins entwickelt. Je höher man auf dem Spektrum gelangt, desto intensiver und anhaltender ist die damit verbundene Form der Lust. Deren höhere Formen schließen, wie die höheren Bewußtseinszustände, andere Ebenen in einer umfassenderen Sicht mit ein. Also kann ein Mensch, der sich ganz der kreativen Arbeit hingibt, natürlich auch sinnliche Lust empfinden. Zudem wird jede Lust stärker, wenn sie nicht als Selbstzweck gesucht, sondern einfach genossen wird, wenn sie da ist. Wenn man den Geist als Quelle aller Lust und allen Schmerzes anerkennt, wird die Notwendigkeit, den Geist zu heilen, um menschliches Leid zu verringern, ganz offensichtlich.

Bei gesunder psychologischer Entwicklung verändert sich der Gefallen an der Lust mit steigendem Alter. Die körperlichen und sinnlichen Genüsse, die die Jugend anziehen, werden langweilig und bedürfen der Verfeinerung oder einer verstärkten Intensität, um befriedigend zu sein. Wer sich gesund entwickelt, verliert nicht etwa den Spaß an gutem Essen oder Sex, ordnet sie aber in ein größeres Spektrum von Möglichkeiten ein. Wenn eine bestimmte Lust zur Sucht wird, wenn man sich ihr immerzu widmet, wird sie zu einer Quelle von Schmerz. Mit Sättigung und der beständigen Suche nach Neuem und nach Stimulation gehen im allgemeinen Ruhelosigkeit, Ausgebranntsein und Frustration einher.

Die Freude an der Natur, an guter Gesellschaft und so einfachen Genüssen wie einer Tasse guten Tees oder einem Sonnenuntergang können dagegen im Laufe der Zeit höher bewertet werden. Die Anziehungskraft von Aktivität und Aufregung kann durch den Wunsch nach Harmonie und innerem Frieden aufgewogen werden.Genuß kann in jedem.Alter entweder auf einen schmalen Bereich begrenzt oder auf das ganze Spektrum ausgedehnt sein. Ein gesunder Mensch wäre vermutlich offen, eine breite Palette von Lust zu erfahren, ohne sich allzusehr einem bestimmten Aspekt zu verhaften.

Die konventionelle Moral hält Lust für eine vorübergehende, oberflächliche Erfahrung, die es nicht anzustreben lohnt. Das Streben nach Glück andererseits ist in der amerikanischen Verfassung als Grundrecht verankert. Darin liegt ein Versprechen anhaltender Befriedigung, das ein Teil des amerikanischen Traums von der menschlichen Fähigkeit zur Vervollkommnung ist. Es wird selten mit psychologischer Gesundheit, Reife und Fruchtbarkeit assoziiert. Aber es scheint deutlich, daß Glück nicht von Selbstverwirklichung und Transzendenz zu trennen ist. Das Geheimnis des Glücks enthüllt sich in der Weisheit, das Spiel der Gegensätze zu sehen und nicht zu versuchen, irgendeinem einzelnen Aspekt des einen Ganzen Dauerhaftigkeit aufzuerlegen.

Wenn man beim Prozeß der Veränderung, des Wachsens und des zunehmenden Verstehens menschlicher Erfahrung auf die Weisheit des *Selbst* hört, kann man entdecken, daß Glück untrennbar mit der Erfüllung einer einzigartigen Funktion in dieser Welt verknüpft ist. Wer auf einen inneren Ruf antwortet und dabei auf allen Ebenen bei Wahrheit und Authentizität bleibt, der kann Glück in dem Prozeß der Ganzwerdung finden.

Glück ist kein fester Bestandteil der Lust, aber wer Glück empfinden kann, der kann auch Lust auf allen Ebenen finden. Die Fähigkeit, in jedem flüchtigen Augenblick Lust zu finden, beruht auf der Bereitschaft, sich dem, was ist, mit ungeteilter Aufmerksamkeit zuzuwenden.

Will man seine Fähigkeit, Glück zu empfinden, ausweiten, scheint es eine Vorbedingung zu sein, daß man Erwartungen an Menschen, Situationen und das Leben selbst losläßt. Solange man in die Zukunft schaut und das Glück dort sucht, solange man es auf den nächsten Job, die nächste Beziehung oder das nächste spirituelle Erwachen projiziert, beraubt man sich der Erfahrung der Gegenwart. Die Freude der Verbindung beispielsweise, sei es nun mit Gott, mit der Natur oder mit einem Menschen, kann man nur in dem jeweiligen Moment erfahren.

Solange man darauf besteht, nach Glück zu streben, ist man wie die aus dem Buddhismus bekannten hungrigen Geister: Wesen mit riesigen Bäuchen und winzigen Hälsen, die zu sehnsüchtigem Verlangen und Unzufriedenheit verdammt sind. Es spielt keine Rolle, ob man sich nach Intimität, Wissen oder materiellem Besitz sehnt. Der Zustand des Verlangens an sich verhindert die Möglichkeit, Lust, Glück oder Befriedigung in der Gegenwart zu finden. Was immer die Aufmerksamkeit von der Gegenwart ablenkt und in die Zukunft richtet, jede Art von Streben also, vermindert die eigene Möglichkeit, die Erfüllung der Wünsche zu erfahren.

So wie Alice in *Alice hinter den Spiegeln* vom Spiegel zurücktreten mußte, um näher heranzukommen, so muß man das Streben nach Glück aufgeben, um es zu finden. Man muß lernen, es jetzt zu erfahren, allen eingebildeten oder echten Hindernissen zum Trotz. Den Geisteszustand, der Zufriedenheit und Glück zuläßt, kann man nicht erwerben oder von jemand anderem bekommen. Er entspringt nicht dem Bemühen, Negativität auszuschließen, und nicht der Dankbarkeit für das Empfangen. Er ist vielmehr ein Zustand des Bewußtseins, der alles genau so sein läßt, wie es ist. In dem Wunsch, die Realität so zu machen, wie man meint, daß sie sein müßte, verpaßt man die Gelegenheit, sie so zu schätzen, wie sie ist. Man kann nichts *tun*, um mehr Lust oder Glück zu *bekommen*, aber man kann sich entscheiden, jederzeit mehr davon *zuzulassen*.

Die Bedingungen für Glück

»Ich hab keinen Namen;
ich bin erst zwei Tage alt.«
Wie ruf ich dich bloß?
»Ich bin froh,
nenn mich so.«
Freude sei dein Los!
William Blake[13]

Solange das Glück das Objekt des Bestrebens ist, trennt man sich von ihm, und es bleibt unerreichbar. Die Rezepte für Glück, die die Kraft des positiven Denkens betonen, können bis zu einem bestimmten Punkt nützlich sein, aber sie sind oft oberflächlich und unwirksam. Die Psychologen sind mit den negativen Auswirkungen übermäßigen bewußten Programmierens vertraut. Die bewußte Manipulation der Gedanken, die emotionale Faktoren außer acht läßt, kann dazu führen, daß man Impulse, die der Heilung und Ganzheit dienen, leugnet oder unterdrückt. Wirksamere Rezepte für Glück scheinen darauf zu beruhen, daß man die Bewußtheit dafür schult, jene Hindernisse zu entfernen, die offenbar das Erfahren von Glück in der Gegenwart beeinträchtigen.

Solange Männer und Frauen glauben, daß jemand oder etwas außerhalb von ihnen selbst sie glücklich machen kann, verabsäumen sie es im allgemeinen, die Veränderungen vorzunehmen, die zu mehr Glück und Lust im Alltag beitragen können. Die Veränderungen, die wirklich zu mehr Genuß und Zufriedenheit führen, sind Änderungen der Wahrnehmung, der Einstellungen und des Bewußtseins. Verantwortung für die subjektive Geistesverfassung zu übernehmen, kann der Anfang von Veränderung in die gewünschte Richtung sein. Sich nach Intimität, nach innerem Frieden, nach einem Gefühl von Bedeutung und Sinn zu sehnen, darin können sich Formen von »göttlicher Unzufriedenheit« ausdrücken, die einen darin unterstützen, weiter zu wachsen und das Risiko einzugehen, sich über das Ich hinauszuentwickeln und dem *Selbst* zu ergeben.

Das volle Spektrum der Lust zu erfahren, Liebe zu geben und zu nehmen, eine befriedigende Art des Selbstausdrucks zu finden und zum Wohlbefinden anderer beizutragen, ist die gemeinsame Sehnsucht aller Menschen, die anzuerkennen manchmal schwierig sein kann. Wenn man jedoch erst einmal offen zugegeben hat, was man sucht, ist man schon auf dem Weg, es zu finden. Auf irgendeiner Entwicklungsstufe von den Symbolen der Lust unbefriedigt zu sein, kann als eine Botschaft des *Selbst* interpretiert werden. Göttliche Unzufriedenheit ist ein Ruf nach Transzendenz. Solange uns das Glück abgeht, geht die Suche weiter. Weniger als vollkommene Selbstbewußtheit kann uns nicht wahrhaft glücklich machen.

Solange wir uns damit aufhalten zu urteilen, bewußte Ziele anzustreben und zuzulassen, daß die subtileren Aspekte gegenwärtiger Erfahrungen unserer Aufmerksamkeit entgehen, weicht das Glück uns aus. Nur wenn wir unsere Einstellungen zu Lust und Schmerz ändern und den endlosen inneren Monolog zur Ruhe zu bringen lernen, können wir beginnen, in jedem Augenblick Wahrheit, Freiheit und Freude zu sehen. Hoffnungen und Ängste, Wünsche und Erwartungen, Urteile und Wahrnehmungen können Ablenkungen sein, die uns an der Erkenntnis hindern, daß wir in ein unglaublich reiches und komplexes Ökosystem eingebettet sind, das nicht von uns erschaffen wurde.

Glück findet sich nicht in materiellem Auskommen, Anerkennung oder Leistung. Es entsteht nicht aus rein intellektuellem Wissen, sondern aus der Weise, in der wir leben. Dies zu verstehen, kann ein erster Schritt zu seiner Entdeckung sein, aber Wissen oder Einsicht allein heilen nicht und machen uns nicht glücklich.

Die grundlegende Bedingung für anhaltendes Glück ist Selbstbewußtheit, aber sogar sie bleibt unvollständig, wenn man sie nicht mit jemandem teilen kann. Sie in dieser Welt zum Ausdruck zu bringen, ist kein unverwirklichbares Ideal und kann sogar eine für das Überleben der Menschheit notwendige Bedingung sein. Wenn man es aufgibt, das Glück in der äußeren Welt zu suchen, und die Aufmerksamkeit auf das Bewußtsein richtet, entfaltet sich der innere Bogen. Der spirituelle Pfad beginnt dann, wenn wir uns dem widmen, was wir wirklich wollen.

Erfahrungsübung

Reflexionen über Lust

Was ist die Dir liebste Art, Lust zu finden?

Was kann Dir jeden Tag Lust schenken?

Gibt es Sachen, die Du jeden Tag tust, und bei denen Du manchmal Lust empfindest und manchmal nicht? Was macht den Unterschied?

Ist Deine Fähigkeit, Lust zu empfinden, in den letzten Jahren weiter oder tiefer geworden?

Welche Quellen von Lust hast Du bisher nicht entdeckt? Welche Arten von Lust lehnst Du ab?

Reflexionen über das Glück

Nimm Dir ein paar Minuten, um über die glücklichsten Zeiten in Deinem Leben nachzudenken. Was haben sie gemeinsam?

Was könnte zukünftig für Dich eine Quelle von Glück sein?

Worin liegt in Deinem jetzigen Leben eine Quelle des Glücks?

6 Wegbeschreibungen für den spirituellen Pfad

> Wir sind Manifestationen des Seins, aber wie der
> Kosmos selbst stehen wir auch in dem Prozeß des
> Werdens – wir wachsen stetig, verändern uns, entwik-
> keln und entfalten uns in immer höhere Zustände hin-
> ein, die noch schöner die Vollkommenheit der Quelle
> allen Seins zum Ausdruck bringen.
>
> *John White*[1]

Der spirituelle Pfad repräsentiert den Prozeß des Werdens, durch den
die Seele sich an sich selbst erinnert und das *Selbst* seine wahre Identität als absoluter GEIST entdeckt. Die spirituelle Reise kann auch als
heilende Reise gesehen werden, die sich im Erkennen der Ganzheit
vollendet. Jede spirituelle Tradition bietet den Suchenden eine Wegbeschreibung. In ihr wird metaphorisch die Reise einer Seele vom Dunkel
zur Erleuchtung oder von Unwissen zu Wissen aufgezeigt. Einige psychologische Wegbeschreibungen, die in diese Richtung weisen, haben
wir bereits betrachtet. Nun werden wir uns einigen der traditionellen
Darstellungen davon zuwenden, wie die Reise durch verschiedene Bewußtseinszustände und Stadien der *Selbst*-Erinnerung verläuft.

I. Christliche Metaphern: Die Heldenreise

Evelyn Underhill beschreibt fünf Stufen auf dem Wege des christlichen
Mystikers: Erwachen oder Bekehrung, Selbsterkenntnis oder Katharsis, Erleuchtung, die dunkle Nacht der Seele, Vereinigung oder verei-
nendes Leben. Beim vereinenden Leben werden das innere und das
äußere Leben nicht mehr als getrennt, sondern einfach als unterschiedliche Aspekte der »Einen Großen Wahrheit der Existenz« gesehen.[2]
Das vereinende Leben wird in dieser Welt gelebt, aber es ist nicht von
dieser Welt. Es entzieht sich daher den Versuchen der Menschen, es zu
quantifizieren. Das vereinende Leben wird nicht abseits von der
Menschheit gelebt. Im Gegenteil: Ist endlich das volle Bewußtsein für
die Realität erreicht, vollendet sich der Kreis des Seins dadurch, daß er
zu jenen Ebenen des Seins zurückkehrt, denen er entsprungen ist, und

diese nun befruchtet. Der Mystiker wird hier als Pionier der Menschlichkeit, als ein Tätiger unter den Heiligen, als ein praktischer und intuitiver Mensch gezeichnet. Um den vereinenden Zustand erreichen zu können, muß man den Weg durch die vier vorangehenden Stadien gegangen und schließlich bei Selbstaufgabe oder Transzendenz angelangt sein. Im vereinenden Zustand hat das Selbst über die dunkle Nacht, die existentielle Konfrontation mit dem Nicht-Sein, gesiegt. Es erfüllt sein Schicksal im vollkommenen Aufgehen der Selbstheit im Göttlichen.

Dante Alighieri hat Anfang des 14. Jahrhunderts *Die Göttliche Komödie* als autobiographische Erzählung verfaßt. Diese klassische Allegorie beschreibt die Reise einer Seele durch Hölle und Fegefeuer und schließlich ihre Ankunft im Paradies. Die Geschichte beginnt in der Nacht vor Karfreitag. Dante erwacht und stellt fest, daß er sich in einem wilden, dunklen Wald verirrt hat. Er wird von Virgil gerettet, der ihm als sein rationaler Führer mitteilt, daß seine einzige Fluchtmöglichkeit die ist, mitten durch die Erde und damit auch durch das Reich der Hölle zu reisen. Dort sind die Sünder dazu verdammt, auf ewig die Strafe für ihre Vergehen und Unmäßigkeiten zu ertragen. Dante untersucht die verschiedenen Kreise der Hölle, unterhält sich mit einigen Sündern und taucht schließlich mit Virgils Hilfe am Ostersonntag auf der anderen Seite der Erde am Fuße des Läuterungsberges im Fegefeuer wieder auf. Auf den oberen Hängen des Berges tun reumütige Sünder Buße für die sieben Todsünden. Weiter unten sind diejenigen, die noch nicht zu ihrer Disziplinierung zugelassen sind. Im Fegefeuer trifft Dante die, die einst berühmt waren und jetzt der leeren und vergänglichen Natur menschlichen Ruhms gewahr geworden sind. Auf der Spitze des Berges liegt der Garten Eden. Als sie schließlich das Ziel des Fegefeuers erreicht haben, teilt Virgil Dante mit, daß jetzt seine Aufgabe als Führer beendet sei. Dante, der sich von den üblen Auswirkungen des Sündenfalls erholt hat, kann jetzt das Paradies betreten. Er braucht keine weitere äußere oder institutionelle Führung. Virgil verläßt ihn mit den Worten: »Drum krön ich dich zu deinem eignen Herren.«[3]

Die Vernunft ist ein notwendiger Führer durch die Reiche der persönlichen Geschichte, die die körperlichen, emotionalen, mentalen und existentiellen Ebenen des Bewußtseins umfassen. Aber die Vernunft tritt nicht ins Paradies ein. In den oberen Reichen wird Beatrice, die die Liebe repräsentiert, zu Dantes Führerin. Beatrice, ein Anima-Bild, das transpersonale Qualitäten verkörpert, führt ihn durch die verschiedenen kreisenden Himmel der Planeten in die ewiglich bewegungslosen Himmel Gottes. Am Höhepunkt vermag Dante das Licht der Gottheit selber zu schauen. In heutiger Sprache transzendiert Dante, inspiriert von der Liebe, die Vernunft und schreitet über die existentiellen Qualen hinaus zum Bewußtsein der Einheit.

Dantes Allegorie der Reise ist christlich, aber die drei Wirklichkeitsebenen – die untere, die mittlere und die obere Welt – sind universelle Symbole, die die Bewußtseinsebenen widerspiegeln. Ein Schamane lernt beispielsweise, sich auf seinen Heilungsreisen in allen dreien zu bewegen. Hölle, Fegefeuer und Himmel sind auf jedem spirituellen Pfad Teil der menschlichen Erfahrung.

Wenn man im heutigen Leben aufwacht und merkt, daß man in einem verwirrten und ängstlichen Bewußtseinszustand verfangen ist, kann man in der Tat Hilfe bei der traditionellen Psychotherapie suchen. Beim Prozeß der Heilung gehört es oft dazu, durch die Hölle zu gehen – sich all den schmerzhaften Folgen früherer Entscheidungen zu stellen, die man vielleicht unbewußt getroffen hat. Beginnt man einen Ausweg zu sehen, den Berg des Fegefeuers zu besteigen, kann Disziplin notwendig und hilfreich sein. Bevor man die höheren Zustände der Erleuchtung und des Bewußtseins der Einheit anstreben kann, muß man sich bemühen, Verantwortung für sich selbst zu übernehmen. In den unteren und mittleren Reichen ist die Vernunft ein hervorragender Führer der Seele. Zu den höheren Reichen, die der Vernunft unzugänglich sind, gelangt man, indem man das Herz für Liebe und Vergebung öffnet.

Auch die Gralslegenden symbolisieren die Reise der Seele auf der Suche nach Wahrheit. Hier wird das Thema der romantischen Liebe auf das Schlachtfeld übertragen. Die Ritter kämpfen für Liebe und Ehre, versuchen das Unrecht aus der Welt zu schaffen. Der Liebe treu zu dienen, wird als die ideales Motiv des Handelns beschrieben.[4] Der legendäre Held zieht immer alleine los. Wenn er in den dunklen Wald geht, stellt er sich dem Unbekannten. Unterwegs muß er das Böse in verschiedenen Formen bekämpfen. Wird ein Drachen getötet, so wird damit eine Jungfrau befreit. Die Reise findet ihren Höhepunkt und ihr Ende, wenn er den Schatz gefunden oder Einheit mit der Göttin erreicht hat. Ist die Reise vollendet, kehrt der Held mit dem Schatz in seine Heimat zurück und bringt Friede, Wohlstand und Erneuerung mit sich. Joseph Campbell schreibt dazu:

Der Held verläßt die Welt des gemeinen Tages und sucht einen Bereich übernatürlicher Wunder auf, begegnet dort fabelartigen Mächten und erringt einen entscheidenden Sieg, dann kehrt er mit der Kraft, seine Mitmenschen mit Segnungen zu versehen, von seiner geheimniserfüllten Fahrt zurück.[5]

Der Held kann sich als Krieger, Liebhaber, Herrscher, Prophet, Heiliger, Erlöser oder Weiser manifestieren. Ob christlich, vorchristlich oder nicht-christlich, die Heldenreise ist immer ein Abenteuer des Bewußtseins. Sie ist ein universales Thema, das in allen Kulturen auftaucht.

Aus psychologischer Sicht kann man die Heldenreise als eine Metapher für psychologische Entwicklung sehen. Wir alle erfahren eine persönliche Version dieser Geschichte, wenn wir aus den Ich- Identifizierungen herauswachsen und die Welt von einer neuen Bewußtseinsebene aus angehen. Man kann die Heldenreise als die Reise des getrennten Selbst interpretieren, das Verwirklichung sucht, oder als die Reise der Seele über das Ich hinaus, die dann in Transzendenz mündet.

Einige der Bilder, denen man auf dem Weg begegnet, sind kulturell bestimmt. Aber es gibt universale Symbole, die in verschiedenen Formen in allen Kulturen auftauchen und manchmal ganz unterschiedliche Bedeutungen haben. Licht kann beispielsweise für Aufklärung oder Erleuchtung stehen, Feuer für Transformation, Reinigung oder kreatives Bewußtsein. Die Schlange tritt als Symbol für Heilung oder für differenziertes Bewußtsein auf.

Wenn uns symbolische Bilder vertraut werden, vergessen wir leicht, welche Bedeutung sie haben. Es ist daher nicht überraschend, daß die Leute, die mit einer Religion groß geworden sind, eine andere bedeutungsvoller oder anziehender finden. Symbolen gegenüber, die mit Schuld und Einschränkungen zu tun haben, gehen wir oft in die Defensive. Selbst das Bild eines Weges oder einer Leiter kann einem wie eine lineare Einschränkung des Bewußtseins vorkommen. Eine multidimensionale Metapher wie ein Netz oder eine Sphäre mag anziehender wirken. Der spirituelle Pfad ist jedoch eine in den großen religiösen Traditionen weltweit anerkannte Metapher für den inneren Bogen menschlicher Entwicklung.

Campbell schreibt:

Der moderne Held, der Mensch von heute, der es auf sich nimmt, dem Ruf zu folgen und die Stätte jener Kraft zu suchen, mit der allein unser ganzes Geschick gestillt werden kann, kann und darf nicht warten darauf, daß die Gesellschaft ihren Pfuhl von Hochmut, Furcht, heuchlerischem Geiz und verstellter Feindseligkeit bereinigt. »Lebe, als ob der Tag da wäre«, heißt es bei Nietzsche. Nicht die Gesellschaft hat den schöpferischen Heros zu lenken und zu erretten, sondern er sie. Und so teilt jeder von uns das höchste Gottesgericht und trägt das Kreuz des Erlösers – nicht in den Augenblicken großer Stammessiege, sondern im Schweigen seiner einsamen Verzweiflung.[6]

Auf jedem spirituellen Weg lernt die Psyche sich selbst und die Welt auf eine neue Weise kennen. Fortschritt auf dem Pfad führt von Selbstbewußtsein zu Überbewußtsein oder transzendentaler Einsicht. Ist das Ziel des Weges erreicht, wird das getrennte Selbstgefühl transzendiert. So vollendet der Held, der sich auf den spirituellen Weg begibt, die Reise nicht, denn das, was man zu sein glaubte, als man aufbrach auf den Weg, erweist sich als illusorisches Selbstkonzept, das in der Erkenntnis des Nicht-Selbst transzendiert wird.

Dazu schreibt Bernadette Roberts, eine zeitgenössische Christin, die ein kontemplatives Leben führt:

Das Wissen um individuelle Ganzheit und Einheit, das man vor Beginn der Reise hat, ist mit der Ganzheit, die bleibt, wenn die Reise vorüber ist oder wenn es kein Selbst gibt, verwandt, aber nicht identisch. Haben wir die Grenze einmal überschritten, wird es möglich, eine größere Ganzheit zu erkennen als die individuellen Seins. Das ist die Ganzheit von allem, was ist. Die Einheit des Selbst ist verschwunden. Sie hat sich aufgelöst und einer Ganzheit Platz gemacht, die keine Teile hat, und von der man daher nicht sagen kann, sie sei integriert. Dennoch war die anfängliche Integration notwendig als Vorbereitung für die Reise, und ich sehe nicht, wie man den Übergang ohne sie schaffen kann. Um kein Selbst zu haben, muß es erst ein Selbst geben – ein ganzes Selbst.[7]

Erfahrungsübung

Eine metaphorische Reise

Male mit Wasserfarben oder Buntstiften ein Bild davon, wo Du herkommst. Zeige in einem zweiten Bild, wo Du jetzt bist, und in einem dritten, wo Du hingehst. Male schnell, gib Dir pro Bild nur etwa drei Minuten, um eine Form, eine Farbe, eine abstrakte Figur entstehen zu lassen. Denke nicht darüber nach, was Du malst. Versuche es nicht zu interpretieren.

Wenn Du die drei Bilder fertig hast, dann stelle sie in der Reihenfolge auf – Vergangenheit, Gegenwart, Zukunft –, und ersinne eine Geschichte über einen Helden oder eine Heldin, die durch diese Bilder reist. Denke über Deine Geschichte nach und schaue, ob es an ihr etwas gibt, das Du gerne ändern würdest.

Als Beispiel hier eine Geschichte, die jemand zu seinen Bildern erzählt hat:

Ein Held begibt sich auf eine Reise mit ungewissem Ziel. Er betritt einen Wald und trifft auf seinem Weg einen Dämon. Der Held versucht, den Dämon zu töten. Aber immer wenn er glaubt, daß er es geschafft hat, stellt er fest, daß der Dämon in anderer Form wiederkehrt. Der Held kämpft weiter und vertieft sich so in seinen Versuch zu siegen, daß er die Reise ganz vergißt.
Einige Zeit später kommt ein zweiter Held des Weges, und der Dämon versucht auch ihn zu bedrohen. Dieses Mal entscheidet sich der Held, so viel wie möglich über das Wesen des Dämons in Erfahrung zu bringen und ihn kennenzulernen. Er beginnt Rollenspiele zu machen, benimmt sich wie der Dämon und ist bald nicht mehr von ihm zu unterscheiden. Er findet sogar Freude daran, andere Helden auf dem Weg zu plagen. Er lebt ziemlich lange bei den Dämonen, die ihn schließlich als einen der ihren betrachten, und auch er vergißt bald seine Reise.
Einige Zeit später trifft ein dritter Held auf diesem Weg auf einen Dämon, der ihm den Durchgang versperren will. Dieser Held hat eine einzige Absicht: die Reise fortzusetzen. Es gelingt ihm, den Dämon hereinzulegen, indem er ihn ablenkt, und er zieht unbeschadet weiter. Wenn die anderen, die bei den Dämonen verweilen und sie entweder bekämpfen oder sich ihnen anpassen, den Helden vorbeigehen sehen, denken sie wieder an ihre eigenen Reisen. Der erste legt seine Waffen nieder und nimmt sich vor, weiter auf seinem Weg zu gehen. Er fühlt sich nicht mehr genötigt zu kämpfen. Der zweite entledigt sich seiner Verkleidung und erinnert sich daran, wer er wirklich ist. Auch er wendet seine Aufmerksamkeit der weiteren Reise zu. Die Dämonen kennt er jetzt. Er hat keine Angst mehr vor ihnen. Sie setzen ihre jeweiligen Reisen den Berg hinauf fort und treffen schließlich auf die Himmelsreiche, wo sie als Begleiter der Göttinnen zusammenkommen. Mit der Zeit spürt jeder von ihnen Mitgefühl mit dem Leiden in der Welt und kehrt zurück, um anderen den Weg zu weisen.

Dämonen können Symbole für jedes Hindernis sein, dem man auf der inneren Reise begegnet. Für den einen mögen sie die Angst bezeichnen, für einen anderen Widerstand. Einem dritten mögen sie eher äußere als innere Beeinträchtigungen bedeuten. Aber es ist für jeden Menschen wichtig, die Hindernisse zu identifizieren und die Fallen zu erkennen, die unterwegs warten.

II. Chakra-Symbolismus: Ebenen des Bewußtseins

> Die Reise führt durch die sieben Täler, die sieben
> Königreiche, die Chakras, die Ebenen des Bewußt-
> seins, die Stufen von Glauben. Oft wissen wir erst
> dann, daß wir an einem bestimmten Ort waren, wenn
> wir ihn hinter uns gelassen haben…
>
> *Ram Dass*[8]

Die unterschiedlichen Traditionen zeichnen ebenso unterschiedliche Bilder vom spirituellen Weg, aber alle postulieren als Endzustand den völliger Erkenntnis oder Erleuchtung. In diesem Abschnitt werden wir die Ebenen des Bewußtseins, die in der hinduistischen Tradition mit den sieben Chakras asoziiert werden, aus psychologischer Sicht betrachten.

In der Yoga-Psychologie werden die sieben Chakras als Zentren psychischer Energie im menschlichen Körper definiert. Die Chakras spielen in verschiedenen Traditionen eine Rolle, aber es herrscht keine allgemeine Einigkeit über ihre Zahl, ihre genaue Lage oder das, was sie repräsentieren. Im tibetischen Buddhismus beispielsweise gibt es fünf Chakras oder Bewußtseinsebenen, die mit bestimmten Stellen im Körper verbunden sind,[9] während es im Hinduismus sieben sind.[10] Auch die verschiedenen vom Hinduismus beeinflußten Lehrer wie Sri Aurobindo, Swami Rama und Swami Radha haben voneinander abweichende Definitionen, die jeweils für das stehen, was sie selber repräsentieren.

Ken Wilber zeigt in einem Essay auf, daß es auf der Reise zur Befreiung nicht unbedingt notwendig ist, sich der Chakras bewußt zu sein, daß aber physiologische Veränderungen, die mit dem Öffnen der Chakras im Kundalini-Yoga einhergehen, entweder als Ursache oder als Auswirkung von Veränderungen im Bewußtsein betrachtet werden können.[11] Obwohl viele Gelehrte solche physiologischen Veränderungen als für das spirituelle Wachstum unerheblich betrachten, scheinen die Chakras für das getrennte Selbst, das Hindernisse auf dem Weg zur Erkenntnis des Bewußtseins der Einheit sieht, ganz real zu sein. Man sagt, die Chakras seien offen, wenn die Schranken fallen, die einen von der transzendentalen Glückseligkeit fernhalten. Das Öffnen bestimmter Chakras kann mit deutlichen körperlichen Empfindungen unterschiedlicher Intensität einhergehen. Im allgemeinen wird das Öffnen damit assoziiert, daß man der subtilen Bewußtseinsebenen gewahr wird, die die Chakras repräsentieren.

Die Chakras in bestimmten Bereichen des Körpers anzusiedeln, entspricht der universellen Tendenz, bestimmten Körperregionen bestimmte Gefühle zuzuordnen. Die Körpertherapien bestätigen diese allgemeine Topographie. Orgasmische Ekstase und sexuelle Glückseligkeit entspringen beispielsweise beim normalen Erwachsenen den Genitalien, wenn sie sich auch nicht notwendigerweise darauf beschränken. Freude und die Vitalität der Lebenskraft scheinen dagegen aus dem Bauch zu strömen. Die Herzgegend in der Brust scheint universale Liebe zu enthalten und auszustrahlen, während der Kopf mit Einsicht und intellektueller Glückseligkeit assoziiert wird. Der Scheitelbereich des Kopfes wird mit der spirituellen Ekstase des Samadhi in Verbindung gebracht. Wenn die Chakras offen sind, kann man in jedem Bereich des Körpers Gefühle von transzendentaler Glückseligkeit erfahren.

Außerdem symbolisiert jedes Chakra eine bestimmte Stufe in der Evolution des Bewußtseins. Die auf diesem Pfad vorgezeichnete Selbstverwirklichung beinhaltet nicht nur ein körperliches Empfinden dieser Zentren, sondern auch, daß man sich der verschiedenen Realitätsebenen bewußt ist, für die sie stehen. Das Bewußtsein wird durch eine Schlange symbolisiert, die Kundalini-Energie. Man sagt, daß sie im normalen Wachzustand zusammengerollt im Wurzelchakra am unteren Ende der Wirbelsäule liegt.

Das Bild von Uroboros, der Schlange, die sich selbst in den Schwanz beißt, ist ein universales Symbol für unbewußte Ganzheit. Erich Neumann sagt: »…die Existenz im Uroboros war die Existenz in der *participation mystique*«.[12] Das heißt, daß sich noch kein ichhaftes Selbstgefühl entwickelt hat. Auf der Ebene des ersten Chakras ist das Bewußtsein relativ undifferenziert. Es beschäftigt sich vornehmlich mit Nahrung und Überleben. Wenn sich das Bewußtsein entwickelt, erwacht die Kundalini-Schlangen-Energie aus ihrem Schlummer und steigt die Wirbelsäule hoch. Dabei öffnet sie unterwegs jedes Chakra.

Erleuchtete Wesen werden daher auf religiösen Darstellungen mit Schlangen über dem Kopf abgebildet, was zeigen soll, daß die Kundalini-Energie ihr höchstes Niveau erreicht hat. Die Hindu- Gottheit Vishnu wird beispielsweise mit sieben Schlangen porträtiert, die über seinem Kopf einen Heiligenschein oder eine Krone bilden. Im Buddhismus wird der Weise Nagarjuna ähnlich dargestellt.[13]

Wie die Schlange im Garten Eden, die Eva überredete, vom Baum der Erkenntnis von Gut und Böse zu essen, ist das Erwachen des Bewußtseins im ersten Chakra der Beginn der Differenzierung. Die Unterscheidungen zwischen Gut und Böse, Sein und Nicht-Sein, Bewußtheit und Unbewußtheit kennzeichnen den Anfang der Reise menschlicher

Entwicklung. Die Schlange selber nimmt ein dualistisches Wesen an. Joseph Campbell sagt dazu:

Wo immer die Natur als sich selbst bewegend und daher als inhärent göttlich verehrt wird, wird auch die Schlange als Symbol für göttliches Leben verehrt... im Buch Mose, in dem die Schlange verflucht wird, wird die ganze Natur entwertet... In der christlichen Mythologie wird die Schlange normalerweise mit dem Teufel assoziiert.[14]

Die Schlange kann daher als eine symbolische Repräsentation des dualistischen Bewußtseins gesehen werden, das sich selbst als von seiner Quelle getrennt wahrnimmt.

Mit zunehmender spiritueller Übung umfaßt das Bewußtsein schließlich alle sieben Zentren. Diese Reise des Erwachens wird im allgemeinen so dargestellt, daß sie hierarchisch vorangeht, sich von den unteren zu den oberen Chakras bewegt, wenn es auch einige Abweichungen oder Ausnahmen geben mag. Jede niedrigere Bewußtseinsstufe ist in der nächsthöheren enthalten. Dieser Prozeß verwirft also die niedrigeren Ebenen nicht, sondern schließt sie ein und integriert sie in die umfassenderen Perspektiven der jeweils höheren. Bei der Entfaltung des evolutionären Prozesses werden frühere Stadien als unvollständig oder nicht optimal eingestuft.

Psychologisch ausgedrückt entspricht das Öffnen der ersten drei Chakras der Ich-Entwicklung. Das erste Chakra repräsentiert den Bereich der einfachsten Empfindungen und Beobachtungen, die mit der körperlichen, materiellen Welt in Beziehung stehen. Ihm werden die Überlebensinstinkte und die Verhaltensmuster von Reiz/Reaktion zugeordnet. Das zweite Chakra, das in Verbindung zur Sexualität steht, kann als der Bereich betrachtet werden, mit dem sich die Freudsche Psychoanalyse beschäftigt. Das dritte Chakra, das mit der persönlichen Kraft zu tun hat, kann in bezug zur Ich-Psychologie oder zu dem Willen zur Macht in der Theorie Adlers gesetzt werden.

Das vierte Chakra, das Herzzentrum, steht für die altruistischen Werte Liebe und Mitgefühl und wird oft mit der Psychologie von C.G. Jung assoziiert, der davon ausging, daß dieses Chakra die bisher höchste Entwicklungsform der Menschheit darstelle. Jung verwies auf eine Übereinstimmung zwischen den archetypischen Bildern, die im Prozeß der Individuation in den Visionen seiner Patienten auftauchten, und den symbolischen Bildern, die im Chakra-System die Stadien psychologischer Entwicklung repräsentieren.[15]

Die transpersonale Entwicklung würde, so wie sie hier definiert ist, beim vierten Chakra beginnen und zur Vollendung in Ganzheit gelangen, wenn alle sieben Chakras offen sind. Außerdem steht jedes Chakra für einen bestimmten Rahmen oder Zusammenhang, innerhalb dessen Realität interpretiert wird. Das Bewußtsein entwickelt sich von den niederen zu den höheren Zentren, und im Rahmen einer gesunden psychologischen Entwicklung kann man erwarten, daß sie alle zu voller Bewußtheit gelangen.

Muladhara

Das erste Chakra, das *muladhara* (wörtlich »Wurzel-Stütze«), ist physiologisch am Perineum (Damm) angesiedelt. Es wird mit dem Überleben assoziiert, und sein Element ist die Erde. Als gesunde Entwicklung auf dieser Ebene könnte man das erfolgreiche Erreichen materieller Ziele bezeichnen, daß man sich also den Lebensunterhalt verdienen und die Grundbedürfnisse an Sicherheit, Nahrung und Schutz sicherstellen kann. Dies kann man als die grundlegende Ebene der Selbstbewußtheit betrachten, gemeinhin »Ich-Bewußtsein« genannt.[16] Die herrschende Realität ist materiell, und das Selbst wird mit dem Körper identifiziert. Das Bewußtsein hat den Körper von der Umwelt unterschieden, bleibt aber eher mit dem Körper identifiziert als mit dem Geist. Ist es erst differenziert, beginnt das Körper-Ich auf seine Umwelt einzuwirken und sie zu seinem eigenen Vorteil zu manipulieren. Das Kleinkind sichert auf dieser Ebene den Besitz von Objekten; »mein« und »mich« gehören zu seinen Lieblingsworten. Beim Erwachsenen sind Besitzerstolz, Identifizierung des Selbst mit materiellen Gütern und die Lust, die aus dem Ansammeln von Dingen erwächst, charakteristisch für diese Bewußtseinsebene.

Befindet sich eine Gesellschaft auf dieser Ebene, neigt sie dazu, sowohl die natürlichen wie die menschlichen Ressourcen auszubeuten und um jeden Preis weiter zu expandieren. Der Wunsch, die Natur zu beherrschen, umfaßt bald auch das Ansinnen, andere Menschen zu beherrschen. Die vorherrschende Motivation ist der Wunsch nach Sicherheit, und die Sorge um das persönliche Überleben wiegt schwerer als andere Werte. Veränderung wird im allgemeinen als Bedrohung erlebt und die Angst vor dem Tod unterdrückt. Kausalität wird eher mit den äußeren Umständen als mit einem selbst in Zusammenhang gebracht, und unannehmbare Impulse projiziert man auf andere. In dem Versuch, die äußere Welt zu kontrollieren, zeigt sich magisches Denken.

Die Religion auf dieser Ebene ist zumeist abergläubisch und sehr buchstabengetreu. Das Gebet ist bittstellerhaft, und ethisches Verhalten von der Angst vor Strafe oder der Hoffnung auf Belohnung in diesem Leben oder in einem anderen abhängig. Der Glaube an übernatürliche Wunder ist weit verbreitet. Die Sammelleidenschaft kann sich auf Verdienste statt auf materielle Güter richten, aber sie wird vom Wunsch nach persönlichem Gewinn angeregt.

In der Welt des ersten Chakras herrscht das Gefühl der Angst vor. Sie kann sich als Angst vor dem Verlust der materiellen Besitztümer oder der körperlichen Gesundheit manifestieren. Im Umgang mit anderen gilt das Motto »Angriff ist die beste Verteidigung« als gerechtfertigt. Menschen auf dieser Ebene scheinen ein normales Leben zu führen, aber ihre Aufmerksamkeit bleibt eng auf grundlegende Bedürfnisse beschränkt. Das *Selbst*, das auf dieser Ebene schläft, scheint das Opfer unbewußter Impulse und äußerer Umstände zu sein. Auch die Götter wirken müde und untätig, wenn nicht sogar ganz machtlos. Die Stärke und die Trägheit dieser Weltsicht wird durch das Bild eines Elephanten repräsentiert. Er ist nur schwer zu bewegen und läuft manchmal Amok.

Es ist nicht unmöglich, der weltlichen Realität des ersten Chakras zu entkommen, obwohl es einen starken Einfluß auf das gewöhnliche Bewußtsein hat. Einem Bruch mit dieser Realität geht manchmal eine psychologische Krise voraus, die das gewohnte Gleichgewicht des Lebens stört, oder die Erkenntnis, daß man aus dem Besitz oder der Manipulation von äußeren Objekten nie anhaltende Zufriedenheit erreichen kann.

Wenn die Kundalini-Energie, die in diesem Chakra am unteren Ende der Wirbelsäule schläft, erwacht, kann das zutiefst verwirrend und zerrüttend wirken. Jung sieht eine Ähnlichkeit zwischen der Kundalini-Energie und der Anima, dem Abenteuergeist, dem göttlichen Antrieb. Wenn es nicht zu einer Krise kommt, wird das Erwachen oft als göttliche Unzufriedenheit erfahren, die einen aus den weltlichen Belangen des Alltagslebens reißt und auf die innere Reise zur *Selbst*-Entwicklung schickt.

Svadhisthana

Wenn die Aufmerksamkeit darauf ausgerichtet ist, unbewußte psychologische Prozesse zu verstehen, gelangen wir in den Bereich des zweiten Chakras, des *svadhisthana*. Dieses Chakra ist mit der Sexualität oder der allgemeinen Ausweitung des Lebens assoziiert. Es wird durch das Element Wasser repräsentiert. Man kann es als »Du-und-Ich-Bewußtsein« bezeichnen, in dem Beziehungen mehr wiegen als materieller Besitz.[17] Die Motivation auf dieser Ebene beruht hauptsächlich auf dem Wunsch nach Anerkennung und Liebe durch einen anderen Menschen: Vater, Mutter, Lehrer oder geliebter Mensch. Der Wunsch nach Liebe hat auf dieser Ebene starke Angstanteile, und wer Liebe verliert, setzt das leicht mit dem Verlust des Lebens gleich. Ethisches Verhalten wird dazu aufrechterhalten, das Überleben und gesellschaftliche Akzeptanz zu sichern oder die Ablehnung eines Liebesobjektes zu verhindern, das man zugleich haßt und fürchtet. Die Selbstachtung hängt von der Bewertung durch andere ab, und man empfindet eine starke Ablehnung dieser Abhängigkeit.

Beziehungsfragen dominieren auf dieser Ebene über die persönlichen Belange. Typisch sind für diese Bewußtseinsstufe sowohl ein zwanghaftes Interesse an sexuellen Eroberungen wie die ausschließliche Beschäftigung damit, was andere wohl von einem denken. Die Identität wird jetzt in Beziehungen investiert, manchmal zusätzlich zu den materiellen Bestrebungen, manchmal statt ihrer. Frauen in der traditionellen Geschlechterrolle bleiben oft auf dieser Ebene stecken. Sie sehen ihre Identität dann nur in Form ihrer Beziehungen: Sie sind Tochter, Frau oder Mutter eines anderen. Entwicklungsmäßig wird diese Ebene zu Recht mit dem Erlernen sozial angemessenen Verhaltens und den Stadien konventioneller Moral assoziiert. Emotionale Reife auf dieser Ebene bedeutet, stabile und befriedigende persönliche Beziehungen herstellen zu können. Die westliche Psychologie widmet der gesunden Integration dieser Ebene beträchtliche Aufmerksamkeit, aber manche spirituellen Systeme umgehen diese Integration, weil sie sie als Ablenkung von höheren Zielen und Bestrebungen ansehen. Das kann aus psychologischer Sicht sehr nachteilige Folgen haben, da sowohl Unterdrückung wie Vermeidung zu emotionalen Störungen führen können. Auf dieser Bewußtseinsebene werden Sexualität und Spiritualität differenziert und häufig als widersprüchlich erfahren. Die intensive Beschäftigung mit dem einen führt im allgemeinen zur Unterdrückung des anderen. In der Psychoanalyse wird beispielsweise betont, wie wichtig es für die psychologische Gesundheit ist, sexuelle Impulse zur Bewußtheit zu bringen. Die Spiritualität wird dann im Gegenzug meist unterdrückt, die Sehnsucht nach mystischer Vereinigung als regressiver, infantiler Wunsch nach Vereinigung mit der Mutter abgetan. Andererseits unterdrücken etliche spirituelle Disziplinen, die viel Wert darauf legen, das Bewußtsein auf höhere Ebenen anzuheben, die Sexualität.

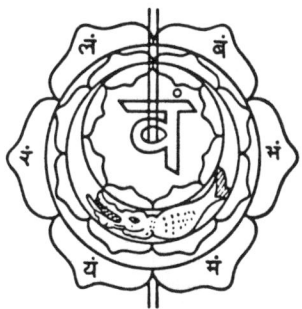

Symbolisch werden die Gefahren dieser Ebene durch eine Seeschlange dargestellt, ein Monster in den Tiefen unseres Unbewußten, das uns verschlingen kann. Das Durchschreiten der Tiefen dieser Welt zeigt sich kulturunabhängig in den Symbolen von Taufe und Wiedergeburt. Initiationsrituale schildern diesen Übergang als das Erwachen eines neuen Bewußtseins. Persönliche Freiheit ist auf dieser Ebene dadurch zu gewinnen, daß man den Drachen der gesellschaftlichen oder elterlichen Beschränkungen besiegt und sexuelle Energie freisetzt. Nur wenn man bewußt wird und sich den Dämonen stellt, die man fürchtet, kann man die Gefahren dieser Ebene überwinden und die nächste Bewußtseinsstufe erreichen.

Das dritte Chakra, das *manipura*, was so viel wie »die Fülle von Juwelen« heißt, wird mit Willen, Kraft und Absicht assoziiert und von dem Element des Feuers repräsentiert. Physiologisch ist es in der Gegend des Solarplexus (Sonnengeflecht) in der oberen Mitte des Bauches, unterhalb des Zwerchfells angesiedelt. Als Symbol für das solare Ich taucht das Bild der Sonne auf (nicht in dieser Abbildung). Der Initiand, der die Taufe auf der Ebene des zweiten Chakras durchlebt hat, wird jetzt in Beziehung zur Sonne als dem ewigen Licht gebracht. Im Christentum symbolisiert die Taufe beispielsweise die Wiedergeburt im GEIST, in Christo. In dieser Phase kann sich der Initiand mit Gott als Teil des Ewigen identifizieren, das eine unsterbliche Seele besitzt. Das Bild des Widders symbolisiert hier die Fähigkeit, die höchsten Gipfel zu erklimmen. Im religiösen Symbolismus des alten Ägypten geht die Reise durch die Unterwelt dem Ritt durch die Himmel mit dem Sonnengott Ra voran. Jung meint, das dritte Chakra repräsentiere den großen Reichtum der Sonne und die Fülle göttlicher Macht, die einem durch die Taufe symbolisch geschenkt wird.[18]

Jungs psychologische Interpretation dieses Durchgangs legt nahe, daß ein Traum von einer Taufe oder davon, daß man ins Wasser (Symbol des zweiten Chakras) schreitet, bedeutet, daß man ins Unbewußte geht, um sich zu reinigen und zu erneuern. Danach kann es eine Verbindung mit dem *manipura* als einer Quelle von Energie geben. Hat man die innere Reise angetreten und ist mit unbewußten Kräften in Berührung gekommen, kann das Feuer emotionaler Leidenschaft freigesetzt werden. Wenn das Unterdrücken aufhört, wenn man die Fülle der eigenen uneingeschränkten emotionalen Natur anerkennt, dann ist Angst vor zügellosen Gefühlen und vor Sex und Macht ziemlich häufig. Werden Stürme emotionaler Leidenschaft entfesselt, so wird dies als buchstäblich feurig erfahren: Man brennt vor Verlangen oder Wut. Diese Ebene kann schmerzhaft und voller Konflikte sein, aber sie ist auch eine Quelle der Energie. Wenn man diese emotionale Energie meistert, fühlt man sich mächtig und der Welt gewachsen.

Aber man ist nicht frei, wenn man in diesem Chakra zentriert ist. Man ist immer noch im Leiden gefangen, immer noch von Emotionen bestimmt, immer noch von Ehrgeiz und Verlangen getrieben. Die Unterdrückung ist beendet, und es ist Energie freigesetzt worden, aber der Konflikt hält an. Im Verhalten kann sich der Konflikt einerseits als Impulsivität und andererseits als Zwanghaftigkeit ausdrücken.

Persönliche Kraft sucht man auf dieser Ebene aus der Angst heraus, beherrscht zu werden, als Kompensation für Unzulänglichkeitsgefühle oder einfach zur Befriedigung persönlicher Macht. Es ist jedoch immer ein Element von Angst dabei und auch der darunter liegende Wunsch nach Kontrolle, der Wunsch, die Dinge seien so, wie man sie gern hätte.

Jemand, der dieser Ebene verhaftet ist, hat oft starre Meinungen und ein egozentrisches Anliegen, recht zu haben. Konflikte entstehen, wenn andere nicht mit einem bestimmten Standpunkt übereinstimmen. Ein solcher Mensch fühlt sich von abweichenden Meinungen und anderen Sichtweisen bedroht. Das Selbst neigt auf dieser Ebene dazu, sich mit einem mental ichhaften Selbstkonzept zu identifizieren.

Das Bewußtsein auf dieser Ebene ist als das »Wir-Alle-Bewußtsein« bezeichnet worden, das für Menschen charakteristisch ist, die Unterstützung für eine bestimmte Haltung oder Ideologie sichern wollen.[19] Solche Leute geben gute Verwalter ab. Sie legen im allgemeinen viel Wert auf Logik, Vernunft und reibungslosen Ablauf. Die Motivation ist vornehmlich auf Leistung ausgerichtet. Die Selbstachtung beruht mehr auf dem Ansammeln von Statussymbolen (Ehren, Titeln, Machtpositionen in Organisationen) als auf dem Erwerb von persönlichem Besitz oder auf sexuellen Eroberungen.

Auf dieser Ebene hat das heldenhafte Ich mit den Kräften des Unbewußten gekämpft und den Krieg um Unabhängigkeit gewonnen. Dies ist ein Stadium des Triumphs über die Natur und die instinkthaften Kräfte, das Ordnung und Gesetz in der Gesellschaft hervorbringt, und patriarchale Werte wie Logik, Vernunft und konzeptionelles Denken. Probleme und Verzerrungen entstehen dann, wenn die beiden vorhergehenden Ebenen nicht integriert, sondern unterdrückt werden. Anhaltende gesunde Entwicklung hängt von der Integration aller Ebenen ab.

Wenn Ichziele und Machttriebe nicht mehr verlockend sind, differenziert das *Selbst*, löst alte Identifizierungen und transzendiert. Dann befürchtet das ichhafte Selbst die Auslöschung. Der Gipfel der Ich-Entwicklung reicht nicht weiter hinauf als bis zum dritten Chakra, wo man schließlich ausbrennt. Es gibt derzeit wenige psychologische Richtlinien, die einen zur Transzendenz des Ich ermutigen. Die erfolgreiche Integration der ersten, zweiten und dritten Ebene kann eine gesunde Grundlage zur Transzendenz bilden, und die freiwillige Aufgabe der ichbezogenen Kontrolle wird durch die aufdämmernde Bewußtheit der Werte des vierten Chakras erleichtert.

Anahata

Über dem Zwerchfell, in der Gegend des Herzens, liegt das vierte Chakra, *anahata*, das durch das Element Luft symbolisiert wird. Nach dem Weg durch die Feuer der Leidenschaft, die mit dem dritten Chakra assoziiert werden, und nach der Befreiung von dem Kampf zwischen Willenskraft und ungezügelten Gefühlen, repräsentiert das vierte Chakra nach jungianischem Verständnis die Entdeckung von etwas Nicht-Personalem. Das Zwerchfell entspricht symbolisch der Erdoberfläche, und im *anahata* werden wir darüber hinausgehoben.[20] Das Öffnen dieses Chakras wird manchmal, etwa in Träumen, symbolisch als ein Weg durchs Feuer erfahren. Feuer kann, ebenso wie die Sonne, sowohl kreativ wie destruktiv und zudem reinigend sein. Die innere Ruhe und Stille, die man erlebt, wenn ein emotionaler Sturm seines Weges gezogen ist, geben einen Vorgeschmack auf den friedvollen Geisteszustand, der erreichbar wird, wenn sich das Bewußtsein von der Identifizierung mit der Leidenschaft löst und den subtileren Gefühlen zuwendet, die mit dem Herzzentrum verbunden sind, nämlich Liebe und Mitgefühl. Auf dieser Ebene wird man sich der feinstofflichen Energien des absoluten GEISTES als Inspiration bewußt, die durch Luft, Wind oder Atem symbolisiert werden.

Psychologisch gesprochen, wird man über die stürmischen Konflikte emotionaler Existenz im dritten Chakra durch den Gebrauch höherer Vernunft hinausgehoben. Man beginnt über die Natur des Verlangens, die Vergeblichkeit des Wettbewerbs und das endlose Streben nach Macht und Vergnügen, die unweigerlich Leiden nach sich ziehen, nachzudenken. An diesem Punkt wird Kooperation vielleicht höher bewertet als Konkurrenz. Nun kann man vielleicht zum ersten Mal die göttliche Natur des *Selbst* erfahren und von dem heldenhaften Ich unterscheiden, das die Reise durch die ersten drei Chakras unternommen hat.

In Wilbers Terminologie ist dies das kentaurische Bewußtsein, in dem Ganzheit als die Integration von Körper und Geist wahrgenommen wird.[21] Er weist darauf hin, daß das Bild des Kentauren das einer Körper-Geist-Einheit im Gegensatz zu dem Bild eines menschlichen Reiters (oder Helden) auf einem Pferd ist. Das Pferd verkörpert hier die instinkthafte, emotional-sexuelle Vitalität. Wenn diese Integration gelungen ist, identifiziert man sich mit dem Organismus als einem Ganzen, das mit anderen Ganzen in Beziehung steht. Diese Entwicklungsebene entspricht den existentiell/humanistischen psychologischen Perspektiven, die die Einheit von Körper, Geist und Seele betonen. Psychologie wird auf dieser Ebene oft als holistisch bezeichnet, obwohl sie die transpersonalen Ebenen des fünften, sechsten und siebten Chakras nicht einschließt.

Um den Prozeß der Integration von Geist und Körper auf dieser Ebene zu vollziehen, muß man frühere Identifizierungen sterben lassen. Das heißt man muß den Tod des Ich akzeptieren.[22] Die Aussicht auf den Tod des Ich kann erschreckend sein, wenn man sich bis dahin ausschließlich mit einem ichhaften Selbstkonzept identifiziert hat. Zudem hat die systematische Klassifizierung aller ichlosen Zustände als pathologisch die psychologische Entwicklung über das Ich hinaus erfolgreich gebremst.

An diesem Punkt hat das Ich seine Aufgaben auf der Leiter des Bewußtseins erfüllt. Es hat die Evolution so weit vorangetrieben, aber um von hier aus weiterzukommen, muß sich das Selbst differenzieren und vom Ich disidentifizieren, es transzendieren und in höhere, komplexere Bewußtseinsebenen integrieren. Das Ich bleibt intakt, ebenso wie der Körper intakt bleibt, wenn die Identität, die man als Kleinkind ausschließlich über den Körper hat, sich mit dem Beherrschen der Sprache von ihm löst, und sich stattdessen dem sprachlichen Verstandes-Ich zuwendet. Das Ich verschwindet nicht, wenn man es erfolgreich transzendiert hat, aber das *Selbst* wird nicht mehr ausschließlich mit ihm identifiziert.

Der innere Bogen menschlicher Entwicklung kann auf der Ebene des Herzchakras beginnen. Dann wird Leidenschaft, die auf angemessene Weise von der Vernunft gelenkt wird, zu höheren Werten transformiert. Sowohl Wilber wie Jung weisen darauf hin, daß eine Bewußtheit von Ebenen jenseits dieses Punktes in der heutigen Gesellschaft selten ist. Auf dem inneren Bogen erwacht das transpersonale Selbst und entdeckt seine Buddha-Natur, sein Christus-Bewußtsein oder Atman. Hier werden persönliche Ziele und Leistungen, ob spirituell oder weltlich, von einer bereitwilligen Hingabe an die göttliche Weisheit abgelöst. Man erkennt intuitiv das Einssein aller Wesen, und die Werte verlagern sich entsprechend in Richtung Mitgefühl, Kooperation und selbstloses Dienen.

In persönlichen Beziehungen wird dann individueller Zufriedenheit weniger Wert beigemessen als der Familie, der Gemeinschaft oder der Menschheit insgesamt. Man sucht dann nicht mehr nach Liebe zur persönlichen Befriedigung, sondern gibt sie aus Dankbarkeit für die Fülle einer inneren Quelle. Auf dieser Ebene ist man meist sehr empfindsam für feine menschliche Bedürfnisse und kann wirkungsvoll als Priester, Lehrer und Heiler arbeiten.[23] Transpersonale Therapeuten, die ihre Klienten auf dem inneren Bogen führen, sind sich oft bewußt, daß sie auf dieser Ebene arbeiten.

Das Herz repräsentiert die höheren Gefühle. Wir sagen, daß wir uns »ein Herz fassen«, wenn wir uns Mut machen, und daß wir »nicht mit dem Herzen dabei sind«, wenn wir keine Gefühle empfinden. Wir nehmen uns etwas »zu Herzen«, wenn wir das Gefühl haben, daß es wichtig ist. In manchen Traditionen wird einem empfohlen, das Herz seinen Weg wählen zu lassen. Wie wichtig Gefühle sind, wird klar, wenn man erfaßt, daß emotionale Werte unwiderstehliche Kräfte im Leben sind. Im Herzzentrum erkennen wir nach Jung die Kraft und die Wesenhaftigkeit der physischen Welt.[24] Beim tantrischen Yoga wird in diesem

124

Zentrum *purusa*, das göttliche Wesen des Seins, sichtbar. Dies ist die erste Ahnung von einem Wesen in uns, das nicht das ist, wofür wir uns halten. Es repräsentiert ein gemeinsames Bewußtsein, das die Individualität transzendiert und eine ausschließlich psychische Existenz hat. In der tibetischen Mystik ist das Herzzentrum das Organ des intuitiven Geistes und des allumfassenden Mitgefühls.[25]

Eine der Kräfte, die dem Öffnen des vierten Chakras zugeschrieben wird, ist die der Unsichtbarkeit. Das heißt, daß man den Wunsch aufgegeben haben muß, aufzufallen oder im Mittelpunkt zu stehen. Swami Radha, ein westlicher Lehrer für Kundalini-Yoga, weist darauf hin, daß es die geistige Befangenheit und Inanspruchnahme der anderen Leute ist, die einen selbst unsichtbar werden läßt.[26]

Eine weitere Kraft aus diesem Zentrum ist die Fähigkeit, in den Körper eines anderen Menschen einzutreten. In psychologischen Begriffen könnte das die Fähigkeit bedeuten, sich in einen anderen hineinzuversetzen, in seine Haut zu schlüpfen, mitzufühlen. Wer ein erfolgreicher Therapeut oder Heiler werden will, muß diese Kraft entwickeln. Ein Therapeut muß bereit sein, dem Klienten seine volle Aufmerksamkeit zu schenken und dabei selber relativ unsichtbar zu bleiben; er muß »die Öffnung oder Lichtung sein, durch die sich das Absolute manifestieren kann«.[27] Er muß auch in der Lage sein, sich völlig auf die Erfahrung des Klienten einzulassen, sein Innerstes kennenzulernen. Ein guter Therapeut lernt, die Welt der anderen so zu erfahren, als sei es seine eigene.

Die Bewegung aus Bewußtsein und Energie, die die Chakras öffnet, ist ein Transformationsprozeß, bei dem die Bewußtheit immer feiner wird je höhere Ebenen erreicht werden. Der Prozeß wird durch die vier Elemente repräsentiert. In den ersten vier Chakras führt er von Erde zu Wasser zu Feuer zu Luft, und im fünften Chakra schließlich zum Äther, der die nicht faßbare, feinstoffliche Bewußtheit symbolisiert. Die Vorstellung einer Verwandlung der Elemente vom Groben zum Feinen ist einer der ältesten Bestandteile des Hinduismus. Sie findet sich auch in der mittelalterlichen Alchemie.[28] Zwischen dem dritten und vierten Chakra überschreiten wir, so Jung, die Schwelle zwischen den sichtbaren und berührbaren Dingen und den unsichtbaren und unberührbaren. Wir richten unsere Aufmerksamkeit auf Luft und Äther, Fühlen und Denken.[29] In vielen Kulturen wird die Seele oder Psyche mit dem Atem des Lebens identifiziert. Der Atem wird auch mit der Inspiration identifiziert, und die Inspiration zur Kreativität entspringt der Integration, nicht einer Trennung von Körper und Geist.

Jungs Ausführungen über Kundalini-Yoga liefern oberhalb des vierten Chakras keine psychologischen Interpretationen mehr. Er merkt jedoch an, daß das fünfte Chakra, *visuddha*, das Äther-Zentrum ist, und meint, daß Äther als eine Substanz, die man für noch flüchtiger hält als Luft, in alles eindringe und doch nirgendwo zu finden sei – nicht Materie ist, sondern Begriff: subtil, transparent und kraftvoll. Hier, jenseits der vier Elemente, erreicht man eine Abstraktionsebene, die über den empirischen Bereich hinausführt in das geistige Reich menschlicher Erfahrung. Sie ist buchstäblich ätherisch. Das Element Äther kann man auch als Prana sehen, den hinduistischen Begriff für »Lebenskraft«, oder, populärpsychologisch gesprochen, als Energie. In jedem Falle betreten wir auf der Ebene des fünften Chakras eine Welt psychischer Wirklichkeit jenseits der Sinne.

Auf dieser Ebene taucht der Elephant wieder auf, aber jetzt ist er weiß und steht für eine spirituelle Orientierung im Alltagsleben. Außerdem ist er kleiner, was auf die Überwindung der unbewußten, instinkthaften Triebe hinweist. Wenn man das Denken und die Gefühle unter Kontrolle hat, folgt der Frieden des Geistes. Man sieht die Vergangenheit, die Gegenwart und die Zukunft im Licht der Vergebung, frei von Gier, Bösartigkeit und Stolz.[30]

Jung hatte das Gefühl, daß die Menschheit das fünfte Chakra insofern anzuerkennen beginne, als sie dem Bereich jenseits der Sinne einigen Wert beimißt. Er stellte fest, daß Erfahrung einen lehrt, an die Realität jenseits der Sinne zu glauben, und daß alle großen Bewegungen in der Geschichte aus Gründen erfolgt seien, die diesem Bereich entstammen. Das allgemeine Mißtrauen gegenüber dieser Form von Realität sah er jedoch als Beweis dafür an, daß die Menschheit als ganzes das fünfte Chakra noch nicht erreicht habe.[31]

Auf dieser Ebene wird die materielle Realität als eine Welt der Erscheinungen oder Illusionen wahrgenommen, während abstrakte Vorstellungen und Werte als Quelle der Erfahrung greifbare Wirklichkeit annehmen. Das allumfassende *Selbst* wird als letztendliche Realität wahrgenommen. Man sieht, daß Begriffe und Gedanken eine beachtliche Realität und weitreichende Auswirkungen haben, aber Begriffe sind hier nicht als abstrakte, intellektuelle Konstrukte machtvoll, sondern als Ausdruck von Erfahrung. Darüber hinaus kann man an diesen Punkt nicht durch logische Ableitungen, Spekulationen oder blinden Glauben gelangen, sondern nur durch Erfahrung.

Das fünfte Chakra, das in der Halsgegend liegt, wird mit Tönen assoziiert. Seine Öffnung hat mit dem Hören zu tun. Auf dieser Ebene zu üben heißt, innen auf sich selbst zu hören und außen anderen zuzuhören zu lernen. Um hören zu können, muß man lernen, leise zu sein. Daher muß man sowohl das Sprechen wie das innere Geschnatter unter Kontrolle bekommen.

Dies kann gewiß der Heilung auf jeder Ebene zuträglich sein. Die Psychotherapie wird oft als »Rede-Kur« bezeichnet, aber »Hör-Kur« würde besser passen. Wie ein junger Mann bemerkte: »Mein Therapeut sagt nicht viel, aber ich lerne eine Menge, wenn er zuhört!« Die Kunst, sich selbst und anderen aufmerksam zuzuhören, kann auf allen Gebieten des Lebens wertvoll sein.

Die Fähigkeit zu hören und die Fähigkeit, Schweigen zu bewahren, sind auf allen Ebenen für eine wirkungsvolle Kommunikation unerläßlich. Die Fertigkeiten zu entwickeln, die mit dem fünften Chakra verknüpft sind, scheint in unserem Zeitalter der Kommunikation besonders wichtig. Wenn man Klarheit und Verstehen in der Kommunikation anstrebt, muß man zunächst lernen, mit heilender Bewußtheit zuzuhören und sich nicht von inneren oder äußeren Ablenkungen beeinflussen zu lassen. Auf diese Weise können die Gegensätze ins Gleichgewicht gebracht werden. Dann kann man besser den subtilen Botschaften des *Selbst*, ob hörbar oder nicht, lauschen.[32]

Diese Ebene scheint die gegenwärtige Wachstumsschwelle der Menschheit zu repräsentieren. Es hat zwar immer einzelne gegeben, die höhere Ebenen der Bewußtheit ereicht haben, aber heute erkennen zunehmend mehr Menschen die Möglichkeit, das psychologische

Wachstum bis zu dieser Ebene voranzutreiben, und sehen auch die Notwendigkeit, es zu tun. Sich der kreativen Kraft des Bewußtseins bewußt zu werden, die mit dem fünften Chakra assoziiert wird, bedeutet, Verantwortung sowohl für das Denken wie für das Verhalten zu übernehmen. Man kann alles Denken so sehen, daß es auf irgendeiner Ebene Gestalt annimmt, und dann wird die Dynamik der sich selbst erfüllenden Prophezeiung offensichtlich. In den Worten des Buddha:

Wir sind, was wir denken.
Alles, was wir sind, entsteht mit unseren Gedanken.
Mit unseren Gedanken erschaffen wir die Welt.[33]

Ajna

Das sechste Chakra, *ajna*, ist physiologisch in der Gegend des dritten Auges angesiedelt, gerade über und zwischen den Augenbrauen. Es repräsentiert das Reich der idealen Wahrnehmung. Im sechsten Chakra ist der Gott, der in den vorigen schlief, vollkommen erwacht. Dieses Zentrum ist der Ort der Verbindung mit der Gottheit. Hier kennt man das *Selbst* als Psyche. Das Öffnen dieses Chakras wird mit der Entwicklung übersinnlicher Kräfte verbunden. Es liefert die direkte Erfahrung der Nicht-Ich- Realität des *Selbst*, das mit aller Schöpfung eins ist.

Die beiden Lotosblätter symbolisieren die zweifache Funktion des Geistes auf den manifesten und den nicht-manifesten Ebenen der Realität. Im Westen gilt das Hören (das mit dem fünften Chakra assoziiert ist) als der feinste der fünf Sinne. Im östlichen Denken wird der Geist als ein sechster Sinn betrachtet, der Wahrheit direkt durch Intuition erfas-

128

sen kann. Ein goldener Punkt, der das Wesen der Energie repräsentiert, steht für die Loslösung vom Körper. Der Geist ist auf dieser Ebene subtiler; wenn er erwacht, werden ihm mehr spirituelle Geschenke zuteil. Ängste werden durch persönliche Erfahrungen zerstreut. Die Kontrolle der Vorstellungskraft läßt die Entdeckung zu, daß jede Erfahrung vom Geist geschaffen wird.[34] Bei der Meditation auf dieser Ebene verschwinden alle Farben, Lichter und Bilder, und der Geist ruht in dem weißen Licht des Nichts. So wird die Tür zum siebten Chakra geöffnet.

Sahasrara

Auf der Ebene des siebten Chakras, *sahasrara*, das oben auf dem Scheitel des Kopfes liegt, verschwindet das *Selbst-* Gefühl ganz. Dies ist der Bereich des Absoluten, der Nicht- Dualität. Hier sind alle Unterscheidungen transzendiert, und hier hört man auf, als getrennte Einheit zu existieren. Diese Ebene bleibt ein philosophisches Konzept jenseits von Erfahrung, bis man die Erleuchtung erlangt, und dann scheinen alle Ebenen Manifestationen dieser einen zu sein. Dieser letzte Zustand des Bewußtseins ist nicht von anderen zu trennen, er ist in ihnen allen innerlich enthalten. So hebt er den Wachzustand nicht auf, sondern kommt in ihm zum Ausdruck.[35] Das Bewußtsein entwickelt sich, der Wachzustand wird verfeinert und zu einem Ausdruck dieser Bewußtheit.

Die Reise, bei der das Bewußtsein sich seiner selbst gewahr wird, symbolisch von dem Aufstieg der Schlange durch die Chakras dargestellt, verläuft nicht unbedingt gerade und geordnet. Manchmal führt eine plötzliche Offenbarung eine emotionale Krise herbei und blockiert die gesunde Entwicklung und die Integration der höheren Ebenen der Bewußtheit, wenn es keine angemessene Führung gibt. Eine sachkundige therapeutische Intervention kann manchmal destruktive Verzerrungen und Fehlinterpretationen verhindern. Die Probleme des Ungleichgewichts, der Unterdrückung und Fehlwahrnehmung können einem auf jeder Ebene als Hindernisse auf dem Weg begegnen. Sie gilt es zu überwinden, wenn man Ganzheit errreichen will.

Die gute Kenntnis einer Landkarte kann für denjenigen, der einen Weg sucht, nützlich sein, aber er darf diese Kenntnis nicht mit dem eigentlichen Durchqueren des Geländes verwechseln. Im folgenden Abschnitt werden wir die Reise aus einer anderen Perspektive betrachten: als Stufen der Selbstbewußtheit auf dem Weg zu Transzendenz und Erleuchtung.

Erfahrungsübung

Chakra-Visualisierung

Setze Dich in Meditationshaltung entweder im Schneidersitz auf ein Kissen oder mit geradem Rücken, die Füße flach auf der Erde auf einen Stuhl. Schließe die Augen und atme tief ein. Atme wieder vollkommen aus. Erlaube Deinem Geist und Deinem Körper, sich völlig zu entspannen.

Visualisiere in der Gegend des ersten Chakras am unteren Ende der Wirbelsäule ein Licht. Sage beim Einatmen im Geiste: »Ich aktiviere das erste Chakra.« Und beim Ausatmen: »In mir ist Frieden.« Visualisiere, wie das Licht die Wirbelsäule hinauf in den Bereich des zweiten Chakras aufsteigt, und wiederhole im Geiste dieselben Sätze: »Ich aktiviere das zweite Chakra«, beim Einatmen…, und: »In mir ist Frieden«, beim Ausatmen.

Stelle Dir vor, wie das Licht in den Bereich des dritten Chakras aufsteigt, und sage beim Ein- und Ausatmen dieselben Sätze. Wiederhole das für das vierte, das fünfte, das sechste und das siebte Chakra. Richte nach dem letzten Ausatmen beim siebten Chakra Deine Aufmerksamkeit auf einen Lichtpunkt auf dem Scheitel Deines Kopfes und visualisiere, wie das Licht zum unteren Ende der Wirbelsäule zurückkehrt. Sage innerlich zu Dir selbst: »Ich bin für einen normalen Energiefluß aktiviert – für heute und für jeden anderen Tag.«

Dieser Prozeß kann mit der Visualisierung der Spektralfarben wiederholt werden, die den einzelnen Chakras entsprechen. Erstes Chakra: Rot, zweites Chakra: Orange, drittes Chakra: Gelb, viertes Chakra: Grün, fünftes Chakra: Blau, sechstes Chakra: Violett, siebtes Chakra: Weiß (das alle Farben enthält).

Nimm Dir nach dieser Visualisierung mindestens fünf Minuten, um still zu sitzen und Dich auszuruhen.

Die Bedeutung jedes Chakras zu kennen, wird dabei helfen, die Bewußtheit für das Spektrum der Bewußtseinszustände zu vertiefen, die jederzeit zur Verfügung stehen. Diese Visualisierung schenkt Dir daher mehr Freiheit in bezug auf den Umgang mit subjektiven Zuständen. Zunächst lernt man, willentlich von einem zum anderen zu gehen. Da sie alle auf dem Zustand inneren Friedens beruhen, werden sie durch Übung immer zugänglicher.

Falls bei dieser Übung störende Empfindungen, Gefühle oder Bilder auftauchen, solltest Du damit nicht weitermachen, sondern warten, bis Du einen erfahrenen Lehrer findest, der Dich dabei führen kann.

III. Die Ochsenbilder: Stufen auf dem Weg

> Den Buddhismus zu erforschen heißt, das Selbst zu erforschen.
> Das Selbst zu erforschen heißt, das Selbst zu vergessen.
>
> *Dogen*[36]

Jede Kultur hat ihre eigene Symbolik für den spirituellen Weg. Im Zen-Buddhismus werden die Stufen der Selbstbewußtheit auf dem inneren Bogen in einer Reihe von zehn Ochsenbildern dargestellt, die ursprünglich im China des 12. Jahrhunderts entstanden sind. Gezeigt wird ein Mann, der ein Rind, vermutlich einen Wasserbüffel, sucht, findet und zähmt. Aus diesen Bildern entsteht eine Landkarte, die uns helfen kann, den spirituellen Weg perspektivisch zu sehen. Außerdem bietet sie Bezugspunkte und Führung für jedes Stadium des Weges.

Als Symbol weist eine Landkarte immer über sich selbst hinaus auf eine Bedeutung, die sie durch ihre darstellende Form sowohl verhüllt wie aufdeckt. Daher kann eine Landkarte einen neuen Sucher dazu ermutigen, transpersonale Reiche tiefgehender zu erforschen. Diese spezielle Landkarte zielt auf direkte Erfahrung und bietet vielfache Bedeutungsebenen. Da Interpretationen immer die Wahrnehmungsgrenzen des Interpreten reflektieren, sollen die hier angebotenen Anmerkungen nicht als allein maßgebend oder endgültig angesehen werden. In ihnen spiegelt sich natürlich ein Hang zur Psychologie.

Wie im dritten Kapitel ausgeführt, entwickeln sich Selbstkonzepte im allgemeinen durch eine Reihe von Identifizierungen letztlich zum Bewußtsein der Einheit hin, in dem schließlich jedes getrennte Selbstgefühl transzendiert wird. In der Sprache des Buddhismus entsteht diese Einheit »aus dem tiefen Wissen, daß die Anschauung ›Ich‹ und ›Nicht-Ich‹, Eigenes und Fremdes auf der Täuschung des Oberflächenbewußtseins beruht.«[37] Demnach scheint jede Landkarte relativ real zu sein, da sie innerhalb der Illusion zu dem Zweck existiert, den Suchenden zu Befreiung oder Erleuchtung zu geleiten.

Lee Hixon schrieb in einer ausdrucksvollen Erörterung dieses Prozesses:

Erleuchtung ist keine isolierte Errungenschaft uralter oder legendärer Weiser, sondern ein Prozeß, der die Angehörigen jeder Kultur mit seiner Blüte überzieht, ein Prozeß, bei dem unser Bewußtsein allmählich für seine eigene innere Natur transparent wird…

Wer nach Erleuchtung sucht, muß das Bewußtsein so genau beobachten, wie ein Eskimo die Schneeverhältnisse.[38]

Sobald die Aufmerksamkeit nach innen gerichtet wird, um das Bewußtsein zu beobachten, wird sogar der Beobachter zu einem Objekt der Aufmerksamkeit. Wenn die Bewußtheit immer feiner und subtiler wird, entsteht eine Frage: »Gibt es einen Beobachter, oder gibt es nur den Vorgang des Beobachtens?«

Folgt man der buddhistischen Philosophie, so gibt es keine permanente, unveränderliche Einheit, die man als abgetrenntes Selbst ansehen könnte. Bewußtsein existiert nicht unabhängig von den Bedingungen, aus denen es entsteht.[39] Daher sind alle Selbstkonzepte gleich illusorisch. Es wird jedoch zwischen dem diskursiven, denkenden Geist und dem intuitiven Geist, der seine Universalität kennt, unterschieden. Diese Bewußtheit kann man in der Meditation erfahren, »wenn der urteilende Geist (das Bewußtsein) zur Ruhe gekommen, der Geist der Intuition (das Unbewußte) befreit ist und sich mit dem universellen Geist identifiziert.«[40] D.T. Suzuki sagt:

Das Ich oder Selbst, das sich unserem rationalistischen Zugriff fortwährend entzog, wird schließlich eingeholt von der *prajna*-Intuition, die nichts anderes als das Selbst ist... die Ichlosigkeit der Dinge kann wirklich erst begriffen werden, wenn man sie (die Dinge) mit dem Auge der *prajna*- Intuition sieht.[41]

In diesem Zusammenhang steht Intuition für die Fähigkeit zu wissen, die den spirituellen Bereich zu ihrem Gegenstand hat. Prajna wird als transzendentale Weisheit definiert.

Zehn Stadien der Erleuchtung

Die Ochsenbilder[42] korrespondieren mit zehn Stadien oder »Jahreszeiten der Erleuchtung«.[43] Zu Beginn streift das Rind, das die innere Natur des Bewußtseins symbolisiert, wild durch die Regenwälder.

1. Das Rind suchen

Das erste Ochsenbild bezeichnet den Anfang des inneren Bogens oder des spirituellen Wegs. Der Mensch hat die Erleuchtung als Möglichkeit erkannt und macht sich jetzt auf, sie zu suchen. Da er gemerkt hat, daß die äußere Welt ihm nie anhaltende Befriedigung geben wird, wendet der Suchende seine Aufmerksamkeit dem Bewußtsein zu. An diesem Punkt wird er leicht durch ein Labyrinth von Wegen verwirrt, die angeblich alle zur Befreiung führen. Jeder Pfad scheint zu sagen: »Folge mir, wenn du dich selbst finden, frei von Leiden sein und die Erleuchtung erlangen willst.« Wenn weltliche Verlangen durch spirituelle Bestrebungen abgelöst werden, geht mit dieser Veränderung der Werte oft ein Gefühl von Aufregung und Hochstimmung einher.

In diesem Stadium kann die Begeisterung für den Prozeß des Suchens das Ziel der Suche verdecken. Der Suchende ist sich dessen nicht bewußt, daß alle Suche auf einer dualistischen Sicht der Trennung von Subjekt und Objekt beruht, die schließlich transzendiert werden muß. Man kann seine wahre Natur nicht finden, und die Suche danach führt unausweichlich zu Desillusionierung und Enttäuschung. Der Suchende trifft daher am Anfang auf Widersprüche und Verwirrung. Obwohl keiner der Wege irgendwohin führt, muß der Suchende dennoch die Reise damit beginnen, daß er sich für einen Weg entscheidet und in irgendeiner Weise zu üben beginnt.

Die ersten Bemühungen um spirituelle Entwicklung beinhalten daher eine Art äußeren Suchens. Wenn die gewöhnlichen Ich-Ziele einem nicht mehr wichtig erscheinen, neigt man vielleicht dazu, Befriedigung aus spirituellen Bestrebungen zu ziehen. Das Nachdenken über die vergängliche Natur des Seins kann dem Wunsch nach bedeutungsvolleren Zielen im Leben Dringlichkeit verleihen. Vielleicht beginnt man daher, Annahmen zu überprüfen und etwas über das Bewußtsein lernen zu wollen. Für manche beginnt die Suche mit Lesen, für andere mit Meditation oder einer spirituellen Ausbildung. Manche suchen einen Lehrer, der Anleitung und Führung in unvertrauten Bereichen geben kann. Andere versuchen es mit Analyse oder einer anderen Form der Psychotherapie, durch die sie ein tieferes Verständnis ihrer selbst erlangen wollen. Wie auch immer, die Reise beginnt mit der Suche nach einem Ziel, das man sich in der Zukunft vorstellt.

Heutzutage ist es für einen Suchenden nicht unüblich, viele Wege auszuprobieren. Seit das Sammeln spiritueller Erfahrungen so verbreitet ist, gibt es das Schlagwort des spirituellen Materialismus.[44] Die Menschen auf der Suche nach spiritueller Erneuerung sind nicht frei von elitärem Denken. Viele, die sich auf die spirituelle Suche machen, meinen von sich selbst, sie strebten das höchste Ziel an und ihre Arbeit sei es als einzige wert, getan zu werden. Manchmal verachten sie sogar die, die einem anderen Pfad folgen, und trennen sich von anderen, von denen sie meinen, daß sie schliefen oder sich dieser Dimension von Erfahrung nicht bewußt seien.

2. Die Spuren finden

Das zweite Ochsenbild stellt den Suchenden dar, der sich mit den Lehren der Weisheit auseinanderzusetzen begonnen hat – in diesem Fall mit dem Buddhismus. Dieses Stadium der Suche schließt intellektuelles Wissen mit ein. Der Suchende wird zu einem ernsthaften Schüler und ist vielleicht überzeugt, den richtigen Pfad gefunden zu haben.

Es ist für den Buddhismus nicht typisch, um Anhänger zu werben, aber es gibt überall Schüler, die sich selbst dadurch zu bestärken suchen, daß sie andere davon überzeugen, ihr Weg sei der richtige. Anderen die Gültigkeit des eigenen Standpunktes nahezubringen kann starken Einfluß auf das eigene Denken haben. Man lernt im allgemeinen das, was man zu lehren versucht. Neue Schüler erhalten daher oft schon frühzeitig die Aufgabe, Anhänger für eine spirituelle Gruppe zu werben. Das dient als Mittel, den Glauben zu stärken und Zweifel zu zerstreuen. Dieses Stadium, in dem spirituelle Anliegen offen gezeigt werden und in dem man andere vom Wert der eigenen Bemühungen zu überzeugen versucht, ist nicht notwendigerweise tadelnswert. Ideen mit anderen zu erproben und Überzeugungen zu diskutieren, ist ein wesentlicher Teil des Lernens auf dem spirituellen Pfad. Einwände lassen sich dagegen erst dann erheben, wenn jemand selbstgerecht und dogmatisch wird.

Aus dem Suchenden wird in diesem Stadium einer, der findet. Aber er hat noch nicht begriffen, daß die Spuren nirgendwohin führen. Von den Spuren sagt man, sie stünden für die Weisheitslehren, daß alle Erscheinungen das Licht des einen Geistes sind. Alles wird als Manifestation dieser einen schwer faßbaren Quelle betrachtet, aber die Illusion der Dualität besteht sowohl im Suchen wie im Finden weiter.[45]

In psychologischen Begriffen kann dieses Stadium als Beginn der Auflösung der Identifizierung mit dem Ich bezeichnet werden, der mit der ersten Bewußtheit des transpersonalen *Selbst* zusammenfällt. Durch besondere, von einem Lehrer auferlegte Bedingungen kann der Loslösungsprozeß von einem unabhängigen, selbstgenügsamen, existentiellen Selbstkonzept stattfinden. Wilber merkt an, daß man die Verbindung zu einem Guru und einer traditionellen Überlieferung sucht, wenn das subtile Selbst sich von Körper und Geist zu lösen beginnt.[46] Man erkennt die Möglichkeiten der Erleuchtung und Befreiung, aber man kann sie noch nicht verwirklichen, und der Wunsch nach Einheit bindet den Schüler noch fester an die spirituellen Übungen.

3. Der erste Anblick des Ochsen

Das dritte Ochsenbild steht für eine Verschiebung der Aufmerksamkeit von den esoterischen Lehren zur direkten Erfahrung. Die Quelle, so stellt man fest, ist in alltäglichen Klängen und Handlungen und in den sechs Sinnen gegenwärtig. Aus dem Schüler ist in diesem Stadium ein Praktizierender geworden, dessen Bewußtsein erleuchtet ist. Er sucht keine Spuren mehr, er folgt keinen Spuren mehr. Er weiß, daß das Rind alle Wege ist, wie auch der Suchende und der Wald selbst. Dies ist ein Stadium der Einsicht, das weiterer Schulung bedarf, um sich zu festigen. Man hat zwar einen Blick auf die Erleuchtung erhascht, aber es ist weitere Arbeit vonnöten, um sie zu einem anhaltenden Licht werden zu lassen.[47]

In diesem Stadium taucht manchmal Angst auf, die zunächst auf der Furcht vor dem Verlust des Selbst beruht. Wilber weist darauf hin, daß das Auslöschen des Selbst durch Licht oder Glückseligkeit nicht das gleiche ist, wie sich mit dem Licht zu identifizieren oder von ihm wieder aufgenommen zu werden. Ist diese Furcht überwunden, kann die Angst, das Licht oder den Zugang zu ihm wieder zu verlieren, immer noch die weitere Entwicklung behindern.[48] Der dritte Zen-Patriarch warnt: »Schon wenn man der Vorstellung der Erleuchtung verhaftet ist, ist man auf dem Irrweg.«[49] Die dunkle Nacht der Seele droht auch noch den Praktizierenden, der einen Blick auf die wahre Natur des einen Geistes erhascht hat, zu verschlingen. Verzweiflung und Depressionen können sogar noch viel überwältigender sein, wenn man zuvor das Licht der höheren Bewußtseinszustände erfahren hat. Trennung und Entfremdung können noch unerträglicher erscheinen, wenn man die Möglichkeit der Transzendenz nicht nur intellektuell kennt, sondern durch direkte Erfahrung. In diesem Stadium kann schmerzhaft deutlich werden, wie vergeblich weiteres Suchen und Streben sind.

4. Den Ochsen einfangen

Im vierten Bild ist das Rind störrisch, zügellos und voll wilder Stärke. Der Praktizierende muß in jedem Aspekt des Lebens Selbstdisziplin üben. Das Freisetzen von Energie kann in dieser Phase sowohl kreativ wie destruktiv sein. Nun ist Beherrschung vonnöten, und der Praktizierende wird angewiesen, Wahrhaftigkeit, Mitgefühl und Gewaltlosigkeit zu üben.[50]

Auf die Psychologie übertragen kann dies als die Notwendigkeit verstanden werden, die spirituelle Schulung mit dem Alltagsleben in Einklang zu bringen und zu lernen, die spirituelle Einsicht unter allen Bedingungen aufrechtzuerhalten. Wenn man aus spirituellem Ehrgeiz heraus zu sehr drängt, tauchen Probleme auf. Der Praktizierende kann sich selbst von archetypischen Energien überwältigt fühlen. Wird beispielsweise bei jemandem, der darauf nicht vorbereitet ist, die Kundalini-Energie geweckt, können daraus schwere Störungen erwachsen. In diesem Stadium liegt eine weitere Gefahr in der Überheblichkeit, die der ichhaften Identifizierung mit dem feinstofflichen transpersonalen *Selbst* entstammt. Da dies ein ungewöhnlich hochrangiges Selbst ist, wird es leicht mit Atman oder dem letztendlichen Erwachen verwechselt.[51]

Eine solche Verzerrung wird bei manchen Anführern religiöser Kulte deutlich, die übersinnliche Kräfte demonstrieren, aber zugleich auf ichbezogene und selbstdienliche Weise handeln. Jeder, der offen von sich sagt, er sei erleuchtet, befindet sich wahrscheinlich in diesem Stadium, denn dieser Tradition zufolge legen wahrhaft erleuchtete Weise keinen Wert darauf, etwas Besonderes zu sein. Auch der Anspruch auf esoterisches Wissen, zwanghaftes Verlangen nach Gehorsam seitens der Anhänger und die Manipulation anderer durch Angst können auf den Mißbrauch von Kräften hinweisen, die man in diesem Stadium der Entwicklung erlangt hat. Aus Sicht der jungianischen Psychologie besteht hier die Gefahr der Ich-Inflation, die von einer mangelnden Transzendenz des Ich zeugen würde. Diese Inflation betrifft häufig auch andere Menschen. Es herrscht kein Mangel an Suchenden, die sich überreden lassen, solchen Möchtegerngurus zu folgen, um diese subtilen Bewußtseinsebenen zu erreichen, die deutlich ihre eigenen transzendieren. Die Disidentifizierung kann in diesem Stadium schwierig sein, da man das Verhaftetsein an Glückseligkeit und Licht loslassen muß, wenn man zum nächsten Stadium der Erleuchtung gelangen will.[52]

5. Den Ochsen zähmen
Das fünfte Bild steht für ein Stadium fortgeschrittenen Übens, in dem man eine mühelose Freundschaft mit der eigenen wahren Natur aufgebaut hat. Der Praktizierende läßt alle Schulungen aus früheren Stadien los. Sogar die Unterscheidungen zwischen Wahrheit und Illusion werden transzendiert. Zwischen dem spirituellen und dem gewöhnlichen Leben zu unterscheiden hat keinen Nutzen mehr, und man freundet sich mit den Begrenzungen des Ich an. Der Ochse wird zum freien Begleiter, und die Bewegung ist ausgeglichen.[53]

Praktizierende, die erfolgreich die Erfahrungen des subtilen transpersonalen *Selbst* integriert haben, sind in diesem Stadium angekommen. Gesunde Entwicklung zeigt sich darin, daß man den Anspruch, etwas Besonderes zu sein, aufgibt und daß Spiritualität sanft in jede Facette des Seins einströmt. Aus der intuitiv aufblitzenden Einsicht ist eine anhaltendes Bewußtheit der Natur des Seins geworden. Irgendeiner Bewußtseinsstufe anzuhaften, hat an Anziehungskraft verloren. Das erreichen diejenigen, die die unteren subtilen Bereiche gemeistert haben, ohne sich von der Entwicklung übersinnlicher Fähigkeiten ablenken zu lassen. Das Bewußtsein hat sich völlig vom gewöhnlichen denkenden Geist differenziert und wird daher der Große Geist[54] oder Über-Geist[55] genannt, da es mentale Formen transzendiert und unmittelbar sein Einssein mit dem erfaßt, was noch vor dem Geist ist.

6. Den Ochsen nach Hause reiten

Dieses Bild zeigt den Weisen, der bequem auf dem Rind reitet. »Der Kampf ist vorbei, ›Gewinn‹ und ›Verlust‹ berühren ihn nicht mehr.« In diesem Stadium strahlt der Weise Erleuchtung aus, und seine Handlungen sind von Einfachhheit, Natürlichkeit, Spontaneität und Gelassenheit geprägt. Der Weise verschmilzt mit dem gewöhnlichen Fluß des Lebens, aber die subtile Illlusion des Ochsen als einer getrennten Einheit bleibt bestehen.[56]

Dieses Stadium entspricht dem Reich des hohen Feinstofflichen in Wilbers Landkarte der transpersonalen Entwicklung. Es ist der Bereich der hohen religiösen Intuition und Eingebung, der symbolischen Vision, der höheren Präsenz und Dhyani-Buddhas. Sie alle sind höhere archetypische Formen des *Selbst*, die anfänglich als »anders« auftauchen.[57] Solche Phänomene werden in der buddhistischen Tradition weder gesucht noch diskutiert, da sie als Ablenkung von höheren Zielen betrachtet werden. Sie werden jedoch als charakteristisch für ein bestimmtes Stadium der Reise angesehen. Um die Allgemeingültigkeit dieser Erscheinungen zu wissen ist ebenfalls nützlich zur Unterscheidung zwischen gesunder transpersonaler Entwicklung und pathologischen Symptomen, die sich als Spiritualität maskieren.

7. Der Ochse ist vergessen, das Selbst allein

Im siebten Bild sind die zwei eins geworden. Der Suchende ist wieder zu Hause. Der Weise betrachtet das *Selbst* nun als den vollen Ausdruck der wahren Natur und braucht keine Begriffe oder Übungen mehr. Er genießt die Einsamkeit und die Gelassenheit, während alle Unterscheidungen aufgehoben sind.[58]

Auf dem Gipfel der hohen feinstofflichen Bereiche transpersonaler Entwicklung wird die Seele eins mit dem Göttlichen. Sie löst sich in diesem Göttlichen auf, von dem sie die ganze Zeit eine Ausdrucksform war. Dies ist der Archetypus des höchsten *Selbst*. Jetzt gibt es keine Dualität mehr. Die zwei sind eins. Dies ist die abschließende Integration des feinstofflichen Reichs und die Identifizierung mit dem transpersonalen *Selbst*. In diesem Stadium hat man alle Bindungen oder Wünsche losgelassen, man befaßt sich nicht mehr mit der Welt. Man ist einfach.

8. Ochse und Selbst sind vergessen

Das achte Bild der Reihe, ein offener Kreis, wird mit *dharmakaya* verbunden, dem Reich des Kausalen, in dem das Bewußtsein sich an seine frühere Einheit als Nicht-Ding erinnert. Im *dharmakaya* gibt es keine Theorien und niemanden, der sie aufstellt. Die illusionären Grenzen haben sich aufgelöst, und ein tiefer Zustand der Leere öffnet sich zur Fülle des Lebens.[59] Die Vorstellung von Erleuchtung selbst wird transzendiert. Das individuelle Bewußtsein verschwindet dahin, wo es ursprünglich herkam. Wilber betont, daß dies nicht als ein Verlust an Bewußtsein ausgelegt werden darf, sondern als eine Intensivierung auf der kausalen Ebene. Auf dieser Ebene ist Form Leere, ist Leere Form. Diese Erkenntnis könnte man als ein Ziel buddhistischer Praxis bezeichnen. Die üblichen Vorstellungen von Nirwana, Aufhebung und Auslöschung des getrennten Selbstgefühls, werden im allgemeinen mit

Nichts oder Leere in Verbindung gebracht. Manche Leute glauben daher, der Buddhismus sei gegen das Leben eingestellt oder eskapistisch.

Wenn auch eine oberflächliche Lektüre der Lehren zu dieser Deutung führen kann, läßt uns diese Wegbeschreibung hier nicht stehen. Der Mahayana- Buddhismus, wie er hier vorgestellt wird, verweist auf das nächste Bild, das der Erneuerung.

9. Rückkehr zum Ursprung
Im neunten Ochsenbild nimmt die formlose Bewußtheit wieder Gestalt an, ohne ihre Formlosigkeit zu verlieren. Die Form mußte sich in Leere auflösen, bevor sie zum Ursprung werden konnte. Nun schmilzt die Leere und wird zum Quell. Es gibt keine Notwendigkeit des Strebens. Man sieht, daß sich alles unablässig verändert.[60] Der Prozeß der Schöpfung ist immer in Bewegung, taucht auf und verschwindet, von einem Moment zum nächsten.

Ist die Entwicklung vollendet, wird die Involution sichtbar. Aus der Leere des undifferenzierten Potentials entfalten sich die Wohltaten der Schöpfung. Das eingefaltete Potential des Bewußtseins, das die evolutionäre Reise beendet hat, wird hier in seiner Erscheinungsform als transpersonales Einssein verwirklicht.[61] Das *Selbst* als Nichts (engl. *nothing = no thing*, also: Kein-Ding) wird zu Allem (engl. *everything*, also: alle Dinge, Anm.d.Übers.).

10. Den Marktplatz mit helfenden Händen betreten

Das zehnte Ochsenbild löscht sowohl Einssein wie Zweisein aus. Hier wird der Weise so dargestellt, daß er als Bodhisattva zum Alltagsleben der Menschen zurückkehrt, als einer, der die persönliche Befreiung zurückstellt, um anderen zu helfen. Die geöffneten Hände stehen für vollkommene Leere, und es wird kein Versuch unternommen, früheren Weisen zu folgen. Der Erleuchtete manifestiert fröhlich die Erleuchtung und folgt keinem Pfad. Er ist voller Lebensenergie und mitfühlender Liebe, und »selbst die Klügsten können ihn nicht finden«. Der Weise ist über den Pfad hinausgegangen und nun vollkommen zur menschlichen Welt zurückgekehrt. Dies legt nahe, daß der Weise allem Anschein nach ganz gewöhnlich, nicht von anderen zu unterscheiden ist, aber in allem nur von selbstlosem Dienen motiviert ist. In unserer heutigen Gesellschaft könnte jede oder jeder dieser Weise sein.

Der Bodhisattva, der gutgelaunt und mit helfenden Händen in die Welt zurückkommt, überträgt die Erleuchtung auf andere. »Wenn sie so wahrgenommen werden, daß sie im Innersten Buddhas sind... werden alle menschlichen Wesen auf dem Marktplatz des Verlangens schnell zum Erblühen gebracht.«[62] Die ganze Serie der zehn Bilder schließlich stellt *svabhavikakaya* dar,[63] das Reich absoluten Seins, das den Prozeß des Werdens miteinschließt. Mit Wilbers Worten: »Die Entwicklung geht einfach weiter, bis es nur Einheit gibt, und die Seele in der Quelle und dem So-Sein gründet, die [den Sinn] der ganzen Abfolge bilden.«[64] Die Reise ist da zu einem Ende gekommen, wo sie begonnen hat. Es ist eine Reise ohne Entfernung zu einem Ziel, das sich nie verändert hat, aber ihre Auswirkungen werden universell anerkannt. »Und das Ende all unseres Kundschaftens«, sagt T.S.Eliot, »wird es sein, am Ausgangspunkt anzukommen und den Ort zum erstenmal zu erkennen.«[65] Wahre Meisterschaft ist unsichtbar, aber ihre Gegenwart kann man erfahren und erspüren. Der Erleuchtete ist allem Anschein nach vollkommen gewöhnlich, aber er ist erwacht und sich der inneren transpersonalen Natur aller Geschöpfe bewußt. Das Leben kann dann zu einem leichtherzigen Tanz selbstlosen Dienens werden – nicht im Sinne von Leiden und Opfer, sondern in der Freude und Freiheit des Absoluten.

Schlußfolgerung

Worte oder Bilder, die den spirituellen Pfad beschreiben, können uns nur an die Schwelle der Erfahrung bringen. Sie tun nicht mehr, als uns den Weg zur Erleuchtung in der Nicht-Dualität aufzuzeigen. Da Worte zum mentalen Reich der Logik und des Diskurses gehören, können sie auf Transzendenz nur hinweisen. Sie können nie ein Ersatz für direkte Erfahrung sein. Jede Ausführung darüber ist daher notwendigerweise begrenzt und unvollständig. Ganzheit setzt jedoch die Vertrautheit mit allen Stadien der Entwicklung voraus.
Betrachtet man die Stadien der Reise, die man schon intuitiv erfassen kann, lange bevor man sie vollendet hat, kann man leicht den Fehler machen zu glauben, man verstünde den Prozeß auch ohne ihn wirklich zu erleben. Das ichhafte Selbst ist mehr als bereit, eine Deutung zu finden, die ohne die Forderungen anstrengender Übung auskommt. Wenn man sich des riesigen Bereichs der potentiellen Entwicklung über das Ich hinaus bewußt wird, schätzt man den damit zusammenhängenden Prozeß höher ein und beginnt vielleicht, diesen Bereich durch Erfahrungen zu erforschen. In der Praxis löst sich der offensicht-

liche Widerspruch zwischen der buddhistischen Lehre des Nicht-Selbst und dem Begriff eines transpersonalen *Selbst* leicht auf, wenn man beide im Rahmen der Ganzheit sieht.

Erfahrungsübung

Sitzmeditation

Meditation ist vermutlich der direkteste Zugang zum Erfahrungslernen auf dem spirituellen Pfad. Es gibt viele Arten zu üben. Eine Form der Zen-Übung ist einfach. Man nimmt die traditionelle buddhistische Meditationshaltung mit übereinandergeschlagenen Beinen im Lotos- oder Halb-Lotos-Sitz ein: rechter Fuß auf dem linken Oberschenkel, linker Fuß auf dem rechten Oberschenkel. Halte das Rückgrat gerade. Laß die Hände auf den Fersen ruhen. Die linke Hand liegt leicht auf der rechten. Die Mittelglieder der Mittelfinger bilden gemeinsam mit den Daumen, die sich leicht berühren, ein Oval. Die Augen richten sich sanft auf einen Punkt am Boden in etwa einem Meter Entfernung aus oder auf eine nackte Wand. Man kann diese Haltung einnehmen und einfach sitzen. Dabei sollte man still, aufmerksam und entspannt bleiben. *Die Zen-Lehren des Huang-Po* empfehlen:

Wenn Ihr Geist-Beherrschung übt, so sitzt in der richtigen Haltung. Verhaltet Euch vollkommen still, und laßt nicht zu, daß Ihr durch die geringste Bewegung des Geistes gestört werdet.[66]

Diese einfache Übung ist als der gerade, schmale Pfad beschrieben worden, der zur unmittelbaren Erfahrung des Nicht-Selbst führen kann. Dazu sagt Shunryu Suzuki:

Erleuchtung ist nicht irgend ein gutes Gefühl oder ein besonderer Geisteszustand. Der Geisteszustand, der gegeben ist, wenn Ihr in der rechten Haltung sitzt, ist als solcher Erleuchtung. Wenn Ihr beim Zazen nicht zufrieden seid mit Euch, bedeutet dies, daß Euer Geist immer noch herumwandert. Körper und Geist sollten nicht herumschwanken oder herumwandern. In der Haltung des Zazen ist es nicht notwendig, über den rechten Geisteszustand zu sprechen. Ihr habt ihn schon. Dies ist die Folgerung des Buddhismus.[67]

144

7 Führung auf dem Weg

Der Weg ist noch nicht das Ziel, und der Weltgeist erreicht das
Ziel nicht, wenn er nicht auf dem Weg wandert.

Hegel[1]

Wer versteht, wie wichtig es ist, wirklich auf dem spirituellen Pfad zu
gehen, statt nur ein Beobachter zu bleiben, wird sich früher oder später
für einen Weg und einen Lehrer entscheiden. Wie kann man einen
angemessenen Weg wählen? Wie erkennt man einen Lehrer? Nach
welchen Kriterien sollte man unterscheiden? In diesem Kapitel werden
wir auf einige dieser Fragen näher eingehen, um die zur Verfügung
stehenden Alternativen deutlicher zu sehen. Dann werden wir einige
der Charakteristika spiritueller Meisterschaft und die Faktoren betrachten, die man berücksichtigen muß, wenn man Entscheidungen trifft.

Einen Weg wählen

Jede Ebene des Bewußtseins – die körperliche, die emotionale, die
mentale, die existentielle und die transpersonale – bietet bestimmte
Herangehensweisen an Selbsterkenntnis und den spirituellen Pfad. Jede hat ihre besonderen Anforderungen, Entwicklungsstadien und
Kennzeichen der Meisterschaft. Jede setzt den Schwerpunkt in bezug
auf das, was es zu erreichen oder verwirklichen gilt, anders.

1. Körperlich

Hatha-Yoga ist ein weithin bekanntes Beispiel für einen Weg, der damit beginnt, daß man den Körper übt. Karma-Yoga, das Yoga der
Arbeit, ist ebenfalls ein Weg, der auf das körperliche Handeln in der
Welt ausgerichtet ist. Die römisch-katholische Theologie der Befreiung, die so stark das soziale Handeln betont, ist ein weiteres Beispiel
dafür. In jedem Fall ist strenge Disziplin nötig, um auf dieser Art von
Pfad Fortschritte zu machen. Jeder körperliche Weg, jeder, der es erfordert, daß man die Bewußtseinsebenen meistert, die mit den ersten
drei Chakras assoziiert werden, erfordert Stärke, Ausdauer und persönliche Kraft. Wie man mit dieser Kraft umgeht, kann als Hinweis dafür
dienen, wie man auf einem Weg vorankommt, der auf konkrete physi-

sche Leistungen abzielt. Meisterschaft zeigt sich in Selbstdisziplin und wirksamem Handeln. Angestrebt werden zumeist konkrete, sichtbare Fertigkeiten, die man anfassen und messen kann.

Persönliche Meisterschaft auf der körperlichen Ebene kann sich auch als Reichtum, Macht und Einfluß in der Welt zeigen. Das archetypische Bild eines Menschen auf einem körperlich orientierten Weg ist das des Helden oder Kriegers. Gold, Juwelen oder Schätze gelten dabei als Wertsymbole. Meister, die emotional, mental und spirituell entwickelt sind, können einen wesentlichen Beitrag zur Gesellschaft leisten. Das Dienen ist der vorherrschende Ausdruck der *Selbst*-Bewußtheit auf diesem Weg. Diejenigen, die einen körperlichen Weg meistern, wissen, daß das, was sie in der Welt haben wollen, erlangt werden kann. Insofern den Körper zu schulen, auch den Geist zu schulen heißt, können diese Menschen auch zusätzlich solche Werte wie inneren Frieden, liebende Güte und unterscheidende Weisheit erlangen. Dies sind Geschenke des absoluten GEISTES, die Belohnungen für Übung, Vertrauen und Hingabe auf jedem Weg.

2. Emotional

Ein typisches Beispiel für den emotionalen Pfad ist das Bhakti-Yoga, das Yoga der Hingabe, der Weg der Liebe. Im Osten wird das Christentum oft als ein Bhakti-Weg angesehen, da es lehrt, daß Gott Liebe ist, und daß die Menschen lernen müssen, einander zu lieben, ihren Nächsten so zu lieben wie sich selbst. Das Leben Jesu steht als Beispiel für einen Menschen, für den dieser Pfad ein Weg zur Transzendenz war.

Jeder Pfad des Herzens ist ein emotionaler Pfad, der zum Bereich des vierten Chakras gehört. Er wird durch Symbole der Vereinigung dargestellt, wie durch den Abendmahlskelch oder den heiligen Gral. Diese Art von Pfad betont die Wichtigkeit von Beziehungen. *Selbst*-Bewußtheit drückt sich in Hingabe aus. Das archetypische Bild eines Menschen auf diesem Pfad ist der Heiler. Meisterschaft auf diesem Pfad zeigt sich in Mitgefühl und der Fähigkeit zu heilen. Liebe ist die heilende Kraft par excellence. Einige Therapeuten und Friedensarbeiter sind auf diesem Pfad. Aber solche Arbeit zu tun heißt nicht notwendigerweise zugleich, daß man bewußt auf einem spirituellen Pfad ist.

3. Mental

Der Pfad des Jnana-Yoga, das den geschickten Gebrauch des Intellekts betont, ist ein gutes Beispiel für einen mentalen Pfad, der strikte mentale Disziplin erfordert. Ein mentaler Pfad wird vorwiegend mit dem Hals-Chakra in Verbindung gebracht, aber im Idealfall schließt er auch alle anderen Ebenen mit ein. Meisterschaft kann sich auf dieser Ebene in Gelehrtheit und kreativem Denken äußern. Ein Symbol für diesen Pfad ist das Schwert des unterscheidenden Wissens. Auf dieser Art von Pfad ist die Aufmerksamkeit darauf ausgerichtet, den Geist zu kontrollieren und Erfahrung auf der Ebene des Denkens zu schaffen.

Auf diesem Pfad können Ideologien und Kosmologien entstehen. Mönche, Gelehrte oder Menschen mit politischem Einfluß können auf diese Weise zu Meisterschaft gelangen – diejenigen, die die Geschichte durch Ideen beeinflussen, die das menschliche Schicksal prägen, beispielsweise Plato, Hegel oder Marx. Selbst heute noch werden Kriege im Dienst von Ideologien abgesegnet. Der Archetypus dieses Wegs ist der Philosophenkönig, der mit Einsicht und Weisheit regiert. Wer auf diesem Weg zur Meisterschaft gelangen will, muß zwar den rationalen Geist trainieren, aber intellektuelle Meisterschaft allein ist noch kein Hinweis auf spirituelle Erleuchtung. Der Buddha repräsentiert spirituelle Verwirklichung durch Meisterschaft und Erleuchtung des Geistes.

4. Existentiell
Der existentielle Pfad ist einer des Verstandes und der Integration von Geist und Körper. Die Hingabe an die körperliche, emotionale und intellektuelle Ehrlichkeit geht mit einer Bereitschaft einher, sich der Absurdität des Seins und dem Sein in dieser Welt, so wie sie ist, zu stellen. Auf dieser Ebene sieht man es so, daß alle Wege nirgendwohin führen. Eine existentielle Position ist eine, die sich nicht von den illusionären Konstrukten von Realität verführen läßt, die auf menschliche Schwächen und den Wunsch nach Bedeutung und Unsterblichkeit abzielen. Dies ist eine *via negativa*, die nichts bejaht und die Möglichkeit der Transzendenz leugnet. Am besten wird sie vielleicht durch den Turmbau zu Babel dargestellt oder durch ein Bild der Destrukturierung, das alle Annahmen oder Befreiungsversuche von Glaubenssätzen, die die Illusion aufrechterhalten, in Frage stellt.

Meisterschaft auf dieser Ebene zeigt sich als Freiheit und Verantwortlichkeit. Geschätzt werden der Mut zu sein und der Mut, trotz Angst zu erschaffen.[2] Es ist ein Pfad des Ringens und ein Pfad ohne Hoffnung. Es ist die Hingabe daran, keine Hingabe zu haben, und die Bereitschaft, sich voll ins Leben zu begeben, obwohl man glaubt, daß es eine Sackgasse ist.

Dieser Zugang kann vielleicht nur dann als spiritueller Weg bezeichnet werden, wenn der atheistische Existentialismus transzendiert und Hingabe an die Spiritualität oder Gott als der letztendliche Ausdruck von Freiheit gewählt wird (wie beispielsweise bei Gabriel Marcel).[3] Aber soweit es sich um eine echte Suche nach der Wahrheit handelt, kann der Existentialismus als *via negativa*, als Weg der Verneinung bezeichnet werden. Er reißt die Illusionen fort, die uns daran hindern, uns der Wahrheit zu stellen.

5. Transpersonal

Die Wege, bei denen es auf Intuition ankommt, werden meist transpersonal genannt. Beispiele für diesen Typus sind das Sahaj- Yoga und der Schamanismus. Ein Schamane scheint übernatürliche Kräfte zu haben, die die Raum/Zeit-Begrenzungen transzendieren und negative Einflüsse in positive Möglichkeiten transformieren können. Intuition wird manchmal, wie im Tarot, durch einen Stab als Symbol für die Transformation dargestellt. Als psychologische Funktion kann die Intuition Wahrheit erfassen, dem Formlosen Gestalt geben, sich an den Grenzen des Wissens bewegen und ein Vermittler bei unserer Beziehung zum Unbekannten sein.[4] Wenn wir die Beziehung zwischen Intuition und Kreativität verstehen, kann das die Bewußtheit für unseren eigenen Anteil an der Gestaltung der Erfahrungen auf dem spirituellen Pfad stärken.

Auf dieser Ebene zeigt sich Meisterschaft auf der feinstofflicheren Bewußtseinsebene, die mit dem sechsten Chakra in Verbindung gebracht wird. Die Intuition zu meistern schließt auch die Meisterschaft über das Traumbewußtsein ein, das heißt das Klarträumen und die Bewußtheit von Träumen in allen Zuständen. Meisterschaft auf diesem Weg setzt die Entwicklung des Übersinnlichen voraus. Sie erfordert einen Vertrauenssprung, der die Vernunft transzendiert, und zusätzlich das Wissen um die Gesetze, die diesen nicht-physischen Bereich feinstofflicher Energiebewußtheit steuern. Auf den intuitiven Wegen läßt sich ebenso wie auf den körperlichen Stärke durch Disziplin erreichen, aber diese Stärke zeigt deswegen noch nicht notwendigerweise spirituelle Verwirklichung oder *Selbst*-Bewußtheit an.

Jeder Pfad hat seine Lehr- und Lernmethoden, und die Menschen haben das Potential zur Meisterschaft auf jedem Weg, wenn auch ein Leben der Hingabe an einen Weg möglicherweise die anderen ausschließt. Wenn wir lernen, einschließend statt ausschließend zu denken, beginnen wir zu sehen, daß Ganzheit von Ausgeglichenheit und Bewußtheit aller Pfade abhängt.

Jeder Pfad kann ein Weg zu Transzendenz, Erleuchtung und *Selbst*-Verwirklichung sein. Wird er aber zum Selbstzweck, kann jeder Pfad auch zur Falle werden. Meisterschaft auf einem Pfad heißt noch nicht, daß der Meister ein Heiliger oder Weiser ist. Außerdem hat ein Weiser oder Heiliger nicht unbedingt die besonderen Kräfte erworben, die mit der Meisterschaft auf einem Wege verbunden sind. Dem erwachten Geist, der sich des *Selbst* als des absoluten GEISTES bewußt ist, kann irgendein Pfad, können alle Pfade ein Mittel sein, das *Selbst* zum Ausdruck zu bringen. Dem Suchenden, der das *Selbst* noch nicht als Quelle kennt, bietet jeder Weg Möglichkeiten zur *Selbst*-Entwicklung und zum Erwachen.

Wenn jemand Meisterschaft auf einem dieser Pfade zeigt, geht man oft zu Unrecht davon aus, er sei ein spirituell hochentwickelter Mensch, der auch die anderen Wege gemeistert habe. Es gibt zahllose Beispiele für Unausgewogenheit. Dem erfolgreichen Sportler, der es im körperlichen Bereich zu einer gewissen Meisterschaft gebracht hat, fehlt vielleicht die Verbindung zu seinen Gefühlen; die hingebungsvolle Mutter, die bewußt auf dem Pfad der Hingabe ist, ist vielleicht nicht in der Lage, ihre eigenen Entscheidungen zu treffen; der brillante Intellektuelle mit den hochentwickelten Geisteskräften ist vielleicht in seinen eigenen Vorstellungen so befangen, daß er kein Gespür mehr für andere Menschen hat; der Existentialist, der die organische Integration und den Mut entwickelt hat, im Angesicht des Todes zu leben, leugnet vielleicht seine eigenen Intuitionen der Transzendenz; der Intuitive, der gut entwickelte übersinnliche Fähigkeiten hat, kann zugleich oberflächlich und ungeerdet sein. Diese Klischees zeigen einige der Probleme auf, die entstehen, wenn ein Aspekt der Entwicklung stark betont und andere dafür nicht berücksichtigt werden.

Jeder Pfad hat seine charakteristischen Stärken und Schwächen. Jeder bedingt eine bestimmte Form von Bereitschaft zur Hingabe und eine besondere Art von Disziplin. Wenn einem ein Pfad nicht vertraut ist, neigt man dazu, ihn zu idealisieren, zu fürchten oder für krankhaft zu erklären. So blickt ein Denker argwöhnisch auf jemanden, der sich hauptsächlich an Gefühlen oder Intuition orientiert, und der körperlich ausgerichtete, praktische Mensch verfällt bei der Begegnung mit einem Intuitiven dem Schrecken, der Ehrfurcht oder gar der Mystifizierung. Der Intuitive wiederum hat vielleicht Meisterschaft über die innere Welt erreicht und findet es dennoch schwierig, glaubwürdig zu sein oder es in der äußeren Welt zu etwas zu bringen. Auf jemanden, der es auf irgendeinem dieser Wege zu einer gewissen Meisterschaft gebracht hat, projiziert man leicht irrtümlich Weisheit. Der häufigste Fehler ist vielleicht der, spirituelle Verwirklichung auf einen Menschen zu projizieren, der einen bestimmten Grad intuitiver Meisterschaft oder übersinnliche Kräfte entwickelt hat. Aber Kraft ist auf keiner Ebene eine Garantie für moralisches Handeln oder spirituelle *Selbst*-Verwirklichung.

Fallgruben auf dem Weg

Alle Wege führen nirgendwo hin.
Carlos Castaneda[5]

Wahrheit ist ein Land ohne Wege.
Krishnamurti[6]

Zusätzlich zu der Problematik, sich ganz einem Pfad zu widmen und andere auszuschließen, hält jeder Weg noch seine eigenen Fallgruben für den unvorsichtigen Reisenden bereit. In jedem Fall kann das, was die besondere Tugend eines Pfades ausmacht, zugleich auch das sein, was daran schädlich ist.

Eine der Fallen auf dem körperlichen Weg ist beispielsweise die ausschließliche Identifizierung mit dem Körper. Manchmal gereicht die Suche nach körperlichem Wohlbefinden anderen Aspekten der Gesundheit zum Nachteil, wie etwa dann, wenn Diät oder Gewichtskontrolle zur fixen Idee werden. In sozialer Hinsicht könnte sich die übertriebene Sorge um das körperliche Wohlbefinden so äußern, daß man trotz eigenen Mißtrauens oder intuitiver Vorbehalte moralische Werte zugunsten von Geld oder Sicherheit aufgibt.

Das Ideal des selbstlosen Dienens als Ausdruck von spiritueller Bewußtheit kann leicht zu einer Art Selbstaufopferung und zu einem Märtyrer-Komplex werden, der Schuldgefühle hervorruft. Philanthropie als Dienst kann auch eine Möglichkeit sein, Befreiung von Schuldgefühlen zu erkaufen oder mangelndes Selbstwertgefühl zu kompensieren. Wer sich bewußt entscheidet, weniger Erfolgreiche auch materiell zu unterstützen, verfällt zudem oft dem Fehler, andere zu verurteilen, die sich nicht an den gleichen Werten orientieren.

Eine ähnliche Falle auf dem emotionalen Pfad zeigt sich am Beispiel des hingebungsvollen Christen, der sich vielleicht bewußt dem liebenden Dienen verschrieben hat, möglicherweise aber zugleich voller Schuldgefühle steckt und sie auch bei anderen weckt – selbst dann, wenn er offensichtlich Vergebung übt. Beim psychologisch gesunden Menschen heißt Vergeben, die Vergangenheit loszulassen und sich von Schuld zu lösen. Es heißt nicht, andere für schuldig und sich selber für tugendhaft zu erklären, weil man ihnen vergibt.

150

Ein Mensch auf dem emotionalen Pfad sollte auch die Fallgruben sehen, die selbstgewähltes Märtyrertum und falsche Unterwürfigkeit darstellen. Die Mutter, die immerzu ihrer Familie dient und sich nie etwas für sich selber gönnt, ist ein gutes Beispiel für dieses Problem. Wenn Hingabe zu Abhängigkeit wird, stellt der Gebende für das Objekt seiner Hingabe eher eine Belastung und Verantwortung als eine Bereicherung dar. Typischerweise laufen besonders hysterische Persönlichkeiten, die gern Anhänger von Kultführern sein wollen, Gefahr, neurotische Abhängigkeitsbedürfnisse auf diesem Weg zu verschlimmern. Der Anhänger ist bereit, alles, was der Lehrer oder Guru sagt, als Bibelweisheit zu akzeptieren. »Er ist in jedem Fall mein Guru, ob er recht hat oder nicht!« – damit läßt sich diese Falle genau beschreiben. Alle, die nicht zu der In-Gruppe der Anhänger gehören, werden dann schnell als minderwertig, unwissend oder unerleuchtet betrachtet. Die Trennung zwischen dem Selbst und dem Anderen wird dann durch eine gesellschaftlich abgesegnete Trennung zwischen »uns« und »den anderen« verstärkt.

Ein Jünger auf dem mentalen Weg, der Disziplin vielleicht höher bewertet als Hingabe, läuft größere Gefahr, ein Eiferer zu werden. Disziplin kann mitunter hart und kontrollierend werden. Wenn das geschieht, dann beschränkt sie sich meist nicht auf die eigene Person. Was für den einen als gut und richtig gilt, soll im allgemeinen auch für andere gelten und wird dann autokratisch verordnet. Zwanghafte Persönlichkeiten werden oft vom Jünger-Dasein angezogen und riskieren, ihre Neurose im Namen von Zucht, Vortrefflichkeit oder Läuterung noch zu verstärken. Die Möchtegernmeister auf diesem Pfad laufen Gefahr, in die Falle autoritärer Herrschaft zu gehen.

Der spirituelle Anwärter, der persönliche Befreiung und Erleuchtung durch Selbstdisziplin anstrebt, kann bereit sein, hart zu arbeiten, tappt aber leicht in die Falle, sich an dem, was er schon erreicht hat, oder an seinem spirituellen Fortschritt festzuklammern. Selbstkontrolle wird dann oft zu Selbstlob samt der »Ich bin heiliger als du«-Haltung, mit der diejenigen abgelehnt werden, die Befreiung lieber durch Gnade als durch Anstrengung suchen, das heißt die Menschen auf emotionalen Pfaden. Wenn man das Leben nur als Leiden sieht, kann das Verlangen nach Erlösung durch zusätzliches selbstauferlegtes Leiden noch größer werden. Dann erscheint jeder Ausweg wünschenswert, was dazu führt, daß der Wert des Erdenlebens geleugnet wird. Diese Falle begegnet den Praktizierenden, die den Zustand des Nicht-Seins idealisieren, wie es im Rahmen des Theravada-Buddhismus manchmal geschieht.

Wer einem Pfad folgt, der die Kräfte des Geistes betont, ist besonders anfällig dafür, den Schatten zu unterdrücken und unangenehme psychologische Züge zu leugnen. Auf mentalen Pfaden besteht die Gefahr, daß ein psychologisches Ungleichgewicht ignoriert oder sogar bestärkt wird, so daß es in der Folge auf störende Weise aufbricht. Dieses Problem kann man sowohl bei Gruppen beobachten, die die Kraft positiven Denkens betonen, wie bei solchen, die den Versuch machen, mentale Faktoren zu kontrollieren.

Für die Menschen auf einem intuitiven, transpersonalen Pfad kann die Betonung der Transzendenz des Verstandes zur Verherrlichung des Irrationalen führen. Und eine scheinbare Unterordnung unter eine höhere Führung kann zur Unterordnung unter gewöhnliche Impulse oder ichhafte Begierden werden. Der Vertrauenssprung, der notwendig ist, um über den Verstand hinauszugehen, kann zugleich eine Falle sein, wenn er bedingungslosen Gehorsam gegenüber Autoritäten nach sich zieht.

Der Schüler auf dem spirituellen Weg ist auch dafür anfällig, sich aufzublasen und sich spirituell für etwas Besonderes zu halten, wenn er übersinnliche Fähigkeiten erreicht hat. Mit diesen Kräften geht oft der Drang einher, sich in das Leben anderer einzumischen, sie zu verändern oder in eine Richtung zu beeinflussen, die »gut für sie ist«. Die Fallgruben der ungleichgewichtigen Errungenschaften in diesem Bereich, sind Thema verschiedener Lehrgeschichten, wie der des Zauberlehrlings, der in Schwierigkeiten kommt, weil er Kräfte heraufbeschworen hat, die er weder kontrollieren noch weise einsetzen kann.

Auf diesem speziellen Pfad kann auch die Sucht nach dem Rauschzustand entstehen, den die Bewußtheit feinstofflicher Energie mit sich bringt. Glückseligkeit schmeckt sehr verführerisch, und die Suche nach dem Verzücken feinstofflicher orgasmischer Erfahrungen wird leicht zum sich selbst überlistenden Selbstzweck. Die Anhänger des Kundalini-Yoga stolpern manchmal in genau diese Grube.

Die Abhängigkeit von ungewöhnlichen Erfahrungen gilt auf jedem Pfad als Falle, die als spiritueller Materialismus bezeichnet wird. Das unstillbare Verlangen nach Erfahrung, das, zu Recht oder zu Unrecht, besonders den Kaliforniern nachgesagt wird, die einen Pfad nach dem anderen ausprobieren, kann als Offenbarung von Unsicherheit, Realitätsflucht oder einfach von Gier betrachtet werden. Mit der Zeit wird deutlich, daß jede Erfahrung vergänglich ist und nie vollkommen erfüllend sein kann. Wahre spirituelle Entwicklung zeigt sich in der Art und Weise, in der man sein Leben lebt, und nicht darin, wie viele besondere Erfahrungen übersinnlicher oder anderer Art man nachweisen kann.

Ein weiterer potentieller Stolperstein auf jedem spirituellen Pfad ist der, daß man einen Bewußtseinszustand für besser oder erstrebenswerter hält als andere. Schon die Diskussion über Fallgruben oder Stolpersteine auf einem bestimmten Pfad weist auf Erwartungen hin, denen man vielleicht nicht gerecht werden kann. Fallgruben zu benennen setzt bestimmte Werte und Unterscheidungskriterien voraus. Die Fallgruben kann man auch hierarchisch definieren, da das, was auf einer Ebene als Fallgrube gilt, auf einer anderen vielleicht gar keine ist. In einigen kontemplativen Traditionen wird fast alles, was einem durch den Kopf geht, als Fallgrube betrachtet. Da kann schon allein die Beschäftigung mit den Fallgruben selber eine sein.

Im Zen-Buddhismus wird der Begriff der Fallgruben als Hindernis betrachtet, das die Illusion einer abgetrennten ichhaften Identität fortschreibt. Die entgegengesetzte Meinung, die sich in der Philosophie des »Alles ist möglich« ausdrückt, keine Sünde kennt und alles für Illusion hält, kann auch dazu dienen, Verhalten zu rechtfertigen, das dem persönlichen Wohlbefinden abträglich und außerdem nach allgemeiner Einschätzung unmoralisch und unethisch ist. Daher kann der Glaube, daß es keine Fallen gibt, seinerseits selbst eine Falle sein.

Jede Fallgrube beruht auf ichhafter Angst und Verlangen. Das abgetrennte ichhafte oder existentielle Selbst fürchtet Versagen, Verdammnis, Karma und so weiter. Und es ersehnt Meisterschaft, Selbstverwirklichung, Erlösung, Erleuchtung oder Befreiung. Es ist das ichhafte oder existentielle Selbst, das sich um Fallgruben und den Verlust der Kontrolle sorgt.

Man sollte eine nützliche Unterscheidung im Hinterkopf bewahren: die zwischen zweckdienlichen Unterweisungen und endgültigen Unterweisungen. Die zweckdienlichen arbeiten innerhalb des dualistischen, ichhaften Selbstbewußtseins, um Leiden zu mindern, die Lebensqualität zu verbessern und die Evolution des Bewußtseins zu erleichtern. Die endgültigen Unterweisungen erinnern uns an das zugrunde liegende Einssein des Absoluten, das sich immer bereits in allem Sein, in allen Handlungen und Formen zeigt. Beispiele für diese endgültigen Unterweisungen finden sich im Zen, im Mahamudra, in den Veden und in *A Course in Miracles*.

Paradoxerweise kann jeder Pfad zu einer Fallgrube werden. Der Weg selber wird für den Weg-suchenden Geist zur Falle. Und dennoch, in der Bewußtheit der Dualität zu leben, läßt uns Besseres und Schlechteres, Licht und Dunkel, Liebe und Angst, Lust und Schmerz, Freude und Kummer und all die anderen Gegensätze erfahren. Wenn wir uns der Möglichkeit der Wahl bewußt werden, können wir Werte, Wahrnehmung, Denken, Gefühle und Verhalten ändern. Wir können unsere Glaubenssätze überprüfen und neue Prioritäten setzen. Jeder Pfad bietet trotz seiner Fallgruben kreative Möglichkeiten für Heilung und Ganzheit.

Anführer und Anhänger

Macht ist für all die, die es auf einem spirituellen Pfad zu einer gewissen Meisterschaft bringen, eine der verführerischsten Fallen. Wer bereit ist, Verantwortung für Führungspositionen zu übernehmen, trifft unweigerlich auf den potentiell korrumpierenden Einfluß der Macht über andere. »Macht macht korrupt, und absolute Macht macht absolut korrupt«, diesen Spruch sollten all die ernst nehmen, die entweder Macht suchen, oder sich immer wieder zu Positionen hingezogen fühlen, in denen sie sie ausüben können. Zu lernen, wie man mit Macht so geschickt umgeht, daß sie allen zugute kommt, ist für jeden ehrgeizigen Menschen eine der großen Herausforderungen. Erfolg zu haben ist erst die halbe Geschichte. Mit Erfolg umzugehen, ohne von ihm korrumpiert zu werden, ist eine fortdauernde Aufgabe. Macht wird daher als Feind bezeichnet, den ein wissender Mensch besiegen muß.[7]
In die amerikanische Verfassung ist die heute vielleicht beste Sicherung gegen Machtmißbrauch eingebaut, ein System von »checks and balances« (das die Trennung der einzelnen Machtbereiche vorschreibt, etwa Legislative, Exekutive, Gerichtsbarkeit, Presse; Anm. d. Übers.). Unter Psychotherapeuten wird das als gegenseitige Supervision oder Beobachtung bezeichnet. An dieser Supervision scheint es leider unter spirituellen Lehrern zu mangeln. Wenige Lehrer bekommen Rückmeldungen von ihren »Kollegen«. Manche verbringen alle Zeit mit ihren Anhängern, andere widmen sich ganz dem Dienen oder den Übungen. Der anhaltende Kontakt mit Menschen, die ebensoviel Macht haben wie man selber, denen man vertrauen kann, daß sie in Frage stellen, einen auf etwas hinweisen oder einem Mut machen, wenn man entmutigt oder zu aufgeblasen wird, scheint eher rar zu sein.
Jeder muß von Zeit zu Zeit seine Annahmen überprüfen, und jeder muß gelegentlich auf blinde Flecken und alternative Sichtweisen hingewiesen werden. Ich kenne kein besseres Mittel gegen die Fallgruben der Selbsttäuschung als einen Kreis von vertrauten Freunden, die einem zuverlässig Rückmeldung geben und sich trauen, die Weisheit einer Entscheidung anzuzweifeln. Ein Therapeut oder Lehrer kann diese Rolle eine Zeitlang übernehmen. Aber jeder einzelne trägt die Verant-

wortung dafür, Leute auszuwählen, deren Meinung er schätzt und die er nach ihren Ansichten zu einer Sache fragen kann. Beziehungen unter Gleichwertigen können ein wesentlicher Beitrag zur Entwicklung von Führungsqualitäten sein.

Welchen Pfad auch immer sie einschlagen, Meister und Lehrer finden sich oft von Leuten umgeben, die sie auf ein Podest stellen und etwas von ihnen erwarten. Anhänger können wirklich darauf aus sein, etwas zu lernen, aber manchmal stellen sie dennoch eine Belastung dar. Man kann leicht fünf Typen von Anhängern unterscheiden: die Schmeichler, die Anbeter, die Schüler, die Sucher und die Jünger. Man findet sie alle auf jedem Pfad, aber bestimmte Typen fühlen sich stärker von bestimmten Pfaden angezogen. Diese entsprechen grob den fünf bereits besprochenen Pfaden.

1. Der Schmeichler

Dies ist ein Mensch, der sich gern in der Gegenwart des Meisters aufhält und es genießt, sich in dessen Glanz zu sonnen. Er ist primär an Macht interessiert und fühlt sich gerne wichtig. Ein Beispiel dafür ist das typische Groupie, der Schmeichler, dessen verführerische Annäherungen darauf ausgerichtet sind, das Ich des Meisters anzusprechen und zu umgarnen.

2. Der Anbeter

Auch dieser möchte dem Meister körperlich nahe sein, aber er sucht nicht Macht, sondern Liebe. Er opfert sich gerne für Liebe und lebt für die Momente der Verbindung. Der Anbeter hofft manchmal, etwas umsonst zu bekommen, und er fühlt sich leer, wenn er allein ist. Er möchte von der Gegenwart des Meisters, von der Gnade des Gurus, erfüllt sein. Im Gegenzug bietet er Dankbarkeit, Hingabe und Abhängigkeit.

3. Der Schüler

Das ist jemand, der vom Meister lernen will. Er sucht Weisheit und ist oft darauf erpicht zu zeigen, was er schon gelernt hat. Ein Schüler sucht die Diskussion mit seinem Meister auf der mentalen Ebene. Er ist meist unzufrieden, und vielleicht handelt es sich um einen Dilettanten, der alle Möglichkeiten abdecken will. Der Schüler verkörpert den Geist, der nach dem Weg sucht, und es ist typisch, daß er die Aufmerksamkeit des Meisters durch Fragen gewinnen will. Er ist bereit zu arbeiten, um seine Neugier zu befriedigen und Verstehen zu erlangen.

4. Der Sucher

Dieser Mensch kann wie ein freischwebender Schwamm auf dem spirituellen Pfad sein und sein eigenes Urteil höher einschätzen als das aller anderen. Er ist oft entschlossen, »seine Sache« durchzuziehen, versucht aber so viel wie möglich von jedem verfügbaren Meister aufzunehmen. Dieser Typ geht vielleicht einer Verpflichtung um jeden Preis aus dem Weg, ist aber dennoch begierig auf neue Informationen und Erfahrungen.

5. Der Jünger

Das ist einer, der die spirituelle Verwirklichung sucht, und bereit ist, sich von seinem Meister unterweisen zu lassen, um sie zu erreichen. Der Jünger und der Schüler sind eher bereit zu arbeiten als der Schmeichler oder der Anbeter. Um auf dem gewählten Weg voranzukommen, ist er willens, sich selbst eine gewisse Zucht aufzuerlegen, wenn der Meister dies vorgibt.

Lehrer auf dem Pfad

> Lehren heißt vormachen.
> *A Course in Miracles*[8]

Lehrer sind für jeden spirituellen Pfad unbedingt notwendig. Jeder kann von Führung profitieren, und die Weisheiten der großen Traditionen bieten wertvolle Informationen über spirituelle Entwicklung. Einen Lehrer zu finden, kann entweder Zufall oder eine bewußte Entscheidung sein, und außerdem ist es eine Sache des persönlichen Geschmacks. Manche spirituellen Lehrer arbeiten innerhalb etablierter religiöser Traditionen, andere nicht. Manche sind autoritär, andere nicht. Manche verlangen Gehorsam, andere geben keine Weisungen. Manche von denen, die sehr bekannt, charismatisch oder auffallend sind, sind zugleich umstritten. Andere, die leiser sind oder sich mehr im Hintergrund halten, bleiben von den Medien und der breiten Öffentlichkeit unbemerkt.

Ein spiritueller Lehrer kann die innere Reise auf vielerlei Weise einfacher machen. Während sich die traditionelle Psychotherapie meist der Heilungsarbeit auf der emotionalen oder mentalen Ebene widmet, verfügt ein spiritueller Lehrer vermutlich auch über die Erfahrung, die es möglich macht, jemanden in den transpersonalen Bereichen zu führen. Wenn man jedoch selbst noch unerfahren ist und Führung sucht, ist es oft nicht so einfach, wahre spirituelle Meister von falschen Lehrern oder von denen zu unterscheiden, die Meisterschaft beanspruchen, ohne ihre eigene Entwicklung auf gesunde Weise zu Ende gebracht zu haben.

Es gibt zwar keine endgültigen Regeln für die Wahl eines Lehrers, aber doch einige Hinweise darauf, was ein Reisender auf dem spirituellen Pfad berücksichtigen sollte, bevor er sich einem Lehrer zu Gehorsam und Loyalität verpflichtet.[9] Die Aufgabe, ein gesundes Gleichgewicht zwischen Selbstbestimmung und Unterwerfung zu finden und sicherzustellen, daß die Gemeinschaft, der man sich verbinden will, und die Art ihrer spirituellen Übungen den eigenen Zielen und Bedürfnissen entsprechen, kann eine ziemliche Herausforderung sein. Nicht alle Lehrer verlangen, daß man sich fest verpflichtet. Man kann sich fragen, ob Verpflichtungen, die scheinbar darauf ausgerichtet sind, den Schülern und Suchern zu helfen, nicht in Wirklichkeit eher dem Lehrer oder dem System dienen.

Jeder begegnet auf seinem Pfad Lehrern, unabhängig davon, ob man mit einer bestimmten Kirche, einer Schule oder Gruppe in Verbindung steht oder nicht. Ohne Erfahrung kann es schwierig sein, eine informierte Entscheidung zu treffen, aber wenn gültige Kriterien fehlen, kann man eine angebliche Meisterschaft auf Bewußtseinsebenen, die einem selbst nicht vertraut sind, nicht werten. Man muß bereit sein, einen Vertrauenssprung zu riskieren und das Beurteilen hintan zu stellen, wenn man von den Früchten kosten und an den spirituellen Übungen teilnehmen will. (Eine ausführlichere Beschreibung der wahren Meisterschaft und woran sie zu erkennen ist folgt später in diesem Kapitel.)

Den Geist schulen

Der erwachte Geist ist einer,
der seine Quelle, sein Selbst, seine Heiligkeit kennt.
A Course in Miracles[10]

Intellektuelles Verstehen oder Werten kann auf dem spirituellen Pfad ebensowenig ein adäquater Ersatz für direkte Erfahrung sein wie die Kenntnis der Biologie für Sex. Einige Meister östlicher Bewußtseinsschulen halten die intellektuelle Entwicklung sogar für ein Hindernis auf dem spirituellen Pfad. Alles verstandesmäßig zu erfassen und zu kategorisieren läßt sich gewiß defensiv einsetzen, um direkten Erfahrungen auszuweichen, aber intellektuelles Verständnis kann bei richtiger Anwendung auch eine Stufe zur Selbsttranszendenz sein. Der diskursive Geist kann, wie die Worte selber, entweder eine Hilfe oder ein Hindernis auf dem Weg sein. Er wird meist nur dann als Sperre wahrgenommen, wenn er nicht geschult ist oder wenn man versucht, gegen ihn statt mit ihm zu arbeiten.

In unserer Kultur, in der intellektuelle Schulung in hohem Ansehen steht und die ichhafte und existentielle Identifizierung gefördert wird, kommt man nicht leicht um den rationalen Verstand herum. Wenn auch der intuitive Verstand als der Teil des Geistes, der gleichzeitig sowohl universale wie individuelle Bewußtheit empfindet, nie ganz vom diskursiven, denkenden Verstand erfaßt werden kann, kann dieser doch, die entsprechenden Methoden vorausgesetzt, eher Hilfe als Hindernis auf dem spirituellen Pfad sein. Sobald man die Identifizierung mit ihm löst, wird er vom Gegner zum Verbündeten. Es ist nicht nur *möglich*, den rationalen Verstand und die intuitive Einsicht auf einen Kurs zu bringen, sondern *Heilung und Ganzheit hängen von der erfolgreichen Integration von Rationalität und Intuition ab.*

Der diskursive Verstand ist ein Bollwerk der ichhaften Identifizierung, und das tiefe Mißtrauen gegenüber seinen Urteilen ist teilweise der Tatsache zuzuschreiben, daß er dazu geschult werden kann, jede Position zu rechtfertigen, wie das Beispiel all der guten Anwälte zeigt. Er kann beispielsweise den Verbleib auf den ichhaften oder existentiellen Ebenen des Bewußtseins rechtfertigen, indem er erklärt, daß alles, was er nicht versteht, entweder Betrug oder Illusion ist. In dem Versuch herauszufinden, was illusionär ist, kann er manchmal recht verwirrt werden. Klar denken zu lernen und Annahmen über den Geist in Frage zu stellen kann eine nützliche Vorbereitung auf Selbsterkenntnis sein. Strebt man Ganzheit an, kann man den diskursiven Verstand nicht einfach ablegen oder wegwerfen. Bei gesunder psychologischer Entwicklung wird er in die transpersonale Identität eingegliedert. Er erfüllt bestimmte Funktionen und ist ein unabkömmlicher Teil der Psyche. So wie einige asketische religiöse Schulen den physischen Körper bekämpfen, weil er angeblich den spirituellen Fortschritt behindert, so sagen andere spirituelle Schulen dem denkenden Geist den Kampf an. In beiden Fällen wirkt der Kampf selbst so ablenkend, daß er das Erwachen verhindert. Die Verantwortung für den angemessenen Gebrauch dieser Fähigkeit wie auch jeder anderen zu übernehmen, ist eine beständige Herausforderung.

Unter Meisterschaft über den Geist sollte man nicht verstehen, daß er verurteilt oder unterdrückt wird. Wahre Meisterschaft des Geistes heißt, daß man sein volles Potential nutzt, so wie die körperliche Meisterschaft im Sport bedeutet, daß man den Körper gut nutzt. Sie steht also für den geschickten Umgang mit Fähigkeiten, nicht für rigide Kontrolle.

In einer Gurdjieff zugeschriebenen Sufi-Geschichte werden der Körper mit einer Kutsche, die Gefühle mit einem Pferd und der Geist mit dem Kutscher verglichen. In unserem normalen Bewußtseinszustand wird die Kutsche vernachlässigt und geht kaputt. Das Pferd ist wild, unkontrolliert und bereit, beim geringsten Anlaß auszubrechen. Der Kutscher sitzt in der Kneipe und trinkt mit seinen Kumpeln. Er hat vergessen, das Pferd zu füttern und die Wagenräder zu schmieren. Der Besitzer der Kutsche scheint daher nie in ihr spazierenzufahren.[11] So gesehen muß man den Geist ernüchtern, die Emotionen zügeln und zähmen und den Körper gut in Schuß halten, wenn man Meisterschaft erreichen will.

Eine grundlegende Voraussetzung der Bewußtseinsschulen ist die, daß der Geist geschult werden kann. Das ist auch ein wesentlicher Bestandteil des Lernens und kognitiver Entwicklung. Die unterschiedlichen Traditionen haben dabei unterschiedliche Schulungsweisen, beispielsweise Meditation, Einsicht, nicht-wählende Bewußtheit und Kontemplation. Im Westen wird die Meditation oft mit der Kontemplation oder dem Gebet verglichen, aber nur wenige Beobachter erkennen ihr Potential für die Schulung des Geistes und die Selbstheilung. Techniken wie Hypnose, Bio-Feedback und systematische Desensibilisierung sind westliche psychologische Werkzeuge zur Schulung des Geistes, die bei bestimmten Arten des Heilens erfolgreich eingesetzt worden sind. Im Rahmen der Medizin tragen sie jedoch nicht notwendigerweise zu mehr *Selbst*-Bewußtheit oder spiritueller Entwicklung bei. Auflösung von Identifizierungen und Transzendenz können durch solche Schulungen erleichtert werden, aber ohne die Ermutigung des Trainers – das heißt ohne einen Lehrer – bleiben diese potentiellen Wirkungen meist unerkannt.

Die Schulung des Geistes im Dienste von Heilung und Ganzheit hängt von der Bewußtheit für den Sinn dieser Schulung ab. Der Geist kann nicht vollkommen geheilt werden, solange sein Wohlbefinden davon abhängt, daß er sich der Herrschaft eines anderen Geistes unterwirft oder eine mentale Funktion auf Kosten eines anderen weiterentwickelt. Symptome können gemildert und es können auch Erfahrungen herbeigeführt werden, aber Heilung, die nicht auf *Selbst*-Bewußtheit und Verantwortlichkeit beruht, ist im allgemeinen recht kurzfristig. Der eigene Geist kann sicherlich von anderen beeinflußt werden, aber anhaltende heilende Bewußtheit hängt davon ab, daß der Geist die Kraft in sich selbst entdeckt.

Macht wird in manchen Lexika definiert als die Kraft oder Möglichkeit zu handeln. Der Begriff »persönliche Macht« bezeichnet hier die Fähigkeit eines einzelnen, seine Absichten zu verwirklichen. Im Westen werden individuelle Entwicklung und persönliche Macht hoch gewertet, aber nur sehr wenige Menschen erleben sich selbst als machtvoll. Selbst Leute, die in der Regierung und großen Unternehmen in Machtstellungen sitzen, fühlen sich ohnmächtig, die Zukunft zu beeinflussen.[12] Wenn Macht jedoch die Fähigkeit ist, Absichten zu verwirklichen, dann hat jeder Mensch Macht. Die Frage lautet aber, wie bereit wir sind, Verantwortung dafür zu übernehmen, daß wir absichtsvoll auf die Welt einwirken. Sind wir willens, die Macht, die im Geist schlummert, anzuerkennen und zu nutzen? Manchmal schrecken wir davor zurück. Wir befürchten, daß die Macht des Geistes außer Kontrolle geraten und zu negativen Folgen führen könnte. Das geschieht meist dann, wenn Macht zum persönlichen Vorteil eingesetzt wird oder um andere zu manipulieren.

Der geschickte Gebrauch von Macht erfordert die Bereitschaft, Verantwortung zu übernehmen. Verantwortung heißt nicht, Schuld auf sich zu nehmen oder sie anderen zuzuweisen. Es heißt vielmehr zu erkennen, daß man bereits dabei ist, Absichten zu verwirklichen, die Umwelt zu gestalten und andere zu beeinflussen. Man kann in dem Ausmaß machtvoll sein, in dem man bereit ist, sich des eigenen kreativen Potentials bewußt zu sein. Wenn man nicht willens ist, die Verantwortung für den eigenen Geist zu übernehmen, tritt man Macht an andere ab. Persönliche Macht wird immer dann verschenkt, wenn man behauptet, nicht selber für die subjektive Erfahrung verantwortlich zu sein. Sich machtvoll zu fühlen ist untrennbar mit *Selbst*-Bewußtheit und mit der Anerkennung dessen verbunden, daß man im eigenen Leben selbst der Handelnde und der Verursachende ist.

Mentale Gesundheit hängt in beträchtlichem Maß davon ab, daß man die Verantwortung für das übernimmt, was man über sich selbst und über die Welt denkt. Wenn man sich selbst als integralen Bestandteil des Ganzen sieht, kann man nicht mehr so tun, als ob man ein hilfloses, isoliertes Geschöpf wäre, das zufällig in einem feindlichen Universum lebt. Wie andere Geschöpfe auch werden die Menschen von ihrer Umwelt geformt, aber die Menschen formen auch selber die Umwelt und sind nun in der Lage, das ökologische Gleichgewicht zu zerstören, das das Leben trägt. Das Überleben der Menschen kann daher davon abhängen, daß wir lernen, uns selbst anders zu sehen.

Wir alle beeinflussen dauernd, bewußt oder unbewußt, uns selbst, andere Menschen und die Umwelt. Jeder steht in beständiger Kommunikation mit anderen, wir wirken aufeinander ein und befinden uns in einem wechselseitigen, konditionierten Austausch auf allen Ebenen: körperlich, emotional, mental und spirituell. Jeder, der sich der Möglichkeit der Entscheidung bewußt ist, kann die Macht des Bewußtseins ablehnen oder annehmen. Manche Leute entscheiden sich für die Bewußtlosigkeit und nehmen Drogen, andere tauchen vollkommen in die Arbeit ein oder lassen sich von Vergnügungen ablenken. Aber die Möglichkeit, sich zu entscheiden, bleibt bestehen, egal welche Methode oder Begründung man wählt, um der Verantwortung für den eigenen Geisteszustand zu entsagen. Es ist immer möglich, die eigenen Ansichten über persönliche Macht zu ändern. Eine Frage, die sich vielleicht zu betrachten lohnt, ist: »Bin ich bereit, die Verantwortung dafür zu übernehmen, daß ich in meinem eigenen Leben Macht habe?« Sich dieser Frage zu stellen, kann dazu führen, daß sich der Einfluß auf die Welt ausdehnt – als natürlicher Ausdruck dessen, was man ist. Vielleicht liegt die nächste Herausforderung in der Frage: »Bin ich bereit, in der Welt Macht zu haben?« Es scheint oft leichter zu sein, über die Zustände zu jammern als die Verantwortung dafür zu übernehmen, Veränderungen herbeizuführen. Wenn man es wagt zu handeln, muß man sich unbewußten Widerständen stellen.

Persönliche Macht wird einem nicht von anderen zugeteilt. Man muß selber Anspruch darauf anmelden. Man muß bereit sein, sie auch auszuüben. Autorität, so heißt es, werde einem zu zwanzig Prozent verliehen, die restlichen achtzig Prozent müsse man sich schlicht nehmen. Kein Mensch kann einen anderen mit Macht und Verantwortung versehen, auch wenn angemessenes Verhalten an den Tag zu legen in sich schon eine Lehre enthält. Macht nimmt man entweder an oder lehnt sie ab. Als existentielle Wahl kann sie bestätigt oder geleugnet werden. Wenn man die Möglichkeit hat, die Optionen zu sehen, kann man die Freiheit zwar ignorieren, aber man kann ihr nicht ganz ausweichen.

Die Entscheidung für moralisches Handeln und den wirkungsvollen Gebrauch persönlicher Macht hängt von der persönlichen Integrität ab. Wenn man über Integrität verfügt oder integer ist, dann kann das bedeuten, daß eine innere Übereinstimmung herrscht zwischen dem, was man glaubt, denkt, sagt, fühlt und tut. Unverträglichkeiten schaffen eher Konflikte als Übereinstimmungen, und das Bemühen um wirksames Handeln wird dadurch schnell frustriert. Wenn man nicht gemäß seiner eigenen Gefühle handelt (also von ganzem Herzen dabei ist), wenn man eine Sache denkt und eine andere sagt, um Konflikte zu vermeiden, dann verschenkt man Macht. Der Geist ist dann voll damit ausgelastet, zu rechtfertigen, zu rationalisieren und die eigene Position zu erklären.

Integrität erfordert Übereinstimmung zwischen innerer Erfahrung und äußerem Ausdruck. Wenn man auf Heilung und Integration Wert legt, muß das, was man wirklich innerlich glaubt und fühlt, auf einer Linie mit dem liegen, was man in der Welt zum Ausdruck bringt. Werte, Glaubenssätze, Gefühle und Handlungen in Einklang mit einem umfassenden Sinn zu bringen, kann sowohl befreien wie Kraft geben. Es ist beim Menschen so wie beim Laserlicht: die Kraft entsteht durch Bündelung. Ein Mensch wird also dann machtvoll, wenn Werte, Absichten und Handlungen übereinstimmen. Wer dagegen voller Konflikte steckt, ist leicht ein Opfer von Streß oder Erschöpfung. Integrität unterstützt daher die Fähigkeit, mühelos und effizient in der Welt zu wirken. Außerdem verleiht einem ein Gefühl persönlicher Integrität die Möglichkeit, sich selbst und der Art, wie man andere wahrnimmt, zu trauen. Sie wird somit zu einer Grundlage, von der aus man sowohl Lehrer wie Systeme beurteilen kann.

Meister und Meisterschaft

> Die Meister dieser Welt sind die, die sich selbst gemeistert haben, und Meisterschaft beruht auf der Kontrolle des Geistes. Wenn der Geist dein gehorsamer Diener wird, dann steht dir die ganze Welt zu Diensten.
>
> *Hazrat Inayat Khan*[13]

Ein Mensch, der sich machtlos fühlt, neigt dazu, in eine Gruppe abzutauchen, in der die Verantwortung für persönliche Macht an einen Guru oder Lehrer abgegeben werden kann. Wenn die wesentlichen Entscheidungen von jemand anderem getroffen werden, kann Gehorsam zum Ersatz für Verantwortlichkeit werden. Die aller Orten wuchernden neuen religiösen Gruppierungen liefern ausreichende Beweise für die Anziehungskraft der freiwilligen Kapitulation. Dabei unterwerfen sich die Menschen nicht notwendigerweise dem *Selbst* oder dem Göttlichen, sondern oft genug äußeren Autoritäten, die vorgeblich besser qualifiziert sind als man selber, die Wahrheit zu interpretieren und mit Macht umzugehen.

Viele authentische Gruppen bieten spirituellen Suchern eine echte Gelegenheit, innere Arbeit an sich zu tun, den Geist zu schulen und Transzendenz zu erfahren. Andere scheinen auf Indoktrination, Zwang und autoritäre Kontrolle aus zu sein. Da das Ich das, was über das Ich hinausreicht, nicht angemessen beurteilen kann, neigt es dazu, alle Zustände von Nicht-Ich entweder zu pathologisieren oder hochzujubeln. Es stellt sich daher die Frage, wie ein Mensch, der auf dem spirituellen Pfad nach Führung sucht, einen Lehrer auswählen kann. Auch wenn wir eine gesunde Motivation für die Suche nach Transzendenz voraussetzen und nicht eine Flucht aus der Verantwortung und vor Entscheidungen, wird es für den Suchenden vielleicht nützlich sein, zwischen Ich- Meisterschaft und transpersonaler Meisterschaft unterscheiden zu können.

Auf jeder Bewußtseinsebene bedeutet Meisterschaft Überlegenheit. Der Begriff *Meister* bezeichnet im allgemeinen eine männliche Person, die jemand anderen hat, der ihr zu Willen ist, oder jemanden, der willentlich etwas, das Gemeisterte eben, benutzt oder kontrolliert. »Meistern« heißt unterwerfen; eine besondere Fähigkeit sehr gut zu entwickeln; zu herrschen oder zu lenken. Spirituelle Meisterschaft steht traditionell für Selbstbeherrschung und Meisterschaft über den Geist. Zur Schulung dieser Meisterschaft gehören oft die verschiedenen Formen von Konzentrations-Meditationen, die den Geist unter Kontrolle bringen. Aber Kontrolle kann statt spirituell auch ichhaft sein.

Zu den Kräften des Geistes, die durch Meditation zugänglich werden können, gehören durchdringende Einsicht und übersinnliche Fähigkeiten. Solche Kräfte werden als Nebenprodukte der spirituellen Arbeit angesehen, und die Suchenden erhalten traditionell die Warnung, daß es sich dabei um Fallen handelt, die zu Ich-Verwicklungen in den feinstofflichen Reichen führen können. Übersinnliche Kräfte zu erlangen ist keine Gewähr für Moral noch für spirituelles Verstehen. In der Sprache der Psychologie heißt das, daß das Vertrautsein mit dem Feinstofflichen innerer Erfahrung keine Garantie für gesunde Entwicklung auf den anderen Ebenen ist. Wenn ein Könner seine übersinnlichen Kräfte zur Schau stellt, um Anhänger zu beeindrucken oder einzuschüchtern, kann man davon ausgehen, daß seine Motivation zum Teil vom Bewußtsein auf der Ebene des dritten Chakras bestimmt ist. Er könnte in dem Stadium des vierten Ochsenbildes sein. Von einem spirituellen Meister, der die ichhaften Identifizierungen transzendiert hat, würde man andererseits erwarten, daß er den Gebrauch solcher Kräfte zum Zwecke der Manipulation und Kontrolle ablehnt.

Auf der ichhaften Ebene sagt man, jemand sei Herr seines Schicksals, wenn er über sich selbst bestimmt, statt der Kontrolle durch andere unterworfen zu sein. Die westliche Psychologie betrachtet solche Selbstbestimmung als wesentliche Voraussetzung für mentale Gesundheit, aber eine gesunde Existenz scheint von einem Gleichgewicht zwischen Bemühen und Aufgeben, Kontrolle und Entspannung, Behauptung und Empfänglichkeit abzuhängen. Heilung ist nicht nur eine Frage wachsender Unabhängigkeit und Kontrolle.

Selbstbestimmung, Selbstkontrolle und ein angemessenes Selbstkonzept sind für die Entwicklung eines zusammenhängenden Gefühls der Ich-Identität notwendig. Aber diesem unabhängigen, getrennten Selbstgefühl verhaftet zu sein, behindert das Wachstum über das Ich hinaus. Übersinnliche Kräfte gelten daher als gefährlich, wenn man sie für Ich-Zwecke einsetzt. Von jemandem, der spirituelle Selbstverwirklichung erreicht hat und als Bodhisattva (im Sinne des zehnten Ochsenbildes) wirkt, sagt man darum, er sei zwar in dieser Welt, aber nicht von dieser Welt. Die Macht der spirituellen Meisterschaft ist demnach, so heißt es, *in* dem Meister, aber nicht *von* ihm. Der spirituelle Meister beansprucht sie nicht als Eigentum.

Diese Einstellung kann der Gefahr der Ich-Inflation, die aus der Beherrschung übersinnlicher Fähigkeiten erwächst, entgegenwirken, schließt sie aber nicht unbedingt aus. Willentliche Ansprüche auf Manipulation oder Kontrolle kann man, unabhängig davon, ob jemand behauptet, er sei ein Channel für den absoluten GEIST, oder ob er sich mit dem GEIST identifiziert, eher als Anzeichen für eine Meisterschaft des Ich denn als authentische spirituelle Meisterschaft werten. Macht auf der Ebene des Ich ist eine Funktion von Selbstbestimmung und fachmännischem Geschick. Authentische spirituelle Meisterschaft bedingt Integrität und Selbsttranszendenz.

Bei einem wahren Meister kann man daher erwarten, daß sich die Transzendenz ichhafter Ziele und Verlangen als Nicht-Verhaftetsein und als Annehmen der Dinge, so wie sie sind, manifestiert. Jemand, der es zu Meisterschaft auf dem spirituellen Pfad gebracht hat, mag sich entscheiden, in der Welt zu handeln, aber er ist dem Ausgang bestimmter Handlungen nicht verhaftet. Der Macht um ihrer selbst willen verhaftet zu sein, kann auf jeder Ebene weiterer Entwicklung ebenso hinderlich sein wie die Bindung an Anerkennung, Erfolg oder jede Form persönlicher Leistung.

Ein Meister, der aktiv nach Jüngern sucht, wird dabei vielleicht von dem ichhaften Verlangen nach Anerkennung geleitet. In den Herr/Knecht-Beziehungen, die sich auf dieser Ebene leicht entwickeln können, werden die Meister oft zu den Sklaven ihrer eigenen Leidenschaften. In manchen Traditionen ist der Meister zugleich ein Schelm; dann gilt Unsichtbarkeit mehr als Ruhm.[14] Im Yoga verleiht Meisterschaft über das Selbst Kontrolle über das innere Licht, wenn das Be-

wußtsein die Ebene des sechsten Chakras erreicht hat. Vom Meister heißt es, er könne die Helligkeit dieses inneren Lichts beeinflussen und es nach Belieben besser oder schlechter sichtbar machen.[15]
Jeder, der auf dem Pfad der spirituellen Entwicklung vorankommen will, erhält unweigerlich die Anweisung, das Loslassen zu üben und Erwartungen aufzugeben. Selbst ein Meister, der der Meisterschaft verhaftet ist, wird von dem beherrscht, was er zu meistern sucht. Der chinesische Weise Lao Tsu sagt, daß die Führerschaft, die auf Liebe und Respekt beruht, besser sei als die, die sich auf Angst und Zwang gründet. Am besten sei die Führerschaft aber dann, wenn die Leute sagen: »Das haben wir selbst gemacht.«[16]
Das ist die Art von Führerschaft, die ein Psychotherapeut bei dem Prozeß, Menschen die Kraft zu geben, daß sie Verantwortung für sich selber übernehmen können, anstreben kann. Ein spiritueller Lehrer mag das genauso angehen. Sheldon Kopp, ein amerikanischer Psychotherapeut, sagt dazu:

Natürlich werden die Jünger… zunächst von dem Unterschied zwischen dem scheinbaren Selbstvertrauen und der Macht des Gurus einerseits und ihrer eigenen Hilflosigkeit und Unzulänglichkeit andererseits gebannt sein. Der Guru hilft dann seinem Anhänger zu erkennen, daß es keinen Unterschied zwischen ihnen gibt, außer wenn der Anhänger sich selber klein macht, um seine Macht an den Guru abzutreten. Der Anhänger hält das Ungleichgewicht aufrecht, um der furchtbaren Verantwortung auszuweichen, daß er jedem anderen auf der Welt gleichrangig und vollkommen auf sich gestellt ist. Dabei bewahrt er sich die Hoffnung, daß der Guru sich um ihn kümmern wird. Um seine eigene Freiheit zu erhalten, muß der Guru versuchen, den Jünger von sich zu befreien.[17]

In der wachstumsorientierten Psychotherapie schult ein Therapeut die Bewußtheit und hilft seinen Klienten bei der Lösung persönlicher Probleme. Das Ziel ist dabei nicht etwa, Abhängigkeit zu schaffen, sondern die Klienten in die Lage zu versetzen, selber mit ihren Problemen umzugehen, und ihnen die Kraft zu geben, den Prozeß des psychologischen Wachsens eigenständig fortzuführen. Gleichermaßen erinnern echte spirituelle Lehrer die Suchenden daran, daß sie nach innen schauen müssen, um den wahren »Guru« zu finden, was in der wörtlichen Übersetzung aus dem Sanskrit »Vertreiber der Dunkelheit« heißt.
Wer die Meisterschaft anstrebt, lernt, wie Castanedas Krieger, alles im Leben als Herausforderung zu betrachten und als Gelegenheit zu innerer Entwicklung zu nutzen. Der wahre spirituelle Meister macht sich, anders als der Massenführer, der den Anschein von Unfehlbarkeit auf-

rechtzuerhalten versucht[18], keine Sorgen, ob er recht hat oder nicht, ob er gewinnt oder verliert. Der Kampf ist bereits gewonnen. Ein Meister muß nirgendwohin gehen. Er ist schon angekommen. Er weist nicht Anerkennung noch Schuld zu, weder sich selbst noch anderen. Er weiß, daß Weisheit und Macht nicht dem einzelnen Menschen gehören. Weisheit und Macht mögen sich in einer Person manifestieren, aber sie gehören einem nicht. Dieses Verständnis trägt zur Entwicklung von Vertrauen und innerem Frieden bei.

Das *Selbst*, das mit der Quelle der Weisheit und der Macht eins ist, ist nichts. Echte spirituelle Meisterschaft beruht auf der Bewußtheit, Alles und Nichts zu sein, auf transzendentaler Einsicht. In einem Prozeß der Reinigung lernt der Mensch, der spirituelle Meisterschaft anstrebt, alle ichhaften Identifizierungen aufzugeben. Eigenschaften wie Energie, Sanftmut, Freude, geistige Offenheit, Großzügigkeit, Geduld, liebevolle Güte, Wahrhaftigkeit und Ruhe, die mit der spirituellen Entwicklung verbunden sind, werden bei einem Meister vermutlich hoch entwickelt sein. In manchen Traditionen wird von einem Meister nicht nur erwartet, diese positiven Eigenschaften zu zeigen, sondern auch frei von negativen Emotionen wie Angst, Wut und Schuld zu sein.

Ein Paradoxon spiritueller Meisterschaft liegt darin, daß man sie nicht durch die Kontrolle des Ichs, sondern durch das Aufgeben des Ich erlangt. Das Streben danach ist daher kontraproduktiv. Wer die Meisterschaft sucht, muß bereit sein, sogar den Wunsch danach aufzugeben. Der dritte Zen-Patriarch sagt dazu: »Schon wenn man der Vorstellung der Erleuchtung verhaftet ist, ist man auf dem Irrweg... Wenn das Denken gefesselt ist, ist die Wahrheit verdeckt.«[19] Gerald May weist in seinem gedankenvollen Buch *Will and Spirit* darauf hin, daß Psychologie objektiv, weltlich und vom Willen geprägt ist, während die spirituelle Entwicklung im wesentlichen geheimnisvoll ist und williges Unterwerfen erfordert. Bei jedem absichtsvollen Versuch, das Leben zu meistern, immer wenn man selber kontrolliert oder kontrolliert wird, fühlt man sich abgetrennt und einsam. Ein Meister, sagt Dr. May, mag Zuneigung für einen sklavischen Gefolgsmann empfinden, aber es ist »eine Zuneigung, die ewiglich durch Verachtung belastet ist«.[20]

Theoretisch kann jeder, der Unterscheidungsfähigkeit, auf der spirituellen Bewußtseinsebene entwickelt hat, einen authentischen spirituellen Meister erkennen. In der Praxis kann es jedoch, selbst wenn man die typischen Anzeichen der Meisterschaft kennt, oft schwierig sein, einen echten Meister von einem betrügerischen zu unterscheiden. Wilber weist darauf hin, daß weder empirisches noch rationales Wissen die transzendentale Realität angemessen werten können.[21] Empirisches

166

Wissen bezieht sich auf Informationen, die man mittels der Sinne erlangt hat, und erfordert eine gewisse Schulung in der Beobachtung der äußeren Welt von Raum, Zeit und Objekten. Das rationale Wissen von Philosophie, Logik und dem Denken selbst bezieht sich auf Informationen, die vom Verstand geliefert werden, und erfordert eine Schulung des Intellekts. Das transzendente Wissen um eine höhere Ordnung der Realität erhält man durch reine Intuition (direktes Begreifen der Wahrheit),[22] und das erfordert die Schulung der Kontemplation. So wie die Wahrheit einer logischen Ableitung auf innerer Stimmigkeit beruht und nicht durch empirische Messungen von sinnlich wahrnehmbaren Objekten bewiesen werden kann, so können weder der Verstand noch empirische Daten die transzendentale Einsicht vollständig erfassen. Bei dem Versuch, intuitiv erfaßtes transzendentales Wissen mit Mitteln des Verstandes oder der Empirie zu überprüfen, gerät man in eine Falle. Es ist der Versuch, einen größeren, umfassenderen Aufbau durch einen kleineren Baustein darin zu definieren. Solches teilweises Verstehen ist immer hoffnungslos unzulänglich. Wir müssen die Tatsache akzeptieren, daß man die transzendente Einsicht in die Natur der Realität , die man durch Kontemplation erreicht, nicht ohne ausreichende Schulung verstehen kann. Innerhalb der kontemplativen Traditionen gibt es allerdings übereinstimmende Gültigkeitskriterien. Aber jeder, der zur Unterscheidungsfähigkeit auf dieser Ebene der Kontemplation gelangen will, muß bereit sein, sich den Übungen zu unterwerfen, die dorthin führen. Wenn man nicht angemessen geschult worden ist, kann man kaum erwarten, in diesem Bereich richtige Wertungen vornehmen zu können.

Spirituelle Schulung gipfelt in der Idee nach in einem erwachten, einem wahrhaft höheren Bewußtseinszustand, der als beständige Bewußtheit der Realität, so wie sie ist, beschrieben wird, nicht als ein vorübergehender Zustand der Erleuchtung. Erst wenn sich das gelegentliche Aufflackern der Einsicht zu einem bleibenden Licht ausgewachsen hat, ist der Geist voll erwacht und spirituelle Meisterschaft erreicht. Jede Tradition hat ihre eigene Bezeichnung für den erwachten Zustand und eigene Zugangswege zu diesem Ziel. In seinem Buch über die Vielfältigkeit meditativer Erfahrung weist Daniel Goleman darauf hin, daß es bei allen Pfaden darum geht, die Auswirkungen der Meditation auf die Wach-, Schlaf- und Traumzustände des Suchenden auszudehnen.[23] Was zu Beginn nur mit viel Eifer und Anstrengung möglich ist, wird immer müheloser, je besser der Meditierende lernt, die Bewußtheit inmitten anderer Aktivitäten aufrechtzuerhalten. Im erwachten Zustand werden sowohl die Herkunft wie die Pfade transzendiert.

Auch ohne Schulung, wenn man vielleicht erst eine schwache Ahnung von der Möglichkeit des Erwachens hat, muß man vielleicht bereits wertende Urteile über einen spirituellen Lehrer fällen. Ram Dass meint, der beste Schutz davor, von einem falschen Lehrer auf den spirituellen Holzweg geführt zu werden, sei die Reinheit des Suchenden. Aber auch ein Sucher mit guten Absichten kann falschen Lehrern zum Opfer fallen. Ich habe mit vielen Leuten gesprochen, die ihre Gruppen verlassen haben, weil sie in bezug auf ihre Lehrer ernüchtert waren. Sie alle hatten sich ihnen mit reinen Absichten und mit dem Wunsch, einen positiven Beitrag zur Gesellschaft zu leisten, angeschlossen.

Psychologische Gesundheit und *Selbst*-Bewußtheit können wichtige Hilfsmittel für den Suchenden sein, der nicht in spirituelle Tyrannei verstrickt werden will. Die ersten Versuche, einen Lehrer oder eine Gruppe mit einem gewissen Grad an Selbstbewußtheit einzuschätzen, könnten mit selbst-reflektiven Fragen einsetzen. Taucht beispielsweise ein selbsternannter Meister auf, kann man sich fragen, ob man sich in dessen Gegenwart friedvoll fühlt. Da man von der Gegenwart eines spirituellen Meisters sagt, sie wirke sich beruhigend und heilend auf andere aus,[24] sollte man davon ausgehen, daß ein solcher Zustand leicht zu erkennen ist. Wenn man aber selber sehr ängstlich oder aufgeregt ist, kann man leicht übersehen, welche Auswirkungen die Gegenwart des Meisters hat.

Andere Fragen, die man sich zu Beginn stellen kann, lauten etwa: Offenbart der Meister Eigenschaften wie Mitgefühl, Großzügigkeit, liebende Güte, Ehrlichkeit, Ruhe und geistige Offenheit? Was zieht mich an diesem Menschen an? Fühle ich mich von seiner Macht, seinem effektvollen Auftreten, seiner Schläue, seinen Leistungen, seinem Ruhm oder seinen Ideen angezogen? Ist meine Motivation Angst oder Liebe? Ist meine Reaktion überwiegend körperliche Erregung, emotionale oder intellektuelle Anregung oder intuitive Resonanz? Was könnte mich überzeugen, diesem Menschen (oder irgendeinem anderen) mehr zu trauen, als mir selbst? Suche ich eine Vater- oder Mutterfigur, die mir die Verantwortung für das Leben abnimmt? Suche ich nach einer Gruppe, die mir das Gefühl gibt dazuzugehören, die sich um mich kümmert, wenn ich nur tue, was verlangt wird? Was gebe ich auf? Bewege ich mich auf etwas zu, was mich anzieht, oder laufe ich vor meinem jetzigen Leben davon?

Selbst-Bewußtheit ist jedoch keine Garantie für unterscheidungsfähige Weisheit. Manchmal scheint ein bestimmter Lehrer so mit den eigenen

Schwerpunkten und vorgefaßten Meinungen übereinzustimmen, daß man bereit ist, ihm ohne langes Fragen zu vertrauen. Denn es ist leicht, die irrational, komisch oder bizarr scheinenden Vorstellungen anderer in Frage zu stellen. Die eigenen Überzeugungen dagegen hält man meist für wahr.[25]

Jeder, der es in Betracht zieht, sich einer Gruppe von Jüngern anzuschließen, sollte zusätzlich zu den bisherigen Fragen zur *Selbst*-Bewußtheit die folgenden stellen, die Daniel Goleman vorschlägt: Hütet die Gruppe Geheimnisse über ihre Organisationsstruktur und ihren Lehrer? Wie reagieren Mitglieder der Gruppe auf peinliche Fragen (zum Beispiel, ob der Lehrer ein Bankkonto in der Schweiz hat oder sexuelle Kontakte mit Mitgliedern der Gruppe pflegt)? Zeigen die Mitglieder uniformes Verhalten, das das des Lehrers nachahmt? Folgt die Gruppe einer Parteilinie, die es verhindert, daß die Mitglieder zeigen, was sie wirklich fühlen? Sind die Mitglieder der Ansicht, sie hätten den einzig wahren Weg gefunden? Haben die Mitglieder die Freiheit, sich wieder von der Gruppe zu trennen? Wird von den Mitgliedern verlangt, gegen ihre persönliche Moral zu verstoßen, um ihre Loyalität zu beweisen? Gibt es einen Unterschied zwischen dem öffentlichen Bild der Gruppe und ihrem wahren Charakter? Sind Humor und Respektlosigkeit erlaubt?[26]

Solche Fragen geben keine endgültigen Richtlinien, aber sie liefern eine Unterscheidungsgrundlage, auf der man Entscheidungen treffen kann. So wie Eltern es nicht verhindern können, daß ihre Söhne und Töchter sich in Partner verlieben, die sie selber nicht schätzen, so wird die Wissenschaft nicht verhindern können, daß falsche Meister Jünger um sich scharen.

Es scheint so zu sein, daß weder *Selbst*-Bewußtheit noch rationale Beurteilungen ausreichen, um Fehlentscheidungen auszuschließen. Manch ein spirituell Geübter meint, man könne erst dann erkennen, ob ein Lehrer richtig für einen sei, wenn man seine Unterweisungen im täglichen Leben befolgt hat.[27] Das zu wissen, mag in manchen Fällen ein guter Schutz sein, aber es verhindert noch nicht, daß man naiv und fraglos einem korrupten Lehrer folgt.

Im Falle mißbräuchlicher spiritueller Autoritätsstrukturen beruht für die Gruppenmitglieder die Rückkehr zu psychologischer Gesundheit meist auf der Entscheidung, sich selbst mehr zu vertrauen als dem mächtigen Leiter. Eltern sollten sich fragen, ob sie ihre Kinder zu freien Entscheidungen und Selbstvertrauen erziehen oder ob sie zu unbedingtem Gehorsam gegenüber Autorität ermutigen. Der Jünger, der sich im Rahmen eines spirituellen autoritären Systems in die Herr/Sklave-Beziehung begibt, tut dies oft freiwillig, weil er sich sowohl unwürdig wie unfähig fühlt, sein eigenes Urteilsvermögen zu entwickeln.

Man kann auch angesichts der Ungewißheit eine unverbindliche Haltung einzunehmen versuchen, aber das verschleiert oft, daß man sich anfällig für Täuschungen fühlt, weil man nicht ausreichend geschult ist, um fundiert urteilen zu können. So wie es sehr ängstliche Eltern gibt, die ihrem Kind vielleicht davon abraten, sich auf das Risiko von Intimität und Nähe einzulassen, und dadurch dessen emotionale Entwicklung hemmen, so kann übertriebene intellektuelle Skepsis die gesunde spirituelle Entwicklung behindern. Wenn man jede Erfahrung im Leben als Herausforderung und Lernmöglichkeit betrachtet, können selbst Schwierigkeiten mit einer Gruppe zu Weisheit und Reifung beitragen. Viele Menschen, die sich zunächst spirituellen Gruppen angeschlossen, sie dann aber wieder verlassen haben, sehen das trotz der Härten, des Ringens und der Enttäuschungen als wertvolle Erfahrung an. Verläßt jemand eine organisierte Gruppe, kann sein Gefühl persönlicher Meisterschaft sogar wachsen, da Integrität und Echtheit wiedergewonnen werden.

Als Beispiel dafür kann die Geschichte eines Mannes dienen, der sich zwischen dem Gehorsam gegenüber seinem autoritären Lehrer und seiner Liebe zu einer Frau, die nicht Mitglied der Gruppe war, hin- und hergerissen fühlte. Da die Frau sich weigerte, der Gemeinschaft beizutreten, löste der Mann seinen Konflikt schließlich dadurch, daß er sich für die Frau und gegen die Gruppe entschied. Zwei Jahre später hatte er rückblickend das Gefühl, sich richtig entschieden zu haben. Was damals wie ein Akt des Ungehorsams erschien, erwies sich als ein für ihn wichtiger Schritt in Richtung Autonomie und Unabhängigkeit. Lehrer/Schüler- Beziehungen, in denen der Lehrer unter dem Vorwand, er würde den Schüler von den Begrenzungen des Ich befreien, zu Zwang greift, können die Selbstachtung massiv beeinträchtigen. Die biologischen Eltern durch spirituelle Führer zu ersetzen, bringt all die Schwierigkeiten der Übertragung mit sich, die den Psychotherapeuten wohlvertraut sind. Aber wenige spirituelle Lehrer sind dafür ausgebildet, die Fragen der Übertragung mit psychologischem Geschick und einer entsprechenden Moral zu lösen.

Dummerweise trägt die Vorstellung, daß Reinigung mit Leiden einherginge, daß also das, was einem wehtut, auch gut tut, während das, was Spaß macht, schlecht für einen sei, dazu bei, daß Menschen auf der ernsthaften Suche nach spiritueller Selbstverbesserung bereitwillig auch autoritären Mißbrauch ertragen. Der Tatsache, daß Selbstverdammung dem Fortkommen auf dem spirituellen Pfad ebenso hinderlich ist wie Selbstüberhöhung, wird zu wenig Rechnung getragen. Das derzeitige Wiederaufleben von religiösen Bestrebungen im Westen wird manchmal als Reaktion auf den Hedonismus und Narzißmus der letzten Jahrzehnte gesehen. Aber auch eine Überbetonung der Selbstaufopferung bedroht das psychologische Gleichgewicht und Wohlbefinden. Das Problem ist folgendes: Wenn man Spiritualität nicht als Erweiterung der psychologischen Entwicklung, sondern als Alternative zu ihr sieht, stehen wir wieder vor denselben Fragen, die ursprünglich den rationalen Verstand dazu gebracht haben, die Religion abzulehnen. Spirituelle Bewußtheit trägt, ob sie sich nun innerhalb oder außerhalb eines organisierten Systems entwickelt, nur dann zu Ganzheit bei, wenn sie auf psychologischer Gesundheit und einer soliden Entwicklung aller Bewußtseinsebenen beruht.

Das soll nicht heißen, daß Übungen, die harte Disziplin erfordern, nicht manchmal angemessen oder notwendig wären. Manche mögen der gesunden menschlichen Entwicklung zuwiderlaufen, viele sind weder besonders schädlich noch besonders nützlich, und einige tragen wirklich zu gesundem psychologischem Wachstum bei. Den Geist durch Kontemplation zu schulen, kann manchmal anstrengend und zu anderen Zeiten eine ganz sanfte Übung sein. Manche Leute entscheiden sich für die steilen, schmalen Pfade, andere suchen sanftere Zugänge, um die Gipfel der Bewußtheit zu erklimmen. Aus psychologischer Sicht liegt der Fehler darin zu meinen, der Pfad, auf dem man sich zufällig befindet, sei der einzige Weg, um auf der Reise voranzukommen. Irgendwann wird sogar die Vorstellung eines persönlichen Vorankommens zum Hindernis für Transzendenz.

Die persönliche Hingabe an einen Meister ist bei manchen Menschen spezifisch für ein bestimmtes Stadium. Was in einem Entwicklungsstadium gut für jemanden ist, kann in einem anderen abträglich sein. Dasselbe läßt sich von bestimmten Übungen sagen. Zum Beispiel: Jemand mit einem hoch entwickelten Intellekt strebt angemessenerweise zur Meisterschaft in der Kontemplation. Der Betreffende entscheidet sich vielleicht für eine rigorose meditative Schule, um die rationale und die intuitive Entwicklung ins Gleichgewicht zu bringen. Ein Mangel an kontemplativer Schulung wird zwar gemeinhin nicht als Ungleichgewicht betrachtet, stellt sich aber aus der Perspektive der Ganzheit deutlich als solches dar. Die Kontemplation scheint auch für sprituelles Verstehen und Verwirklichen wesentlich zu sein. Diese selbe Schulung kann jedoch jemandem, der noch keine Integrität und Verantwortlichkeit auf der Ich-Ebene entwickelt hat, abträglich sein.

In seinen Berichten über persönliche Erfahrungen mit spirituellen Lehrern schreibt der Jesuitenpater Daniel O'Hanlon, der die östlichen Disziplinen erforscht hat:

In den Jahren meiner Beschäftigung mit den Religionen des Ostens habe ich viele Lehrer gehabt und von jedem etwas gelernt. Zu keiner Zeit habe ich mich einem von ihnen derart total verpflichtet, wie es die Kritiker einer übertriebenen Verehrung der Gurus verdammen. Aber ich habe etwas gelernt, das in der Spiritualität des Westens in Vergessenheit geraten ist: Ich kann bei jemandem, der in einer Sache weiter forgeschritten ist als ich, mehr oder weniger intensiv »in die Lehre gehen«… Heutzutage geht der Trend in spiritueller Anleitung zu »einem freundlichen Austausch unter Gleichgestellten, die Dynamik des Absoluten Geistes in unserem Leben zu entdecken«. Es scheint für uns schwierig anzuerkennen, daß es Menschen gibt, die auf dem Pfad weiter gereist sind als wir selber, und die uns durch Orte führen können, die sie bereits erfolgreich durchwandert haben, die uns aber noch nicht vertraut sind. In diesem Sinne kann jeder, der in irgendeinem Punkt weiter ist als ich es selber bin, mein Guru werden. In jenen Angelegenheiten, in denen ich weiter bin, bin ich der Guru. Daran ist überhaupt nichts Magisches oder Autoritäres.
…Von gleich zu gleich mit einem anderen etwas zu teilen, kann sehr hilfreich dabei sein, die Dynamik des Absoluten Geistes in uns zu entdecken. Aber unsere Übung und unsere Fragen einem Menschen zu präsentieren, der uns aus seiner reichen Erfahrung und seiner entwickelteren Bewußtheit heraus Inspiration und konkrete Vorschläge geben kann, ist noch besser.[28]

Folgen für die psychologische Forschung

Die meisten religiösen Institutionen des Westens können dem Laien keine disziplinierte Schulung in Kontemplation bieten. Betrachtet man die spirituelle Entwicklung als festen Bestandteil von Ganzheit, so folgt daraus, daß sowohl das psychologische Forschungsfeld ausgeweitet wie auch neue Untersuchungsmethoden eingeführt werden müssen. Der innere Bogen der Reise zur Ganzheit muß den transpersonalen Bereich durchqueren, in dem jeder lernen muß, zu forschen anstatt zu urteilen, zu verdammen oder spirituelle Schulen zu idealisieren. Angesichts der wachsenden Besorgnis um das Wohlergehen der Menschheit insgesamt und der Notwendigkeit, die bewußte Evolution voranzutreiben,[29] ist unterscheidende Weisheit bei der Beurteilung spiritueller Praktiken nötig.
Die Forscher können diesen Bereich nur als teilnehmende Beobachter kennenlernen. Niemand kann verstehen, was außerhalb seiner Wahr-

nehmungsmöglichkeiten liegt. Darüber hinaus spiegelt sich in Beobachtungen menschlicher Entwicklung unweigerlich immer das Niveau der Fragen. Man findet im allgemeinen das, was man sucht, und man kann das sehen, was die begrenzte Wahrnehmung zuläßt. Aber jeder kann die gegenwärtigen Begrenzungen seiner Unterscheidungsfähigkeit im Hinterkopf behalten und daran arbeiten, den Wahrnehmungsrahmen zu erweitern.

Die östlichen Disziplinen, die nicht für das westliche Ich konzipiert wurden, sind nicht auf individuelle Unterschiede zugeschnitten. Aber scheinbar unvereinbare Werte lassen sich in der Praxis miteinander aussöhnen. Diejenigen, die das Gefühl haben, sie hätten es in der Welt zu einem gewissen Grad an persönlicher Macht und Meisterschaft gebracht, können viel aus der Hingabe lernen, sei es an einen Lehrer, an den Willen Gottes, ans Dienen oder an spirituelle Disziplin. Diejenigen, die noch nie ihre Autonomie und ihre Freiheit in Besitz genommen haben, mögen ihrerseits vielleicht gerade das tun müssen. Es geht nicht darum, daß man sich zwischen selbstgesteuerten Bemühungen oder der Hingabe an einen Lehrer entscheiden muß, sondern darum, den Wert in beidem zu erkennen.

Aus ichbezogenen Identifizierungen wächst man ganz natürlich heraus, wenn das Bewußtsein sich entwickelt und die Bewußtheit größer wird. Das Ich ist kein Feind. Kinder sind nicht deswegen weniger wert, weil sie keine Erwachsenen sind; wenn aber die Entwicklung stehen bleibt, kann das zu einem Problem werden. Wo auch immer man sich auf dem Pfad befinden mag, Freiheit und Würde kann man immer anerkennen. Und spirituelles Wachstum rechtfertigt es nicht, menschliche Würde zu mißachten oder zu verletzen. Schuld und Selbstschmähungen stehen der Befreiung ebenso im Weg wie Stolz. Angriffe auf das Ich fördern weder das psychologische Gleichgewicht noch führen sie zu gesunder Transzendenz. Zur Transzendenz des Ich ist keinerlei Gewalt nötig.

Selbst-Bewußtheit kann nicht mehr als esoterischer Luxus einiger weniger Gebildeter gelten. Sie ist zu einer gesellschaftlichen Notwendigkeit geworden. Wir beginnen eben erst, die Möglichkeiten verstehen zu lernen, die darin liegen, den Geist zu meistern, aber die Herausforderungen der heutigen Zeit machen einen beschleunigten Lernvorgang nötig. Die Menschheit gewinnt zu riesigen Reservoirs an unentwickeltem Potential Zugang, aber wenn die ichhaften Exzesse nicht von unterscheidender Weisheit in Schach gehalten werden, laufen wir Gefahr, uns selbst zu vernichten. Vielleicht liegt der eigentliche Konflikt in der Wahl zwischen Ich-Transzendenz und dem Tod allen biologischen Lebens auf unserem Planeten. Die Tatsache, daß der kollektive Selbstmord zu einer realen Möglichkeit geworden ist, spiegelt lebhaft die Auseinandersetzung zwischen Leben und Tod, Eros und Thanatos wider, die von der Seele auf jedem Pfad neu gelebt wird. Kein Mensch ist von der Teilnahme an diesem allgemeinen Dilemma ausgenommen.

Die Psychologie als Sozialwissenschaft steckt noch in den Kinderschuhen. Im Osten ist spirituelles Verstehen selten auf gesellschaftliche Probleme angewandt worden. Sri Aurobindo und Gandhi in Indien stellen da bemerkenswerte Ausnahmen in diesem Jahrhundert dar. Gandhi hat empfohlen, jeder Mensch solle als Beitrag zum Frieden in der Welt meditieren. Sri Aurobindo war einer der ersten, der die Interdependenz der inneren und der äußeren Befreiung betont hat. Er lehrte die Einheit des Unendlichen und des Endlichen, des Zeitlosen und des Vergänglichen, des Transzendenten und des Immanenten. Nur wenn man diese Einheit kennt, kann man »Friede in allem Handeln und Freude auf jedem Weg« erlangen.[30]

Jeder einzelne muß sich entscheiden, wo er nach Führung in unbekanntem Gelände sucht. Sollte man sich in Gehorsam einem anderen Menschen ergeben, der als weiser gilt als man selbst? Vielleicht können die kulturellen Werte von Freiheit und Selbstbestimmung, verbunden mit *Selbst*-Bewußtheit und Einsicht in Transzendenz, einem dabei helfen, einigen der Fallgruben auszuweichen und die erforderliche unterscheidende Weisheit zu entwickeln. Jeder einzelne muß sowohl einen subjektiven Pfad innerer Entwicklung beschreiten wie aus traditionellen Quellen und von äußeren Autoritäten lernen. Aus Büchern oder den Berichten anderer zu lernen, ist nie ein Ersatz für direkte Erfahrung. Bevor man über andere urteilt, muß man beginnen, die Tyrannei seiner eigenen Leidenschaften und das Verlangen anzuerkennen, die innere wie die äußere Erfahrung zu kontrollieren. Wenn man lernt, Gegensätze einzuschließen und auszubalancieren, ihre Abhängigkeit voneinander zu erkennen, dann kann man auch wirksamer zum Wohlbefinden anderer beitragen. Anhaltender Frieden läßt sich nicht dadurch erwerben, daß sich ein Ich einem anderen unterwirft. Vielleicht können die Bedingungen für Frieden nur dadurch hergestellt werden, daß die ichhafte Identifizierung transzendiert wird.

Letzten Endes läßt man sich im Bemühen, einen spirituellen Lehrer einzuschätzen, am besten von den Worten des Buddha leiten:

Glaube nicht an das, was du gehört hast; glaube nicht an Traditionen, weil sie durch viele Generationen überliefert wurden; glaube nicht an etwas, weil es von vielen gemunkelt und gesagt wird; glaube nicht, nur weil die schriftliche Aussage irgendeines alten Weisen vorgelegt wird; glaube nicht an Mutmaßungen; glaube nicht bloß an die Autorität deiner Lehrer und Älteren. Nach Beobachtung und Analyse, wenn es mit der Vernunft übereinstimmt und zum Guten und zum Nutzen eines und aller führt, dann akzeptiere es und lebe danach.[31]

Erfahrungsübungen

Führung

Im Laufe der Zeiten haben die Menschen bei ganz unterschiedlichen Quellen nach Führung gesucht. Träume werden schon von alters her als Möglichkeit genutzt, innere Weisheit anzuzapfen. Weissagungen, Astrologie, Tarotkarten, das *I Ging*, Orakel, Omen und andere äußere Werkzeuge, die innere Wirklichkeiten reflektieren und glückverkündende Daten und Entscheidungen bestimmen, sind so alt wie die menschliche Geschichte, und sie werden noch heute benutzt. Manche Leute entscheiden sich, ihre Selbstbestimmung oder ihre Entscheidungsfähigkeit anderen zu übertragen. Wenn sie das jedoch tun, bringt es nur wenig Trost, den anderen dann die Schuld für unangenehme Folgen zuzuweisen.

Die religiösen Mystiker aller Zeiten und Kulturen haben uns immer wieder darauf hingewiesen, daß Gott in uns wohnt, und daß wir, um zu wachsen, uns zu entwickeln und auf dem spirituellen Pfad voranzukommen, den inneren Lehrer, den Geist der Wahrheit finden müssen, der uns zu Ganzheit und *Selbst*-Verwirklichung führen wird.

In der heutigen Gesellschaft suchen manche Menschen bei Psychotherapeuten oder Lehrern unterschiedlicher Überzeugungen nach Führung. Nur wenige fragen nach den Glaubensvorstellungen des Therapeuten oder Lehrers oder nach der Quelle ihrer Führung.

Die universale Quelle innerer Weisheit ist für jeden von uns dieselbe. Jeder kann den Zugang zu innerer Wahrheit und zu dem Teil von uns, der als Führer oder Lehrer dienen kann, finden. Der Zugang zur Wahrheit ist immer verfügbar, unabhängig davon, welche Rolle wir im Leben spielen. Wir finden Weisheit, wenn wir bereit sind, die Dinge so zu sehen, wie sie sind. Und wir können die Wahrheit über andere sehen, wenn wir keine Angst davor haben, die Wahrheit über uns selber zu sehen. Wenn die Fähigkeit wächst, in die Rollen anderer zu schlüpfen,

Einfühlungsvermögen und Identifikationsmöglichkeiten mit jenen zu entwickeln, deren Lebenserfahrung sich von der unseren unterscheidet, wächst auch unsere Fähigkeit für Mitgefühl und Verstehen. Ebenso verhält es sich mit der Quelle der Weisheit, die in uns liegt: Je mehr wir üben, mit ihr in Verbindung zu kommen, desto leichter wird sie zugänglich.

Manche Menschen haben dank einer gut entwickelten Intuition leichten und direkten Zugang zur inneren Weisheit. Andere müssen etwas arbeiten, um Hindernisse wie Angst und Selbsttäuschung aus dem Weg zu räumen. Jeder muß von da losgehen, wo er gerade ist, und jetzt ist die richtige Zeit, um zu beginnen. Die Wahrheit ist immer bereits gegenwärtig. Sie wartet nur auf unsere Bereitschaft, ihr Dasein in uns anzuerkennen. Weise zu sein heißt, die Wahrheit anzunehmen, wie sie ist, die Interdependenz der Gegensätze und den flüchtigen Charakter aller Illusionen anzuerkennen. Langsam, indem wir lernen, die Vergangenheit loszulassen und uns der Gegenwart zu öffnen, können wir uns zunehmend bewußt werden, wie wir zur Gestaltung unserer Zukunft beitragen.

Nimm Dir Zeit, über die folgenden Bilder nachzudenken, und lasse alles wirken, was durch die Bilder heraufbeschworen wird. Das hilft, Klarheit darüber zu erlangen, welche Quellen der Führung verfügbar sind.

Laß Dir ein paar Minuten, um zu entspannen und den Geist zur Ruhe kommen zu lassen.

Stelle Dir jetzt vor, daß Du rückwärts durch die Zeit reist, zurück bis ins dritte Jahrhundert vor Christi Geburt. Visualisiere im Geiste, daß Du vor langer Zeit im alten Griechenland lebst. Schaue, welche Kleidung Du trägst, und wie Deine Umgebung aussieht. Sei Dir Deiner Beziehung zu Männern und Frauen in dieser Gesellschaft und der besonderen Rolle, die Du spielst, gewahr. Wer bist Du? Wo suchst Du Führung, wenn Du eine Entscheidung treffen mußt?

Nun versetze Dich ins Mittelalter stelle Dir vor, daß Du zu der Zeit in einem Land Deiner Wahl lebst. Achte auf Deine Umgebung, und sei Dir Deiner Beziehungen zu anderen Menschen bewußt. Welche Rolle spielst Du in dieser Gesellschaft? Wo suchst Du nach Führung?

Gehe nun wieder in der Zeit weiter voran, bis ins 18. oder 19. Jahrhundert. Stelle Dir ein wieder anderes Leben an einem anderen Ort vor. Achte auf die Details bei Deinen Kleidern und Deiner Umgebung. Sei Dir Deiner Beziehungen und Deiner Rolle zu dieser Zeit an diesem Ort bewußt. Wo suchst Du nach Führung?

Stell Dir jetzt vor, daß Du 200 Jahre weiter in der Zukunft lebst. Wie sieht diese Gesellschaft aus? Welche Rolle spielst Du darin? In welcher Beziehung stehst Du zu anderen? Wo suchst Du nach Führung? Nun schau Dir Dein gegenwärtiges Leben an, welche Rolle Du darin spielst und in welchen Beziehungen Du zu anderen stehst. Wo suchst Du nach Führung? Haben sich Deine Möglichkeiten, angemessene Führung zu suchen und zu finden, im Laufe der Zeit entwickelt oder verändert? Welche Quellen der Führung bevorzugst Du?

Lehrer und Helfer

Eine Möglichkeit, Dir Deines inneren Lehrers bewußt zu werden, ist die, über die Menschen nachzudenken, die in der Vergangenheit wichtige Lehrer für Dich waren. Wer ist in Deinem Leben ein wichtiger spiritueller Lehrer gewesen? Vielleicht hat es mehrere gegeben.
Ein spiritueller Lehrer muß nicht religiös sein. Es kann jemand sein, der Dich dazu angeregt hat zu wachsen, der Dir Kraft dafür geschenkt hat, ein altes Selbstbild oder eine selbstauferlegte Einschränkung zu transzendieren. Jemand, der es Dir möglich gemacht hat, Dich selbst als weit, befreit, frei von Einengungen wahrzunehmen, von denen Du nicht einmal wußtest, daß Du sie Dir auferlegt hattest. Ein spiritueller Lehrer könnte jemand sein, der Dir geholfen hat zu erkennen, wer und was Du wirklich bist, jemand, der Dich Deinen eigenen Zugang zur Wahrheit hat entdecken lassen.
Mache eine Liste der wichtigen Lehrer in Deinem Leben. Welche Eigenschaften hast Du an ihnen besonders geschätzt? Denke daran, daß jede Eigenschaft, die Du in anderen erkennst, auch in Dir schlummert. Wenn Du Dich entscheidest, sie aufleben zu lassen, dann kannst Du das auch. Wähle eine Eigenschaft aus, die Du an einem Lehrer geschätzt hast, und frage Dich, ob Du bereit bist, diese Eigenschaft in Deinem eigenen Leben kundzutun. Wenn ja, frage Dich, ob Du wirklich vorhast, sie zu kundzutun. Die Kraft dieses Vorhabens zu erkennen, wirkt befreiend und gibt Stärke. Wenn Du wirklich vorhast, eine bestimmte Eigenschaft zu fördern, dann wirst Du es auch tun. Wenn man etwas lebt, was man sich vorgenommen hat, wird das zu einer Gewohnheit und zu einem Teil des Charakters – die Eigenschaften, die Du schätzt, auszuwählen und sie fördern zu wollen, heißt Verantwortung für Dein eigenes Werden und für Deinen Anteil an der Mitgestaltung der Zukunft zu übernehmen. Jede Entscheidung beeinflußt die Zukunft. Du bist ebenso frei, die Eigenschaften zu wählen, die Du in der Welt zum

Ausdruck bringen willst, wie Du frei bist, die Glaubensvorstellungen und Annahmen auszuwählen, die Du in Deinem Geist akzeptierst. Wenn Du nicht bewußt auswählst, geschieht es unbewußt, oder jemand anderes entscheidet für Dich. Du kannst jederzeit diese Wahlmöglichkeiten wieder für Dich beanspruchen.

Wenn Du bei dem Prozeß, zu werden, wer Du bist, Hilfe möchtest, wenn die Hindernisse überwältigend scheinen und es nur schleppend vorangeht, dann kannst Du immer um Unterstützung bitten. Hilfe steht immer zur Verfügung, aber sie läßt sich leichter finden, wenn Du weißt, welche Art von Hilfe Du suchst. Denke über vergangene Situationen nach, in denen Du Hilfe bekommen hast. Kannst Du Dich an eine Zeit erinnern, in der Dir jemand sehr geholfen hat? Was war an diesem Menschen, der Dich unterstützt hat, so besonders hilfreich? Wie hast Du den Austausch mit ihm oder ihr empfunden, was geschah dabei? Wie hast Du Dich danach gefühlt? Erstelle eine Liste der Eigenschaften, die Du als besonders hilfreich empfunden hast. Das sind die Eigenschaften, auf die Du vielleicht achten solltest, wenn Du jemanden um Hilfe bei Deinem Prozeß des Werdens bittest.

8 Kreativität und Träumen

Die Reise zu Gott ist einfach das Wiedererwachen des Wissens darum, wo du immer bist und was du ewig bist.

A Course in Miracles[1]

Kreativität und Selbstausdruck

Kreativität hat man lange Zeit göttlicher Inspiration zugeschrieben. Nirgends enthüllt sich die Beziehung zwischen dem Weltlichen und dem Transzendenten deutlicher als im kreativen Ausdruck. Die Kreativität anzuzapfen, ist ebenso wie das Träumen eine Möglichkeit, auf das *Selbst* zu hören. Ob man sie nun der Intuition, einer Muse, einem Dämon oder persönlichem Bemühen zuschreibt, kreative Inspiration kann immer eine Quelle der Heilung und spirituellen Erneuerung für die Psyche sein.

Jeder Pfad bietet Gelegenheiten zur Kreativität, aber in einigen Systemen wird sie höher gewertet als in anderen. In einigen meditativen Schulen werden kreative Ideen wie alle anderen Vorstellungen als Ablenkung betrachtet, die man ignorieren sollte. Gewiß kann die Aufregung über anscheinend bedeutungsvolle Einsichten oder originäre Bilder während einer Meditation sehr ablenken. Ob diese »Ablenkungen« für den einzelnen oder für die Gesellschaft irgendeinen Wert haben, ist eine andere Frage. Willis Harman und Howard Rheingold, argumentieren in *Die Kunst, kreativ zu sein* für ihren potentiellen Wert. Sie verweisen darauf, daß kreative Einsicht die Geschichte geprägt hat:

Im frühen siebten Jahrhundert nach dem christlichen Kalender sah ein armer Kameltreiber in einem entlegenen Winkel der Erde im Traum einen Engel; im achten Jahrhundert hatten die Armeen derer, die an die Offenbarung in Mohammeds Traum glaubten, ein Gebiet erobert, das sich vom Süden Spaniens bis zum nordwestlichen Teil Indiens erstreckte. Im späten neunzehnten Jahrhundert stellte sich ein junger jüdischer Student der Physik in Zürich vor, er würde auf einem Lichtstrahl reiten und auf sich selbst im Spiegel zurückschauen; die folgende Gedankenkette führte zu der Formel $E=mc^2$, der theoretischen Basis für die Atombombe.[2]

Kreativität kann auf jeder einzelnen oder auf allen Ebenen des Bewußtseins wirken – spirituell, existentiell, mental, emotional und körperlich.
Ihr relativer Wert läßt sich zwar nicht ohne weiteres bestimmen, aber
man muß ihn berücksichtigen. Unterdrückt man die Kreativität, entstehen daraus zumeist innere Konflikte, Depressionen und Krankheit. Für
Heilung und Ganzheit ist ihre Integration unbedingt notwendig.

Kreativität läßt sich auf einer konkreten körperlichen Ebene in den
Künsten, in der Architektur und den vielen Formen des Handwerks
ausdrücken. Auf dieser Ebene formt Kreativität unsere Umgebung und
trägt in einer fühl- und sichtbaren Weise zur Lebensqualität bei. Zwar
hat die religiöse Kunst die ausdrückliche Aufgabe, spirituell inspirie-
rend zu sein, aber welche wirklich große Kunst wäre nicht in diesem
Sinne erhebend? Für den Menschen auf dem spirituellen Pfad ist es
jedoch wichtig, die kreative Inspiration zu entdecken und anzuerkennen, die nur er zum Ausdruck bringen kann. John Curtis Gowan berichtet von der folgenden Beobachtung:

Als Michelangelo die Sixtinische Kapelle ausmalte, verewigte er sowohl die
Großen als auch die kleinen Propheten. Man kann sie dadurch voneinander
unterscheiden, daß, obwohl die Engelsgesänge für alle erklingen, nur die Großen Propheten ihnen *lauschen*. Hier liegt, genau gesagt, der Unterschied zwischen Genius und Talent.[3]

Aber man braucht kein Genie oder auch nur besonders talentiert zu
sein, um zu lernen, nach innen zu lauschen und sich kreativ auszudrücken. Auf der emotionalen Ebene kann sich Kreativität in der Kunst
des Liebens, in Beziehungen, beim Heilen, beim Nähren und in mitfühl-
lendem Dienen äußern. Sie kann so auf fühlbare, wenn auch nicht
sichtbare Weise zur Qualität des Lebens beitragen. In diesem Sinne hat
Mutter Teresa in Kalkutta sehr kreative Arbeit bei den Bedürftigen
geleistet. Emotionale Kreativität strahlt als innerer Frieden, Freude und
Glanz aus. Eine ihrer Funktionen ist die, in einer heilenden Beziehung
Angst in Liebe zu verwandeln. Manche Leute sind im Umgang mit
Worten so geschickt, daß sie damit Gefühle heraufbeschwören können,
andere drücken emotionale Kreativität durch Musik oder andere
Kunstformen aus, die tief empfindende Reaktionen hervorrufen. Emo-
tionale Kreativität kommt auch darin zum Ausdruck, daß man emotionale Wunden heilt und Kummer in Mitgefühl verwandelt.

Auf der mentalen Ebene drückt sich Kreativität durch Ideen, Gedankenformen und Bilder aus. Entdeckungen und Erfindungen sind Produkte der Kreativität auf mentaler Ebene. Natürlich beinhaltet jede
kreative Bemühung ein Stück mentaler Aktivität und auch Gefühle,

aber der Schwerpunkt eines bestimmten kreativen Versuchs kann auf der körperlichen, der emotionalen, der mentalen oder der spirituellen Ebene liegen. Die Schöpfungen des Geistes sind sowohl sichtbar wie unsichtbar. Sie formen jede subjektive Erfahrung, ob man sich nun dessen bewußt ist oder nicht.

Auf der spirituellen Ebene kann Kreativität die Form einer Offenbarung annehmen, wie bei Moses oder Mohammed in der Wüste. Sie kann aber auch weniger dramatisch als innere Berufung zu einer einzigartigen Aufgabe im Leben auftreten. Das kann in Form eines Traums, einer Vision, einer Idee oder eines Gefühls geschehen, aber es hat immer eine noetische Qualität, das heißt man *weiß*, was es ist, das man tun muß. Diese Gewißheit spiegelt sich in den Worten Jesu: »Ich muß den Auftrag meines Vaters erfüllen.«

Die Stadien der Kreativität auf jeder Ebene scheinen bestimmten Mustern zu folgen. Ein weitverbreitetes Muster entspricht den Phasen der Geburt, wie sie Stanislav Grof in der *Topographie des Unbewußten* beschreibt.[4] Die erste ist ein Zustand der glückseligen Einheit, die alle Möglichkeiten enthält; die zweite ist ein depressives Gefühl von Druck und Auswegslosigkeit; die dritte ist leidenschaftliches Ringen, das dem Handeln vorausgeht; die vierte ist Trennung und neues Leben. Diese Stadien scheinen die Stadien der Selbstentwicklung in umgekehrter Richtung widerzuspiegeln: von Einheit (transpersonal) durch Verzweiflung (existentiell), Wahl (mental) und Leidenschaft (emotional) zu Trennung (körperlich).

Durch den kreativen Prozeß wird einer neuen Form Leben geschenkt. Auf dem spirituellen Pfad wird der Prozeß der Transformation manchmal so beschrieben, daß man das *Selbst* zur Welt bringt. Einer Inkubationszeit oder Schwangerschaft kann eine Depression oder ein Gefühl von Totsein folgen, das sich rationaler Analyse entzieht. Es gibt zwar auch freudvolle Momente der Inspiration, aber der Kampf, in dem die Kräfte von Eros (Liebe) und Thanatos (Tod) gegeneinander stehen, wird als notwendiger Teil des kreativen Prozesses betrachtet.[5] Er ist sicherlich emotional hoch geladen und verlangt, wenn man ihn aus einer existentiellen oder ichhaften Perspektive betrachtet, nach beachtlicher Anstrengung.

Der Sisyphos-Mythos erzählt die Geschichte eines Mannes, der dazu verdammt ist, jeden Tag einen großen Felsbrocken auf den Gipfel eines Berges zu wuchten, nur um ihn dann herunterrollen zu sehen und von neuem mit dem Aufstieg beginnen zu müssen. Dies ähnelt dem kreativen Prozeß, wenn man ihn als ein Ringen des Ichs mit Mächten betrachtet, die es an nicht enden wollende, bedeutungslose Aufgaben binden. Und in der Tat verschwinden mit der Zeit alle kreativen Bemühungen der Menschen. Kreativität ist weder auf der körperlichen noch auf der emotionalen oder mentalen Ebene von Dauer. Nur wenn man den Pfad der Trennung und die Rückkehr zum Bewußtsein der Einheit bis zum Ende gegangen ist, kann man zurückblicken und sehen, wie sich Vorstellungen über die Realität im kreativen Prozeß ausdrücken. Vielleicht kann man dann von ganzem Herzen an der kreativen Manifestation des absoluten GEISTES in allen Formen teilnehmen.

Der Zugang zur kreativen Inspiration läßt sich durch viele verschiedene psychologische Methoden wie etwa Hypnose, bildhafte Vorstellungen, Visualisierungen, Entspannung, Affirmationen usw. finden. Die Methoden, mit denen sich Kreativität und Intuition entwickeln lassen, sind bereits an anderer Stelle erörtert worden.[6] Hier wollen wir unsere Aufmerksamkeit den Träumen als einer Quelle der Inspiration und Führung zuwenden. Sie können uns weiter in die verborgenen Winkel des Geistes und des Bewußtseins führen als Visualisierungen im Wachzustand, die anfälliger für mentale, ichhafte Manipulationen sind.

Träumen

> Der Weg selbst ist wie etwas,
> Das man im Traum gesehen.
> Es weicht aus, entzieht sich einem…
> Darin liegt das Wesentliche, subtil aber wirklich,
> Eingebettet in Wahrheit.
>
> *Lao Tsu*[7]

Träume können auf dem spirituellen Pfad eine wertvolle Orientierungshilfe sein, besonders, wenn man sich nicht formal an einen Lehrer oder eine religiöse Gruppe gebunden hat. In jeder spirituellen Tradition gibt es Anspielungen auf das Träumen, und es ist allgemein bekannt, daß Gott, Engel, Gurus und Lehrer in einem Traum auftauchen können, um dem Träumenden Anweisungen oder eine Botschaft zu bringen. Träume können auch eine Quelle transpersonaler Erfahrungen sein. Außerdem kann jeder Traum eine heilende Wirkung auf die Psyche haben, auch wenn er vom Inhalt her nicht ausdrücklich spirituell oder psychologisch ist.

Manche Träume sind so bizarr, daß man sie als psychotisch bezeichnen würde, wenn sie im Wachzustand aufträten. Wenn man Psychose so definiert, daß man in einem suboptimalen Bewußtseinszustand gefangen ist, der Wirklichkeit verzerrt, ohne daß man sich der Verzerrung bewußt ist,[8] und daß dieser Zustand von Angst beherrscht wird, dann trifft diese Bezeichnung auf die meisten Traumzustände zu. Im Traumzustand bewußt zu werden, kann einem normalen, gesunden Menschen die Möglichkeit eröffnen, jeden einzelnen und alle Zustände des Bewußtseins zu erfahren. Dazu muß man sich erinnern können, und der Schlüssel, der es einem ermöglicht, aus dieser Erfahrung zu lernen, ist die Aufmerksamkeit. Wenn man aufmerksam ist, können Träume eine tiefe Quelle der Einsicht sein. Je mehr Aufmerksamkeit man den Träumen schenkt, desto lebendiger und verfügbarer werden sie. Bewußtes Träumen kann zu Heilung, Weisheit und Kreativität beitragen.[9] Die Interpretation eines Traums kann man von jeder Ebene aus angehen: von der emotionalen, der mentalen, der ichhaften, der existentiellen oder der spirituellen. Es scheint so zu sein, daß der Kontext, in dem man Träume untersucht, ihre Wirkung bestimmt. Wenn wir lernen, sie mit heilender Bewußtheit zu betrachten, können Träume zu Instrumenten der Heilung und Ganzheit werden.

Träume zeigen uns außerdem, daß wir die Kraft haben, eine Welt zu schaffen, die nur im Geist besteht. Für die Dauer des Traums sind wir absolut davon überzeugt, daß diese Welt wirklich ist, auch wenn sie dem rationalen Geist noch so bizarr erscheint. Manchmal scheinen Traumwelten ihre eigene Realität zu haben, unabhängig von der Teilnahme des Träumenden. Traumlandschaften können in aufeinanderfolgenden Träumen immer wieder auftauchen, und der Träumende kann auf Menschen und Orte treffen, denen er im normalen Wachzustand nie begegnet.

Männer und Frauen nutzen Träume schon seit ewigen Zeiten, um die Bewußtheit für feinstoffliche, nicht-physische Realitäten zu erhöhen. In der Bibel gibt es viele Berichte darüber, daß Gott im Traum zu Menschen spricht. Zum Beispiel:

Denn in einer Weise redet Gott und wieder in einer anderen, nur achtet man's nicht. Im Traum, im Nachtgesicht, wenn der Schlaf auf die Leute fällt, wenn sie schlafen auf dem Bette, da öffnet er das Ohr der Leute…[10]

Auch in der Yoga-Literatur finden sich viele Beispiele für Träume von spirituellen Unterweisungen und Begegnungen mit Gurus. In der Yoga-Psychologie geht man davon aus, daß Träume sowohl intuitive Weisheit vermitteln als auch persönliche Probleme reflektieren. Swami Rama hat an der Menninger-Klinik in Kansas bewiesen, daß ein echter

Yoga-Meister das Wachbewußtsein sowohl im Traumzustand wie im Tiefschlaf aufrechterhalten kann.[11]

Träume gelten in den religiösen Traditionen als Quelle spiritueller Führung. Mohammed erhielt die erste Verkündigung seiner Mission in einem Traum, und auch der Mutter des Buddha wurde seine Geburt in einem Traum vorhergesagt. Im alten Ägypten glaubte man, göttliche Mächte gäben sich im Traum zu erkennen, und im Griechenland der Antike galten Träume als Orakel und hatten außerdem eine heilende Funktion. In der altvedischen Literatur Indiens gilt jemand im Traumzustand als »selbst- erleuchtet«.[12]

Die heutige Traumforschung deutet darauf hin, daß Phänomene außersinnlicher Wahrnehmung wie Telepathie und Vorauswissen am häufigsten in dem veränderten Bewußtseinszustand des Träumens auftreten.[13] Menschen aus allen Zeiten und Kulturen haben immer wieder von Träumen berichtet, in denen es um Dinge ging, die künftig noch geschehen würden – und einige davon treten jetzt tatsächlich ein. Manchmal liefern Träume genaue Informationen über Ereignisse, die weit entfernt in einer anderen Raum-Zeit stattfinden. Aber die Berichte anderer zu lesen, ist lange nicht so beeindruckend, wie selbst die Erfahrung zu machen.

Einen Traum, an den ich mich sehr lebhaft erinnere, hatte ich an dem Abend, als meine Tochter nicht wie geplant von einer Rucksack-Tour in die frühherbstlichen Sierras nach Hause kam. Sie war sechzehn und eine Woche lang mit einer Gruppe junger Leute und einem Führer auf einer Wanderung unterwegs. Als die Gruppe nicht zum angekündigten Zeitpunkt zurückkehrte, machte ich mir Sorgen. In der folgenden Nacht habe ich nur wenig geschlafen, dafür aber geträumt, daß sie mich angerufen und mir gesagt habe, daß sie am nächsten Mittag um ein Uhr aus den Bergen zurück sein werde. Im Traum war ich erleichtert, und als ich aufwachte, war ich enttäuscht, daß es »nur ein Traum« war. Am nächsten Tag um halb zwei rief meine Tochter an, um mir zu sagen, daß sie und ihre Begleiter gerade von einem Hubschrauber aus einem hohen Bergtal gerettet worden waren. Dort hatte ihnen ein Fluß den Weg abgeschnitten. Nach einer Nacht mit heftigen Regenfällen führte er so starkes Hochwasser, daß sie ihn nicht überqueren konnten. Sie war wirklich ungefähr um ein Uhr mit dem Helikopter aus dem Tal ausgeflogen worden. Nachts hatte sie versucht, mir telepathisch zu übermitteln, daß es ihr gut ging, aber sie konnte natürlich nicht wissen, wie und wann sie zurückkommen würde.

Solche Erlebnisse sind bei Menschen, die auf ihre Träume achten, nicht ungewöhnlich. Eine junge Frau hat genau in dem Moment von dem

Tod ihres Vaters geträumt, in dem er sein Leben bei einem Autounfall verlor. Eine andere träumte, daß ihr Vater sich von ihr verabschieden käme. Am nächsten Tag erhielt sie einen Anruf, ihr Vater sei am Vortage gestorben. Eine dritte hat geträumt, sie würde ihren »Seelen-Partner« finden, und traf wenige Tage darauf den Mann, den sie später heiratete. Manchmal warnen Träume uns vor einer drohenden Gefahr. Eine Frau hat geträumt, daß sie mit dem Auto über den Rand einer Klippe rasen würde. Am nächsten Tag ereignete sich ein Unfall, bei dem der vor ihr fahrende Wagen über den Straßenrand rutschte und den Hang hinunter rollte.

Es ist jedoch häufiger so, daß Träume nicht die objektive, sondern die subjektive Wirklichkeit abbilden. Die Tatsache, daß Träume Ereignisse aus der äußeren Welt wiedergeben, sollte nicht den Blick dafür verstellen, daß sie außerdem fortwährend das innere Leben der Psyche erfassen und uns Einsicht in den Zustand unserer körperlichen, emotionalen, mentalen, existentiellen und spirituellen Gesundheit geben. Seit Freuds Pionierarbeit auf dem Gebiet der Traumforschung und der Veröffentlichung seines Buches *Die Traumdeutung*[14] um die Jahrhundertwende hat man Träume als Königsweg zum Unbewußten angesehen. Freud interpretierte Träume als verkleidete Wunscherfüllungen. Jung meinte dagegen, daß Träume mehr offenbaren als sie verhüllen. Er schrieb ihnen eine kompensatorische Funktion zu, die dazu beitrage, die Psyche im Gleichgewicht zu halten.[15] Träume werfen Licht auf psychologische Prozesse, die außerhalb bewußter Kontrolle liegen. So weisen sie auf Gebiete des Seelenlebens hin, die der Aufmerksamkeit bedürfen, und decken Selbsttäuschungen auf.

Träume können auch eine Quelle der Inspiration sein. Viele kreative Inspirationen finden ihren Weg ins Bewußtsein durch Träume. Robert Louis Stevenson hat die Handlung für viele seiner Geschichten im Traum gefunden, und Mozart hat im Traum Musik gehört, die er danach in Noten umsetzte. Künstler aus allen Gebiete sind von Träumen inspiriert worden. Aber Träume befruchten nur dann die Kreativität, wenn der Träumende bereit ist, sich der Mühe zu unterziehen, ihren Inhalt einzufangen und darauf acht zu geben.

In einigen Kulturen, etwa bei manchen amerikanischen Indianerstämmen, erwartet man von den jungen Männern, daß sie ihre lebenslange Berufung aufgrund ihrer Träume bestimmen. Menschen, die ihre Träume ernst nehmen, berücksichtigen sie oft bei lebensverändernden Entscheidungen und beruflichen Veränderungen. So hat beispielsweise ein Mann, dem eine Stelle angeboten war, bei der er ein ihm überwältigend scheinendes Maß an Verantwortung übernehmen sollte, geträumt, daß er zu den zwölf Aufgaben des Herkules verurteilt würde. Er hat das Stellenangebot abgelehnt. Eine Frau, die sich mit Heiratsabsichten trug, träumte, daß sie mit ihrem Zukünftigen in einem Pfefferkuchenhaus lebte. Alles schien künstlich und unecht. Die Beziehung zerbrach, als sie begann, einige ihrer Annahmen in Frage zu stellen und hinter die äußeren Fassaden zu schauen.

Eine andere Frau war gerade dabei, in der Therapie ein besseres Selbstgefühl zu entwickeln. Sie träumte davon, im Schlafgemach eines Königs zu sein und in dessen Schuhe zu schlüpfen. Sie passten ihr wie angegossen. Und sie lernte wirklich, ihre eigene Autorität zu sein und ihr eigenes Leben zu regieren.

Träume über Krankheiten und Gefahren werden bei jemandem, der scheinbar bei bester Gesundheit ist, oft als Warnträume interpretiert. Ich finde es nützlich, davon auszugehen, daß der Traum uns wissen läßt, was jetzt wirklich in der Psyche, jenseits bewußter Wahrnehmung, vor sich geht. Wenn man den Traum ignoriert, manifestiert er sich vermutlich konkreter in Form von körperlicher Krankheit oder eines Unfalls. Ist man aber für seine feinstofflichen Botschaften offen, kann man die konkreten Äußerungen dieser Schwierigkeiten vielleicht vermeiden.

Aus jungianischer Perspektive schreibt dazu der Analytiker Max Zeller:

Wenn der Traum sagt, daß jemand krank ist, nehmen wir das als diagnostische Aussage über eine Krankheit, die *in der Psyche* auftritt und dort anerkannt wird. Die Krankheit, auf die das Unbewußte hinweist, ist dem Bewußtsein des Patienten verborgen. Es ist wie eine versteckte Krankheit, ein geheimes Leiden, das er bisher nicht kannte. Das Unbewußte eröffnet eine neue Dimension, die sich durch den Traum manifestiert und die einseitige bewußte Betrachtung weitet und ins Gleichgewicht bringt…
Traumbilder von Krankheiten teilen also eine Störung im Fluß des Lebens mit. Obwohl der Träumende selbst gespürt haben mag, daß nicht alles zum Besten steht und daß es ihm nicht gut geht, daß er frustriert, abgeschnitten und depressiv ist, obwohl es ihn quält, er sich beschwert und sein Schicksal beklagt, wird er sich kaum je als krank betrachten.[16]

Träume scheinen den Sinn, nach dem wir uns im Leben sehnen, sowohl zu verdecken wie zu enthüllen. Sie verzerren, verkehren, verdichten und verkleiden die gewohnte Wirklichkeit und zeigen uns eine andere Dimension, in der Gedanken sich sofort manifestieren. Sie enthüllen die Wahrheit über subjektive innere Erfahrung, und was bewußt verleugnet wird, taucht dann wieder in Form von Albträumen auf. Wenn wir wütend, verunsichert, ängstlich, traurig oder voller Schuldgefühle sind, können diese Emotionen sich in Träumen äußern. Hat man sie im Wachbewußtsein unterdrückt, treten sie im Traum um so heftiger auf. Wenn ich beispielsweise meine Wut nicht anerkannt habe, werde ich sie vermutlich auf Traumbilder projizieren, die dann wütend oder bedrohlich erscheinen werden.

Traumdeutung

Eine sehr wirksame Methode, die Botschaften zu entschlüsseln, die die Psyche dem Bewußtsein durch Träume anbietet, besteht darin, die verschiedenen Traumfiguren im Rollenspiel nachzuvollziehen. Wenn man bereit ist, die Rolle jeder Figur im Traum zu übernehmen, sich die Projektionen zu eigen zu machen und jede als einen Aspekt des ganzen *Selbst* anzuerkennen, beginnt der Prozeß der Differenzierung und Re-Integration. Dadurch, daß man dieses Vorgehen erlernt, kann man erfahren, wie es sich anfühlt, anders zu sein als das, womit man sich bewußt identifiziert. Das gibt einem die Möglichkeit, das Selbst und die Welt aus unterschiedlichen Blickwinkeln zu betrachten. Damit erkennt man, daß sie alle relativ und formbar sind.

Dieser Zugang zur Traumarbeit, der auf der Gestalt-Therapie beruht, ist besonders beim Prozeß der Ich-Integration wirksam, der danach verlangt, die Trennung zwischen Persona und Schatten zu heilen und seine Projektionen in Besitz zu nehmen. Er hilft auch dabei, verschiedene Polaritäten in der Psyche zu identifizieren und ins Gleichgewicht zu bringen. Wenn man lernt, sich mit dem Inhalt eines Traumes zu identifizieren, das heißt, sich selber als ein Haus zu sehen, in dem sich die Handlung des Traums entfaltet, fällt der Prozeß der Dis-Identifizierung mit dem Melodrama oder den Bewußtseinsinhalten leichter. Betrachtet man sich aus dem Blickwinkel des *Selbst* als eine Figur in dem Traum, nimmt man eine vollkommen andere als die gewohnte ichbezogene Perspektive ein.

Bisweilen enthüllen Träume archetypische Bilder, die kraftvolle Reaktionen hervorrufen, wenn man offen genug ist, sich ihnen zu stellen. Tritt man mit heilender Bewußtheit mit ihnen in Interaktion, so bestätigt man ihren heilenden Einfluß, ohne sie mit vorgefaßten ichbezogenen Ideen zu überfrachten. Archetypische Bilder werden manchmal als Energiespender erfahren, die eine Vielzahl von schlummernden Fähigkeiten wachrufen. Ihre Kraft und kreative Fülle sind unermeßlich. Das Problem bei symbolischen Interpretationen liegt darin, daß Symbole für verschiedene Menschen oder in wechselnden Zusammenhängen auch unterschiedliche Bedeutungen haben können. Es scheint daher ratsam, solche Bilder mit einem offenen, forschenden Geist zu untersuchen. Die Bilder sollten im Rahmen der persönlichen Geschichte des Träumenden und des Traums, in dem sie auftauchen, für sich selber sprechen dürfen. Der Markt ist jetzt voller Bücher über Traumdeutungen, und vielleicht ist jeder beliebige Zugang besser als gar keiner. Ich möchte jedoch den ungeübten Traumbeobachter auffordern, von solchen Deutungsansätzen Abstand zu nehmen, die bestimmte symbolische Bilder mit festgelegten Bedeutungen versehen. Träume können ihre kreativen und heilenden Funktionen am besten ausüben, wenn man sie im Lebenszusammenhang des Träumenden betrachtet, und es ist Sache des Träumenden, bestimmte Deutungen zu akzeptieren oder abzulehnen.

Es gibt nicht die eine, einzig richtige Art mit Träumen umzugehen. Aber am wertvollsten scheinen Methoden zu sein, die nicht versuchen, Träume außerhalb ihres Zusammenhangs zu deuten, die vom Ausgang her offen sind und die individuellen Lebensumstände berücksichtigen. Träumen ist eine Fähigkeit, über die jeder verfügt, aber bei vielen Menschen ist die Bewußtheit darüber unterdrückt oder unentwickelt. Jeder kann lernen, Träume als eine Quelle für innere Führung zu nutzen, aber das erfordert Aufmerksamkeit.

Träume können Botschaften von jeder Ebene des Bewußtseins vermitteln. Es ist jedoch schwierig, sie zu kategorisieren, da sie oft für mehrere Ebenen stehen und aus einer Vielzahl von Perspektiven entschlüsselt und wiedererlebt werden können. Einige Analytiker, die mit Träumen arbeiten, glauben, daß es falsch ist, Träume zu deuten. Sie ziehen es vor, sich auf die Gefühle zu konzentrieren, die der Traum hervorruft, oder die Traumbilder in einem Prozeß aktiver Imagination für sich selber sprechen zu lassen. Träume erwecken die Vorstellungswelt der Psyche zum Leben, eine mächtige Fundgrube unerschöpflicher Reichtümer. Manchmal haben Träume eine so starke emotionale Wirkung, daß Deutungen überflüssig erscheinen. Ich habe aber dennoch festgestellt, daß die Vertrautheit mit den verschiedenen Bedeutungsebenen, die man in einem bestimmten Traum ausmachen kann, das Verständnis vertiefen und reduktionistische Zugänge vermeiden helfen kann, die alle Träume aus einem einzigen Blickwinkel interpretieren.

Wilber rät, Deutungen von allen Ebenen des Bewußtseins aus anzuschauen, um die zu finden, die aus Sicht des Träumenden am besten paßt.[17] Sein Vorschlag lautet, mit dem Betrachtungsrahmen der Psychoanalyse zu beginnen, die von den klassischen Freudschen psychosexuellen Botschaften ausgeht, und dann mit anderen Perspektiven, wie der humanistischen, der existentiellen und der transpersonalen, fortzufahren, um den Traum auch auf deren Weise zu betrachten. Zusätzlich kann man einen Traum sowohl auf seinen manifesten wie auf seinen latenten Inhalt hin untersuchen, da er sowohl wörtlich zu verstehende Informationen wie symbolische Botschaften vermitteln kann.

Im Rahmen der psychotherapeutischen Arbeit mit Träumen folge ich gewöhnlich einem flexiblen Schema, zu dem die folgenden Schritte gehören:

1. Sich mit den Bildern, so wie sind, vertraut machen.
2. In den Gefühlstonus des Traums hineinhören.
3. Subjektive Assoziationen und Interpretationen erforschen.
4. Rollenspiele oder aktive Imagination, wenn diese geeignet scheinen, den Prozeß zu vollenden.

Die transzendentalen oder transpersonalen Botschaften in einem Traum werden meiner Erfahrung nach intuitiv verstanden. Sie bedürfen gewöhnlich keiner Erklärung. Reagiert der Träumende jedoch auf einen Traum mit transpersonalen Anklängen verwirrt, durcheinander oder ängstlich, kann man den Traum aus jeder Perspektive untersuchen, die er zu erforschen bereit ist. Wilber meint, daß ein Mensch, dessen Bewußtsein weiter entwickelt ist, eher bereit sein wird, sich auf höhere Deutungsebenen einzulassen. Wenn man nicht auf die verschiedenen Arten eingeht, einen Traum wahr zu nehmen, enthält man dem Träumer vielleicht eine Möglichkeit vor, die vielfachen Bedeutungsschichten aufzudecken, die er enthält. In der Praxis ist es jedoch zuweilen sinnvoll, auf einen bestimmten Traum intuitiv aus einer Perspektive zu reagieren, die offensichtlich paßt, und sich um die anderen nicht lange zu kümmern. Man muß vor allem daran denken, daß Deutungen immer nur einen Teil abdecken, daß sie von Gefühlen, Projektionen und Betrachtungsweisen beeinflußt sind. Solange man sich der natürlichen Begrenzungen der Deutung bewußt ist, kann man durch das Analysieren der Trauminhalte und der damit verbundenen Gefühle sowohl Einsicht wie ein besseres Verständnis der psychologischen Prozesse gewinnen.

Andererseits ist manchmal eine Deutung vollkommen überflüssig. Ich hatte folgenden Traum, der große Wirkung hatte und mir eine wichtige Botschaft brachte, den zu deuten aber nicht notwendig schien:

Ich bin mit dem Fahrrad auf einem schlammigen, durchfurchten Weg unterwegs. Es ist schwierig, und ich versuche, alle möglichen Hindernisse zu umfahren. Dann erinnere ich mich, daß ich meine Aufmerksamkeit verlagern kann und mich nicht ausschließlich auf den Weg und seine Hindernisse konzentrieren muß. Statt dessen wende ich mich dem Treten zu, das schwer geht. Ich muß mich anstrengen, um immer weiterzumachen. Wenn ich nur weiter trete, wird mir nichts geschehen. Dann merke ich, daß jemand neben mir fährt und daß es leichter ist, wenn wir synchron in die Pedale treten, wenn ich mich seinem Fahren anpasse. Ich beginne den Rhythmus unseres Tretens zu spüren, und es fühlt sich immer leichter und vergnüglicher an. Plötzlich werden wir von der Erde gehoben und fahren durch die Luft, ganz mühelos. Ich spüre eine starke, summende Schwingung, die uns zu verbinden scheint, während wir weiter voller Freude über der Erde fahren.

Heilende Träume

> Alle Heilung ist dem Wesen nach
> Erlösung von Angst.
> *A Course in Miracles*[18]

Man kann jeden Traum als heilenden Traum betrachten. Manche Träume können auch ohne Deutung eine heilende Wirkung auf die Psyche haben; andere werden nur dann zu Instrumenten der Heilung, wenn man sie in diesem Zusammenhang wahrnimmt. Alle Träume können zu einem Gefühl von Ganzheit beitragen, wenn sie in das Gesamtmuster der Wahrnehmung integriert werden, das Erfahrung verständlich macht. Wenn wir abends einschlafen, wird das Bewußtsein von der Herrschaft des rationalen Geistes befreit. Dann werden jene Aspekte unseres Selbst sichtbar, die im gewöhnlichen Wachzustand nicht zugänglich sind.

Von heilenden Träumen wird aus allen Kulturen und Zeiten berichtet. Im alten Griechenland machten sich heilungsbedürftige Menschen zum Tempel des Äskulap auf und baten um einen heilenden Traum. Sie erwarteten, daß der Gott des Heilens im Traum erscheinen und die Heilung vornehmen würde. Als Vorbereitung für diese Begegnung dienten reinigende Rituale. In den schamanischen Kulturen vollzieht der Schamane die Heilung nicht im Traum des Patienten, sondern in seinem eigenen.[19] Beide Zugangsweisen behaupten, Erfolg zu haben. Aber nicht nur Träume, in denen es ausgesprochen um Heilung geht, sind heilend. Jeder Traum, der ein Ungleichgewicht korrigiert und die Bewußtheit auf das lenkt, was unterdrückt oder mißachtet wurde, kann zur Heilung beitragen.

In den schamanischen Traditionen wird das Träumen als ein Mittel betrachtet, mit dem sich die Seele des Kranken heilen läßt. Es heißt, der Kranke habe Probleme, weil er seine Kraft verloren oder der Geist ihn verlassen hat. Der Schamane unternimmt dann eine Reise in die anderen Welten, die Unterwelt oder die Oberwelt, um die Seele wiederzugewinnen, die gestohlen wurde oder verlorenging, und sie dem Kranken zurückzubringen. Ist die Seele oder die Kraft des Menschen wiedergewonnen, ist er geheilt, ist er wieder ganz. Dieser Prozeß ist auch für den Schamanen heilend. Michael Harner sagt in *Der Weg des Schamanen*: »Im Schamanismus gibt es letztlich keinen Unterschied, ob Sie anderen helfen oder sich selbst. Indem Sie anderen schamanisch helfen, werden Sie selbst kraftvoller, selbsterfüllter und fröhlicher.«[20]

Im Zusammenhang mit Heilung sind auch moderne Rituale der Trauminkubation entwickelt worden. Untersuchungen zur Trauminkubation, bei denen die Teilnehmer zur Orientierung in bestimmten Fragen ihre Träume um Rat bitten, weisen darauf hin, daß bedeutsame Träume einen entscheidenden Einfluß auf wichtige Entscheidungen des Lebens haben können. Ob man nun an Gruppenritualen mit Trauminkubation teilnimmt oder einfach regelmäßig seine Träume aufzeichnet – sie können immer eine innere Quelle tiefer, heilender Weisheit sein.

Träume tragen auch insofern zu Heilung und Ganzheit bei, als sie eine Quelle der Ermutigung sind und die Intuition befreien. Wenn man durch seine Träume mehr über sich selbst lernt, wird man natürlich auch intuitiver.[21] Intuitives Wissen, das Empirie und Rationalität transzendiert, kann auf dem spirituellen Pfad eine wichtige Orientierungshilfe sein, aber man muß es auf seine Gültigkeit hin überprüfen, um Selbsttäuschungen zu vermeiden. Intuition ist etwas sehr subtiles, und man muß darauf achten, daß man sie nicht zu grob zu packen versucht. Wenn man ihr Aufmerksamkeit schenkt, entfaltet sie sich ganz spontan.

Der folgende Traum illustriert für mich, wie die Intuition im Verhältnis zu unserer üblichen Art, etwas verstehen zu wollen, funktioniert:

Ich wanderte auf einem vertrauten Pfad auf dem Lande steil bergauf. Der Pfad wurde schwieriger, fast unbegehbar. Ich mühte mich damit ab weiterzuklettern. Plötzlich merkte ich, daß ich mich gar nicht anstrengen mußte. Ich konnte einfach entspannen. Kaum hatte ich mich entspannt, begann ich zu fliegen.

Widerstände wie in diesem Traum loszulassen, kann ein bedeutsamer Schritt im Prozeß der Heilung und Selbsttranszendenz sein.

Ein anderer Traum, bei dem es deutlicher um Heilung ging, lieferte Anweisungen, »einen heilenden Kreis« zu formen. Im Traum wurden die folgenden Mitteilungen empfangen:

Heilung tritt ein, wenn zwei Seelen ihr Einssein erkennen und froh werden. (Ich erkannte das als Zitat aus *A Course in Miracles* wieder.) Einen heilenden Kreis zu bilden, ist eine Möglichkeit, zum Zwecke gegenseitiger *Selbst*-Heilung zusammenzukommen. Dabei muß man folgende Schritte beachten:
1. Bittet um Führung. Denkt daran, daß ihr gar nichts tut. Legt den Prozeß in die Hände des Heiligen Geists, Gottes oder des *Selbst*.
2. Nehmt euch an den Händen, so daß sich die Handinnenflächen berühren; die rechte Handfläche zeigt nach unten, die linke nach oben.
3. Erlebt, wie der Strom der Lichtenergie durch eure Herzen und Hände fließt. *Selbst*-Heilung ist gegenseitig. Je mehr ihr zulaßt, desto mehr bekommt ihr, desto mehr könnt ihr geben. (Dieses Gefühl war sehr kraftvoll.)

Am nächsten Morgen erzählte ich einer Freundin, die nach einem Autounfall im Krankenhaus lag, von diesem Traum, und sie schien sehr dankbar zu sein. Ich wurde wieder daran erinnert, daß Heilung auf allen Ebenen stattfinden kann.

Alle Träume sind von der Psyche geschaffen, seien es nun Schlaf-, Wach- oder Klarträume. Die Träume, die wir im Leben wirklich werden lassen wollen, die Träume, die in Erfüllung gehen, und die, die zerbrechen, erhalten ihre Bedeutung durch den Träumer, der an sie glaubt. Traumbilder spiegeln unsere Interpretationen von Erfahrung wider, die psychologisch und/oder spirituell sein können. Wenn wir sie zu wörtlich nehmen, machen wir jedoch zugleich den Fehler, sie für die letzte Wirklichkeit zu halten. Sie reflektieren sowohl unsere Ängste wie unsere Wünsche, und bis wir uns selbst als Träumer kennen, scheinen sie die Kontrolle über uns zu haben. Als Spiegel der Psyche erlegen sie den Erfahrungen eine neue Ordnung auf und lenken die Aufmerksamkeit auf das, was wir intuitiv bereits wissen.

In Träumen macht die Psyche ihre Autonomie geltend und wirft ichbezogene Deutungen der Realität und Vorstellungen davon, wie die Dinge sein sollten, über den Haufen. Träume können buchstäblich Offenbarungen einer anderen Realitätsordnung sein, in der das getrennte Selbstgefühl entweder beibehalten oder transzendiert wird, aber auf keinen Fall den Naturgesetzen der physischen Realität unterworfen ist. Man kann daher davon träumen, daß man fliegt oder durch feste Materie hindurchgeht, und auch von Tod und Wiedergeburt.

192

Im Traumzustand kann man die Angst vor körperlichem Leid, vorm Alter, vor Krankheit und Tod konfrontieren und transzendieren, da der Traumkörper keine physische Substanz hat und man die Träume vom Sterben überlebt. Die Erwartung körperlichen Leids kann zu starker Angst führen, aber das eigentliche Erfahren von Schmerz ist in den Träumen von Tod und Vernichtung unbedeutend. Da die emotionalen und mentalen Identifizierungen des Selbst jedoch intakt bleiben, können Träume starke emotionale Pein und mentale Qual auslösen. Betrachtet man die Traumwelt als ein Reich des reinen Denkens und der Wunscherfüllung, kann man den vorherrschenden Zustand emotionaler und mentaler Gesundheit genau beobachten.

Ein intuitiver Zugang zu Träumen bringt viel, wenn man in bezug auf den Traum selbst und die ihn begleitenden Gefühle heilende Bewußtheit aufrechterhalten kann. Mir geht es selbst nach vielen Jahren der Erfahrung mit Traumdeutung so, daß das Entziffern meiner Traumbotschaften ergiebiger ist, wenn jemand zugegen ist, der bereit ist, mir unterstützende, nicht eingreifende Aufmerksamkeit zu schenken. Zu lernen, wie man Träume erinnert, und intuitive Traumarbeit zu machen, kann für jeden Menschen auf dem spirituellen Pfad ein Beitrag zu Selbstheilung und Orientierung sein.

Traum-Yoga und feinstoffliche Realitäten

> Deine Schlafträume und deine Wachträume haben
> unterschiedliche Formen, und das ist alles.
> *A Course in Miracles*[22]

Träume sind eine Quelle der Heilung und Inspiration, und darüber hinaus lernen wir aus ihnen etwas über nicht-physische Dimensionen von Wirklichkeit, in denen Gedankenformen, die sich als Bilder manifestieren, objektiv wahr zu sein scheinen. Diese Realität durchdringt die Realität unseres alltäglichen Wachbewußtseins. Ohne *Selbst*-Bewußtheit kann man sie meist nicht unterscheiden. In Klarträumen (das heißt in den Träumen, in denen wir wissen, daß wir träumen) kann man die Bewußtheit deutlich von dem Traum-Ich unterscheiden, das in die Traumhandlung verwickelt ist.

Manchmal erscheint einem eine déjà vu-Erfahrung im Wachleben wie ein Klartraum. Da kommt einem ein Mensch, ein Platz oder ein Ereignis vertraut vor, selbst wenn man »weiß«, daß man ihm im Wachzustand zum ersten Mal begegnet. Manche Leute haben déjà vu-Erfahrungen als Szenen aus Träumen identifizieren können, die sie kurz vor dem Ereignis im Wachzustand hatten, das sich auf die gleiche Weise entfaltet. Andere meinen, daß Gedanken und Bilder, die dem Ereignis vorausgegangen sind, wirklich dazu beitrügen, es zu erschaffen, und daß das déjà vu ein erinnertes Bild ist. Das wäre waches Vorauswissen im Gegensatz zu träumendem Vorauswissen. Wieder andere sind der Ansicht, déjà vu-Erfahrungen seien ein Beweis der Reinkarnation. Welche Erklärung auch immer zutreffen mag, es gibt Momente, in denen die Grenzen zwischen dem Schlafbewußtsein und dem Wachbewußtsein durchlässiger zu sein scheinen. Auch Erinnerungen nehmen häufig eine traumähnliche Form an, besonders wenn sie im Laufe der Zeit verschwommener werden. Erinnerungen an wirkliche Ereignisse vermischen sich oft mit Träumen oder eingebildeten Erinnerungen, und manchmal kann man sie nicht mehr auseinanderhalten. Vielleicht wird man die Grenzen zwischen Wach- und Traumbewußtsein überhaupt nicht klar bestimmen können. Die Wahrnehmung jeder Wirklichkeitsebene ist unweigerlich durch persönliche Projektionen gefiltert. Deswegen ist es so wichtig, diese zu erkennen.

Die *Selbst*-Bewußtheit im Traumzustand ist ein wesentlicher Bestandteil der Selbsterkenntnis und gehört mit zum spirituellen Pfad. Manche spirituellen Lehrer fordern ihre Schüler auf, ihnen von ihren Träumen zu berichten. Aber der Umgang mit Träumen ist je nach Tradition unterschiedlich. Im Zen-Buddhismus beispielsweise werden Träume als Illusion abgestempelt, die man nicht ernst nehmen muß, während bei einigen Arten von Yoga das Träumen als der beständige Geisteszustand eines auf Gott eingestimmten Meisters gilt.[23] Bei einigen Arten des Traum-Yoga werden Träume als realer betrachtet als die Wahrnehmungen der sogenannten objektiven Realität im Wachzustand. Ob man im Traum nun in den Himmel, die Hölle oder andere Reiche reist, die Aufgabe ist immer, die Bewußtheit beizubehalten und die Fähigkeit zu entwickeln, solche Erfahrungen als Zeuge mitzuerleben und in diesem Zustand immer klarer zu werden. Durch Klarträume erfahren wir eine feinstoffliche Bewußtseinsebene, die wir nutzen können, um mehr darüber zu lernen, wie der Geist die subjektive Realität schafft.

Als mentales Training bietet Traum-Yoga ein Tor zur Selbsterkenntnis, die körperliche, ichhafte Identifizierungen transzendiert. Das tibetische Traum-Yoga empfiehlt, Träume als Realität und das Wachleben als Traum zu sehen. Je mehr wir uns unseres Träumens bewußt werden, desto bewußter werden wir auch in allen anderen Geisteszuständen. Man kann das Leben selbst als Klartraum betrachten, um ein besseres Verständnis davon zu entwickeln, wie die Macht der Vorstellungen die Alltagserfahrungen bestimmt. Sieht man den gewöhnlichen Wachzustand als Klartraum, erkennt man leichter die Geistesschöpfungen des Träumers. Dadurch, daß man beim Träumen wie im Wachzustand Selbstbeobachtung treibt, kann man zu sehen beginnen, wie man Erfahrung schafft, die jenseits der bewußten Kontrolle zu liegen scheint, und wie die Verschiebung von Aufmerksamkeit und Wahrnehmung zu Veränderungen führt.

Für mich lieferten die folgenden Träume einen Hinweis auf die relative Wirklichkeit verschiedener Bewußtseinszustände:

Ich träumte, daß ich verschiedene Realitäten erforschte. Ein Strang von Bewußtheit, den ich durch verschiedene zusammenhanglose Traumszenen hindurch aufrechterhielt, ließ mich erkennen, daß es sich um lauter einzelne Welten handelte. Ich verließ eine Nachtclub-Szenerie, die mich nicht fesselte, und ging durch einen langen Tunnel in eine andere Welt hinab. Während ich meinen Weg in diese andere Realität fand, sah ich, daß ich durch ein Labyrinth hereingekommen war, und daß es jetzt unmöglich sein würde, umzukehren und auf demselben Weg zurückzukehren. Also ging ich weiter. Dabei hatte ich die ganze Zeit das Gefühl einer Scheinwelt, als ob ich in Disneyland wäre und die Landschaft und die merkwürdigen Wesen, die sie bevölkerten, nicht ganz wirklich wären, obwohl sie vollkommen natürlich aussahen. Mehrere Monster, die mich an Dinosaurier, wilde Tiere und unbekannte Gegenden erinnerten, sahen beängstigend aus, konnten mich aber nicht in Schrecken versetzen. Ich wußte, daß, falls ich träumte, ich unbeschadet weiterziehen konnte, wenn ich meine Aufmerksamkeit darauf ausgerichtet hielt, meinen eigenen Weg zu finden. Ich wußte nicht, wo ich hin sollte, aber das schien keine Rolle zu spielen, da der Weg hinaus ohnehin unmöglich zu finden war. Je weiter ich ging, desto wirklicher und fester wurde alles. Ich folgte ein Stück weit einem kleinen Hund, und lief dann einen Strand lang, watete durch die Brandung. Schließlich traf ich eine Gruppe von Leuten und lief mit ihnen durch wellige Hügellandschaften. Auch sie versuchten, ihren Weg aus dieser Scheinrealität hinaus zu finden. Jeder einzelne hatte eine eigene Theorie dazu, wie wir hier wieder raus kommen könnten. Einer meinte, wir müßten mehr Energie ins Laufen stecken; wir sollten überhaupt joggen. Ein anderer sagte, wir müßten Atemübungen machen. Jeder hatte eine andere Vorstellung davon, was uns die Flucht aus dieser Welt ermöglichen würde, die an sich ganz nett war, mit der wir aber alle unzufrieden zu sein schienen. Ich beobachtete jeden einzelnen dabei, wie er die bevorzugte Technik noch wirkungsvoller auszuüben versuchte. Dabei wurde mir klar, daß wir immer tiefer einsackten und uns desto mehr verwickelten, je mehr wir uns anstrengten, je mehr wir vergaßen, daß dies nicht die einzige Wirklichkeit war. In dem Augenblick, in dem ich das »Aha!« dieser Einsicht verspürte, wachte ich auf.

Ich träumte, daß ich bei den Sternen zu Hause war, in einem Meer der Glückseligkeit, daß ich alles war, nichts wünschte. Eine wunderschöne Perle kam in mein Blickfeld, die strahlendes Licht reflektierte. Sie fesselte meine Aufmerksamkeit, und ich wurde in wirbelnde, weiche Nebel gezogen, die mich umhüllten. Ich wußte, daß ich mich hier ausruhen konnte, einige Zeit, irgendwo. Dann stürzte ich in Dunkelheit und tauchte wieder aus einem Meer auf, um zu Pferde an Stränden entlang zu reiten und mit meinem eigenen Wagen auf einer Straße in die Stadt zu fahren. Ich betrat einen Laden voller Waren und Ideen und trug eine Leiter, auf die ich klettern konnte, um einen besseren Überblick zu bekommen. Ich wollte mehr sehen, vergaß, daß Leitern eine Last sind, die man abwerfen muß… dann erinnerte ich mich an den Ursprung meiner Liebe… nirgendwohin gehen.

Um zu lernen, wie man in den feinstofflichen Reichen des Bewußtseins wirken kann, ist es nötig, die ausschließliche Identifizierung mit dem Körper oder Ich als Selbst loszulassen. Dieser Wechsel fällt leichter, wenn man den Tod bewußt in Träumen erfährt, besonders in Klarträumen. Die Einstellung zum Tod kann sich als Ergebnis von Träumen über das Sterben radikal verändern. Eine Frau, die mehrfach geträumt hatte, sie würde sterben, manchmal sogar, daß sie zerstückelt werden würde, stellte fest, daß ihre Angst vor dem Tod aufgrund dieser Träume zu verschwinden schien. Sie war dann in der Lage, mit einem Gefühl von Frieden und Gelassenheit bei ihrer sterbenden Mutter zu sein, was sie vor diesen Traumerfahrungen für unvorstellbar gehalten hätte.

Träume des Erwachens kann man wie die von Zerstückelung, Tod und Wiederauferstehung als Initiationen in die Reiche feinstofflichen Bewußtseins und Wissens ansehen. Das Bild des Zerstückelns wird oft mit dem Beginn der spirituellen Reise in Verbindung gebracht. Wenn eine bedeutsame Transformation von einer Bewußtseinsebene zu einer anderen erfolgt und man erlebt, wie man der früheren Identifizierung »entstirbt«, ist das Ereignis oft durch einen wichtigen Traum gekennzeichnet.

Initiationsträume

Zusätzlich zu den Träumen über Erwachen und Sterben sind Träume von Initiationsfeiern und esoterischen spirituellen Praktiken ein Bestandteil der Erfahrung vieler spiritueller Sucher. Auf der inneren Ebene der Erfahrung einem Guru zu begegnen, ist recht häufig:

Mittwoch Nacht wurde ich im Schlaf der Anwesenheit von Bhagwan Nitya-nanda gewahr. Dann erschien er mir, und er sprach die ganze Nacht hindurch zu mir von meinen Erfahrungen. Er sagte mir, daß ich mich darauf vorbereiten solle, sofort zu gehen, am Donnerstag, einen Tag früher, als ich geplant hatte.[24]

Dies ist nicht nur ein Beispiel erspürter Gegenwart, sondern auch eines für bestimmte Ratschlägen, die der Träumer in diesem Fall zu befolgen beschloß. Träume von Initiationen oder mystischen Offenbarungen, bei denen das Bewußtsein vorübergehend in einen Zustand versetzt wird, der eine neue Wahrnehmung der Realität erlaubt, können eine kraftvolle und lang anhaltende Wirkung auf die Bewußtheit des Träumers haben. Den folgenden Initiations-Traum hat eine Frau etliche Monate vor dem spontanen Erwachen ihrer Kundalini-Energie aufgezeichnet:

Ich war in Indien und nahm an einer Art Initiationsfeier teil. Ich fühlte mich in dieser exotischen Umgebung fremd und hatte ein bißchen Angst vor dem, was geschehen könnte. Ich wurde von einem Vorzimmer aus durch eine Reihe farbenfroher und extravagant ausgestatteter Räume im byzantinischen Stil in die Erde hinunter geführt. Ich kannte keinen der anderen Initianden, die dort mit mir waren. Wir liefen durch einen Raum, der mit schweren Samtstoffen behängt und mit feinen, filigranen Schnitzereien und bunten Mosaikfenstern ausgestattet war, dann durch einen anderen, der von Weihrauch erfüllt war. Ich hatte das Gefühl, daß ich vielleicht gerne weggehen würde, da Weihrauch mir Platzangst macht, aber es schien unabdingbar, daß ich blieb. Ich wußte, daß ich diese Initiation durchlaufen mußte, auch wenn ich mich dabei noch so unwohl fühlte. Ich saß mit etwa acht anderen Initianden um einen großen, ovalen Holztisch. Man sagte uns, daß wir während der Feier Besuch von Geistern erhalten würden, die das Gute und das Böse, die Liebe und den Tod repräsentierten, und daß wir diese Begegnungen individuell unterschiedlich erleben würden. Wir erhielten die Anweisung, diese Geister je nach der Inten-sität, die wir in ihrer Anwesenheit verspürten, nach Punkten zu bewerten. Ich beschloß, gar nichts zu bewerten. Die Feier nahm ihren Anfang. Ich begann, eine Mischung höchst feinstofflicher Energien zu spüren und wußte, daß ich innerlich eine unsichtbare, aber kraftvolle Veränderung vollzog. Ich fühlte, dies war die Initiation, aber auf irgendeiner Ebene bezweifelte ich es zugleich – ich schien so friedlich zu sein, und es war nicht besonders dramatisch. Man gab uns etwas zu rauchen und ein wenig Fisch zu essen. Während ich damit befaßt war, zu analysieren und anzuzweifeln, was ich erlebte, kam ein älterer Mann in weißen Gewändern in den Raum, schaute mir direkt in die Augen, trat auf ein Podium direkt hinter mir und nahm Platz. Später wandte ich mich, noch immer unsicher, was geschehen war, zu ihm um, und er sagte mir, er sei die ganze Zeit bei mir gewesen. Er sah meine Skepsis und machte mir Mut, meine

Erfahrung nicht anzuzweifeln. Ich wußte, daß er Zugang zu meinem Unbewußten hatte und immer bei mir sein würde. Ich spürte, daß ich die Initiation vollendet hatte und bereit war, wieder in die Außenwelt zurückzukehren.

Über einen weiteren Initiations-Traum berichtet Da Free John:

Eines Nachts im Frühjahr 1970 verließ ich im Schlaf diesen Körper und gelangte in feinstofflicher Gestalt auf die innere Ebene der Welt. Dort blieb ich bei einem alten Mann mit weißem Haar und einem kurz geschnittenen weißen Bart. Er trug ein weißes Tuch um die Stirn gewickelt, eine Angewohnheit des verstorbenen Heiligen Sai Baba von Shirdi. Ich war dem Siddha, Sai Baba, auf der feinstofflichen Ebene begegnet.

Ich wurde so aufgenommen, als ob ich erwartet worden wäre. Die Familie, die Freunde und die Anhänger des alten Mannes begrüßten mich. Er umarmte mich liebevoll und sagte der Gemeinschaft, ich sei sein Sohn. Dann wurde ich von allen mit einer Feier begrüßt, die sich durch die gleiche informelle, familiäre Atmosphäre und Bedeutung auszeichnete wie eine jüdische Bar-Mizwa.[25]

Ich erinnere mich daran, daß viele Menschen in Kalifornien nach ihrer Begegnung mit einem bedeutenden tibetischen Lehrer daraufhin von ihm träumten. Eine beachtliche Anzahl dieser Menschen hatte das Gefühl, daß dies ein Zeichen dafür war, daß sie seine Jünger werden sollten. Spirituelle Lehrer, die gut auf dieser Ebene arbeiten können, ermutigen oft diese Form der Kommunikation. Der Austausch von Mitteilungen zwischen Lehrern und Schülern in Träumen wird manchmal ganz wörtlich genommen. Der folgende Traum ist ein Beispiel für diese Art von Lehren/Lernen:

Ich träumte, daß mein Meditationslehrer mich fragte, was ich ihm im Austausch für seine Unterweisungen geben würde. Ich fragte ihn, was es denn genau sei, was er mir gegeben habe. Er antwortete, daß er mir Mut gegeben habe. »In dem Fall«, erwiderte ich, »wird Deine Belohnung große Glückseligkeit sein.«

Die numinose Qualität von Träumen, in denen man feinstoffliche Energien spürt, sich auf die Schwingungen der Schöpfung einstimmt oder sich von Licht erfüllt fühlt, kann ein Hinweis darauf sein, daß der Geist des Träumers für eine neue, feinstoffliche Ebene des Bewußtseins bereit und empfänglich ist. Außerdem können das per se wichtige Lernerfahrungen sein.

Das spontane Erwachen der Kundalini-Energie, das sich wie eine Reihe elektrischer Stromstöße im Rücken anfühlt, erleben manche Menschen im Zustand des Halbschlafs, in dem die bewußten Kontrollen entspannt sind. Wenn es keine wesentlichen Hindernisse gibt, sind diese Vorkommnisse nicht notwendigerweise psychologisch beunruhigend. In den Fällen jedoch, in denen der Betroffene unvorbereitet ist und nicht versteht, was vor sich geht, können solche Erfahrungen ungewöhnlich erschreckend und spannungsgeladen sein. Wer mit einiger Beständigkeit auf seine Träume hört, wird von der kraftvollen Erfahrung, die auftreten kann, wenn die bewußten Kontrollen zutiefst entspannt sind, weniger überrascht und besser darauf vorbereitet sein, das Erlebnis zu integrieren.

Werden solche Erfahrungen auf angemessene Weise integriert, können sie eine starke, heilende Wirkung haben. Eine Klientin erzählte, daß sie häufig stromähnliche Energiestöße in der Wirbelsäule verspüre, wenn sie von einem spirituellem Lehrer träume. Über diese Erfahrung sprechen und sie zulassen zu können, statt sie zu unterdrücken, hat ihr sehr geholfen. Sie begann, mehr auf ihre Ernährung und ihre körperliche Fitneß zu achten. Bei ihren Meditationsübungen wurde sie viel disziplinierter. Im weiteren Verlauf ihrer Therapiearbeit konnten einige emotionale Blockaden aufgelöst werden. Dadurch störte der Energiefluß ihren Schlaf weniger, und sie stellte fest, daß sie wirksamer und energievoller handeln konnte.

Ein deutlich numinoser Traum, der ein Gefühl von übernatürlicher Heilung mit sich bringt, kann einen Wendepunkt im Leben des Träumers darstellen. Ein Mann etwa hatte kurz nach Beginn einer Therapie geträumt, er sei in einer Grube gefangen, nur Kopf und Schultern ragten noch über den Erdboden hinaus. Die Erde war unruhig, wie bei einem Erdbeben. Er hatte Angst, verschlungen und lebendig begraben zu werden. Auf seinen Hilferuf hin erschien ihm eine Christusgestalt und reichte ihm die Hand. Als der Träumer den Arm ausstreckte und die Hand ergriff, hatte er das Gefühl, mit strahlender Lichtenergie aufgeladen zu werden. Er erwachte mit der neu verstärkten Absicht, seine Lebensarbeit zu ändern. Dieser Traum war in seiner Auswirkung so stark, daß man ihn gar nicht auf seine Heilungswirkung hin interpretieren mußte.

Die Ähnlichkeiten zwischen der Wachrealität und dem Traumzustand zu untersuchen, kann dazu beitragen, feinstoffliche Bewußtseinsebenen und ihre Funktionsweisen zu verstehen. Man lernt zu erkennen, welche Rolle man selbst dabei spielt, Erfahrungen zu schaffen, die in jedem Moment einfach spontan aufzutauchen scheinen. Beobachtet man, wie die Realität im Traumzustand arbeitet, kann man auch leichter sehen, wie feine Veränderungen der Einstellung und der Wahrnehmung die Erfahrung beeinflussen. Wer auf der körperlichen, der emotionalen und der mentalen Bewußtseinsebene sehr aktiv ist, unterdrückt oft die Bewußtheit dieses feinstofflichen Reichs. Aber sobald man seine Aufmerksamkeit darauf ausrichtet, wird es zugänglich. Bei den tibetischen Verfahren heißt es, man könne besseren Zugang zu Klarträumen finden, wenn man vor dem Einschlafen auf das Hals-Chakra meditiert. Damit kann die Bewußtheit des fünften Chakras bewußt integriert werden.

Schlaf- und Wachträume entspringen denselben Quellen persönlichen und kollektiven Bewußtseins. Selbsterkenntnis vertieft das Verständnis der Träume – und umgekehrt. Für unsere Träume und in unseren Träumen bewußter zu werden, kann tiefgreifende Auswirkungen auf unsere Bewußtheit eines jeden Aspekts des Wohlbefindens haben.

Der Lauf der Träume

> Die, die wach sind, haben eine gemeinsame Welt. Die, die
> schlafen leben in getrennten Welten.
>
> *Heraklit*[26]

Das spirituelle Erwachen besteht zum Teil aus der Erkenntnis, wie sehr das Träumen jeden Aspekt unseres Lebens durchdringt. Die Wirklichkeit, die wir miteinander teilen und die unser gemeinsames Schicksal formt, ist eine Welt der Träume. Träume von Heilung, von Fortschritt und von zukünftigen Ereignissen können sich bewahrheiten und tun es auch. Träume liefern bei der Suche nach Weisheit und Heilung wichtige Informationen, besonders über das Wesen des Geistes als der Quelle von Gut und Böse, Lust und Schmerz und all den Zwiespalten und Konflikten der menschlichen Conditio.

Träume und Phantasien sind für das Ich oft erschreckend, aber das Leben der Psyche beschränkt sich nicht auf auf die ichhafte Identität, die im Schrecken vor ihrem eigenen Ableben verharrt. Im Lichte des Bewußtseins lassen sich Angstträume in heilende Träume verwandeln. Die Schamanen sind Meister dieses Prozesses. Michael Harner schreibt:

Schamanismus geht weit hinaus über eine vordergründige, selbstsüchtige Transzendenz der Wirklichkeit. Er ist Transzendenz für einen breiteren Zweck, für die Hilfe an der Menschheit. Die Hellsichtigkeit im Schamanismus ist die Fähigkeit, das zu beleuchten, was andere als Dunkelheit wahrnehmen, und dadurch zu *sehen* und zu reisen für... die Menschheit.[27]

Träume sind hartnäckig. Sie kommen und gehen in verschiedenen Formen, lösen Angst und Verlangen, Hoffnung und Verzweiflung aus. Träume können das Leben mit Bedeutung erfüllen. Sie transzendieren die üblichen Begrenzungen von Raum und Zeit und enthüllen feinstoffliche Bereiche des Bewußtseins, wo die Kraft des Geistes für die Erschaffung von Erfahrung unangefochten ist. Träume schenken dem Formlosen Form und lösen sich dann wieder in das Nichts auf. In Träumen können wir Himmel und Hölle schmecken und die höheren und niederen Bewußtseinsebenen, die die Samen von Heilung und Ganzheit in sich bergen. Träume zu verstehen heißt, sie zu Werkzeugen der Heilung transformieren zu können. Wenn wir lernen, die Bewußtheit im Traumzustand zu erweitern, dann lernen wir vielleicht auch, kollektive Wachträume der Angst in heilende Träume für die Menschheit zu verwandeln.

Erfahrungsübungen

Deine Träume aufzeichnen

Wenn Du Dich genau an Deine Träume erinnern willst, ist es am besten, wenn Du sie gleich nach dem Aufwachen festhältst. Lege Dir dazu Stift und Papier oder ein Kassettengerät neben das Bett. Am besten notierst Du den Traum genau so, wie Du Dich an ihn erinnerst, und machst keine Kommentare oder Erklärungen dazu. Wenn Du den Traum vollständig aufgezeichnet hast, kannst Du alle Einsichten, Assoziationen und Erinnerungen, die der Traum auslöst, hinzufügen. Vielleicht schaust Du dir die Aufzeichnungen später noch einmal an, um zu sehen, ob Dir noch etwas anderes einfällt, das nicht sofort sichtbar war. Falls Du Dich entscheidest, mit einem Partner oder Therapeuten an Deinen Träumen zu arbeiten, kannst Du vielleicht auch deren Anmerkungen und Einsichten notieren. Vergiß nicht, daß, gleichgültig wer Dir Deutungen Deines Traums anbietet, Du selbst die oberste Autorität darin besitzt, zu entscheiden, was er in Deinem Lebenszusammenhang bedeutet. Es ist allein Deine Sache zu entscheiden, ob eine bestimmte Deutung paßt oder nicht.
Die folgenden Fragen können Dir helfen, Deine Träume besser zu verstehen:

1. Welche Überschrift paßt zu diesem Traum? Hat dieser Traum eine offensichtliche Botschaft? Gibt es eine bestimmte Botschaft, die für Dein jetziges Leben eine gewisse Bedeutung haben könnte?
2. Was ist die vorherrschende Gefühlslage dieses Traums?
3. Welche Haupteigenschaften haben die verschiedenen Charaktere in dem Traum? Kennst Du diese Eigenschaften in Dir selbst?
4. Kannst Du den Traum aus dem Blickpunkt eines der anderen Charaktere in dem Traum betrachten?
5. Wiederholt sich dieser Traum? Ist Dir das Thema vertraut, oder ist es vollkommen neu?
6. Scheint es sich um einen »großen Traum« oder um einen gewöhnlichen Traum zu handeln?
7. Wenn Du Dir selber aus diesem Traum heraus eine Affirmation ableiten würdest, wie würde sie lauten?
8. Gibt es irgendeine bestimmte Handlung, die Du als Ergebnis dessen, was Du aus dem Traum gelernt hast, gern ausführen würdest?
9. Würdest Du diesen Traum gern in Deiner Phantasie weiterführen?
10. Würdest Du diesen Traum gern mit einem anderen Ende versehen?
11. Was würdest Du an diesem Traum ändern, wenn Du ihn neu träumen könntest?

Scheint ein Traum besonders bedeutungsvoll zu sein, ist es gut, ihn schon bald nach dem Aufzeichnen und später noch einmal, etwa am nächsten Tag, anzuschauen. Wenn Du einige Zeit später zu einem Traum zurückkehrst, kannst Du ihn oft klarer sehen und Bedeutungen erkennen, die zunächst verborgen waren. Manche Menschen ziehen es vor, erst nach einigen Tagen mit einem Traum zu arbeiten. Sie lassen solange einfach die Bilder in der Bewußtheit ruhen, um sich besser mit ihnen bekannt zu machen. Vergiß nicht, falls Du Dich für eine bestimmte Methode der Traumdeutung entscheidest, daß es kein endgültiges oder absolut richtiges System gibt. Es ist besser, den Geist für mögliche Deutungen offen zu halten, als davon auszugehen, daß die erste Interpretation bereits alles sagt.

Wenn man vorhat, mit seinen Träumen zu arbeiten, wächst im allgemeinen die Fähigkeit, sich an Träume zu erinnern. Träume reagieren auf beständige Aufmerksamkeit, und sie werden zugänglicher, wenn man ihren Wert achtet. Jeder träumt jede Nacht. Du kannst Dich vielleicht leichter an Deine Träume erinnern, wenn Du Dir nach dem Aufwachen morgens eine Zeit der Ruhe gönnst und vor dem Aufstehen darüber nachdenkst, wovon Du geträumt hast. Manche Menschen haben festgestellt, daß es ihnen leichter fällt, sich an einen Traum zu erinnern, wenn sie sich einen Wecker stellen, der sie aus dem Schlaf – und dem Traum – hochreißt. Aber Du kannst selber experimentieren und verschiedene Methoden ausprobieren, um festzustellen, welche für Dich am wirksamsten ist. Besonders hilfreich ist ein Traum-Partner oder Freund, mit dem Du über Deine Träume sprechen kannst. Viele meiner Klienten berichten, daß sie sich viel besser an Träume erinnern konnten, nachdem wir in der Psychotherapie begonnen hatten, über sie zu sprechen. Wenn Du einen Freund oder jemanden in der Familie hast, dem es Spaß macht, Deine Träume mit Dir zu teilen, kann das Dir sehr helfen, auf sie zu achten.

Wenn jemand anders Dir seinen Traum erzählt, solltest Du am besten keine Deutungen anbieten, sondern den Menschen, der seinen Traum mit dir teilt, dazu einladen, seine eigenen Assoziationen und Deutungen zu artikulieren und mitzuteilen, damit die Bedeutung des Traums aus der Psyche des Träumers aufsteigen kann. Träume mit anderen zu teilen hilft, das Gleichgewicht in der Psyche aufrechtzuerhalten, und trägt damit zu Heilung und Ganzheit bei.

Traumreflexionen

Neben der Aufmerksamkeit, die Du den Schlafträumen schenkst, kannst Du Dir auch der Träume bewußter werden, die Du im gewöhnlichen Wachzustand auslebst. Verwandelt sich das Leben von einem unbewußten Traum in einen Klartraum, kann man geschickter kreative Veränderungen darin einleiten.

Wenn wir in Frieden in einer Welt leben wollen, in der Gesundheit und Ganzheit für alle da sind, müssen wir die Offenheit entwickeln, sowohl die Wach- wie die Schlafträume zu verstehen. Hast Du Dein ganzes Leben lang in Deiner eigenen geheimen Traumwelt gelebt? Bist Du bereit gewesen, die Welt durch die Augen eines anderen Menschen und seiner Träume zu sehen?

Im Rahmen der Psychotherapie benutzen wir manchmal Worte, um Albträume in angenehme Abenteuer zu verwandeln. Jeder kann lernen, die subjektive Realität dadurch zu verändern, daß er heilende Bewußtheit entwickelt und sich entscheidet, bewußter zu leben. Jeder Traum hat sowohl einen positiven wie einen negativen Aspekt.

Wenn Du beispielsweise träumen würdest, Du seist in dieses Leben gekommen, um zu heilen, dann wird von Dir vielleicht erwartet, daß Du diese Welt aus dem trostlosen Zustand, in die einige Menschen sie versetzt haben, in eine Welt verwandelst, die auch die anderen lieber hätten. Manche werden vielleicht davon ausgehen, daß Du für sie Wunder vollbringst, statt sich der Mühe zu unterziehen, selber zu lernen, wie sie sich heilen können. Andere möchten vielleicht ein paar Kniffe lernen, um sie gewinnbringend für ihren persönlichen Vorteil einzusetzen. Möglicherweise möchtest Du lernen, wie man andere lehrt, sich selbst zu heilen. Vergiß nicht: Sich mit dem Archetypus des verwundeten Heilers zu identifizieren heißt, ungeheilt zu bleiben.

Wenn Du von einer Eigenschaft träumst, die Du in Dir fördern möchtest, kann sie Dein werden, wenn Du jeden Tag daran denkst, daß Du sie willst. Denke Dir eine Affirmation aus, etwa: »Ich bin ein liebender Mensch«, oder: »In mir ist Frieden.« Du kannst jede Eigenschaft in Dir dadurch verstärken, daß Du sie benennst, erfährst, wie sie sich anfühlt, in Deiner Vorstellung zu dieser Eigenschaft wirst und sie weitergibst. Gedanken und Eigenschaften werden dadurch stärker, daß man sie mit anderen teilt.

Trennungsträume können einen zu größerer Bewußtheit des transpersonalen *Selbst*, das wir miteinander teilen, erwachen lassen. Wir können uns an die zeitlose Einheit erinnern, die wir in privaten ichbezogenen Träumen vom Heldentum vergessen. Die Bewußtheit, die wir für Heilung und Ganzheit benötigen, steht frei zur Verfügung. Selbst Träume von Tod und Zerstückelung können uns dabei behilflich sein, uns an das *Selbst* zu erinnern. Je mehr wir lernen, es in anderen zu sehen, und im Rahmen der Heilung auf unsere Träume zu hören beginnen, desto mehr können wir zu einer gemeinsamen Vision einer friedvollen Welt beitragen.

9 Heilende Beziehungen

Zur spirituellen Praxis gehört immer, daß man nicht nur herausfindet, wer man ist, sondern auch zu der Ebene gelangt, auf der man herausfindet, was man in der Welt zu tun hat.

Gerald May[1]

Die psychologische Gesundheit auf dem spirituellen Pfad hängt weitgehend von heilenden Beziehungen ab. Die Art, in der man auf andere reagiert, spiegelt den eigenen Bewußtseinszustand, und Ganzheit beruht nicht nur auf persönlicher Gesundheit, sondern auch auf befriedigendem Austausch in Beziehungen – auf jeder Ebene. Jonas Salk weist darauf hin, daß die Evolution selbst ein Prozeß sich verändernder Beziehungen ist.[2]

Die Reinigung, die in den spirituellen Traditionen verlangt wird, ist zum Teil ein Prozeß, in dem ichhafte Wünsche in Beziehungen transzendiert und Stolz, Schuld und Unwürdigkeit losgelassen werden. Beziehungen zu Lehrern, Führern oder Gleichgestellten können besonders dazu beitragen, Projektionen zu spiegeln und Selbsttäuschung zu verhindern. Wahrheit lernt man nicht, man erkennt sie, und wer den spirituellen Pfad zu Ende gehen will, muß bereit sein, sich selbst ohne Vorbehalte oder Abwehr in anderen zu erkennen.

Jede Beziehung ist zum Teil davon bestimmt, für wen oder was wir uns halten. Das Selbstkonzept beeinflußt die Frage, mit *wem* wir in Beziehung stehen, und *wie* wir das tun. Im Laufe unserer Veränderung verändern sich auch die Beziehungen, aber sie können, unabhängig davon, welche Form sie annehmen, als Spiegel für Teile von uns gelten, die wir nicht anerkennen. Gerade intime Beziehungen können dazu beitragen, daß sich auf dem spirituellen Pfad nicht das entwickelt, was Arthur Diekman »frühreife Heiligkeit« nennt. Wenn man das Verlangen nach spiritueller Besonderheit transzendiert und in die Bewußtheit des transpersonalen *Selbst* hineinwächst, entscheidet man sich vielleicht bewußt, an heilenden Beziehungen zu arbeiten.

Die Qualität von Beziehungen zu verbessern hängt ebenso wie das Verbessern des Selbstkonzepts teilweise von der Qualität der Aufmerksamkeit ab, die man dem entgegenbringt. Heilende Bewußtheit kann erweitert werden, wenn man lernt, sowohl anderen wie sich selber zuzuhören. Es ist relativ einfach, sich friedlich, ruhig und selbsttranszendent zu fühlen, wenn man allein an einem stillen Ort ist. Diesen Frieden auf andere auszudehnen, mit denen man in engem Kontakt steht, ist eine viel größere Herausforderung.

Die traditionellen Weisheitslehren mahnen, daß man die spirituelle Entwicklung nicht allein vollenden könne. Die spirituelle Reise, die als einsame Suche beginnt, kann zur Vollendung gelangen, wenn sie in bewußten Beziehungen zum Ausdruck kommt. Für manche Menschen wird die Ehe zur bewußten geteilten Reise.[3] Andere finden vielleicht in einer Gemeinschaft die richtige Begleitung. Ob man den spirituellen Pfad alleine oder mit einem Partner geht, man braucht Beziehungen, die einem helfen, blinde Flecken zu sehen, Interdependenz anzuerkennen und die Illusionen einer isolierten Existenz zu transzendieren. Jeder kann von Beziehungen zu spirituellen Freunden profitieren. Beziehungen, die auf gegenseitiger Liebe und Respekt beruhen, sind für Heilung und Ganzheit unabdingbar. Im Buddhismus gilt die *sangha*, die Gemeinschaft der Sucher, als ein Juwel – eine der Gaben oder Schätze des spirituellen Pfads.

Mit wachsender Empfindsamkeit für die verschiedenen Zustände des Bewußtseins, fühlt man sich vielleicht zu Beziehungen mit anderen hingezogen, die dank ihrer eigenen Bewußtheit Einstellungen spiegeln und verstärken können, die der Heilung zuträglich sind. Im Laufe der Zeit kann man das *Selbst* in allen Menschen reflektiert sehen, nicht nur in denen, die sich dessen bewußt sind. Unterwegs ist es aber sehr hilfreich, unter Menschen zu sein, die die gleiche Wertschätzung des *Selbst* verbindet.

Jemanden kennenzulernen, der wahrhaft wach ist, kann einem zur Erfahrung verhelfen, sich ganz durchsichtig zu fühlen. Wenn man den Eindruck hat, daß jemand einen vollkommen durchschauen kann, einen so gut kennt, wie man sich selbst, dann kann das beglückend oder erschreckend sein, je nachdem, ob man etwas zu verbergen sucht oder nicht. Ram Dass hat früher oft Geschichten über seinen Guru erzählt, der alles über ihn zu wissen schien, und ihn dennoch völlig akzeptierte.

Jeder sehnt sich nach solch bedingungsloser Liebe, aber es kann recht furchterregend sein, den Schleier der Trennung fortzureißen und die Psyche völlig bloßzulegen. Manchmal macht man sich Sorgen darum, daß der andere Fehler finden und einen kritisieren wird. Aber die Angst davor, gesehen zu werden, beruht auf der Annahme von Schuld. Die Kritik, die man fürchtet, ist oft eine Projektion. Die Erwartung, von anderen angenommen zu werden, reicht nur so weit, wie man sich selber angenommen hat. Und ebenso nimmt man selber andere nur so weit an wie sich selbst. Insgesamt hängt die Qualität der Beziehungen davon ab, inwieweit man selber bereit ist, offen, annehmend und liebend zu sein statt ängstlich, verdeckt und defensiv.

Geht man das Risiko ein, Verstellungen und Masken fallen zu lassen, trägt das Gefühl, gesehen und angenommen zu werden, dazu bei, daß man sich geliebt und ganz vorkommt. Bedingungslose Liebe zu erfahren kann einem auch helfen, sich selbst und andere besser zu akzeptieren. Manchmal wird bedingungslose Liebe zu Unrecht mit Passivität oder Märtyrertum in einer Beziehung gleichgesetzt. Eine Beziehung, in der bedingungslose Liebe herrscht, kann man daran erkennen, daß es in diesem Rahmen nie gefährlich ist, ganz bei der Wahrheit zu bleiben. Bedingungslose Liebe ist in jeder Beziehung eine Quelle der Heilung, aber man muß bereit sein, nichts zu verstecken, wenn man sich ganz dem Geben und Nehmen dieser Liebe öffnen will. Bis man so weit ist, kann ein Weg, um die Fähigkeit für Liebe und Vertrauen zu vergrößern, der sein, heilende Bewußtheit in Beziehungen zu üben.

Die heilende Kraft bedingungsloser Liebe ist kein Geheimnis, aber solange man Angst hat zu vertrauen, kann man sie weder geben noch nehmen. Die Angst vor Einsamkeit, Ablehnung und Verlust schneidet einen unglückseligerweise sowohl von den inneren wie von den äußeren Quellen der Liebe ab und verstärkt damit die Gefühle der Entbehrung. Solange man sich schuldig, bedürftig oder depriviert fühlt, verhindert man genau den Ausdruck von Liebe, den man ersehnt.

Einem ichhaften Selbstkonzept verhaftet zu sein, steht der Erfahrung von Intimität und Liebe in einer Beziehung im Weg. Aber schon der Gedanke daran, die Getrenntheit aufzugeben, läßt das Ich erschauern. Der Übergang von einem ichhaften zu einem transpersonalen Gefühl der Identität ist oft durch eine dunkle Nacht gekennzeichnet, nicht der Seele, sondern des Ich. Das ichhafte Selbst sieht sich gern so, als ob es getrennt und unabhängig wäre und alles unter Kontrolle hätte. Erfahrungen, die es nicht kontrollieren kann, widersetzt es sich. So wie bei der normalen Entwicklung der Übergang von Abhängigkeit zu Unabhängigkeit gelegentlich als erschreckend und schwierig empfunden wird, so kann auch der Übergang von Unabhängigkeit zu gegenseitiger Abhängigkeit manchmal bedrohlich erscheinen. Dennoch ist er für Heilung und Ganzheit unabdingbar.

Gibt man die Identifizierung mit dem mentalen, ichhaften Selbstkonzept zugunsten transpersonaler *Selbst*-Bewußtheit auf, kann das Verlangen nach Kontrolle in Beziehungen einem kreativen Prozeß der Wechselseitigkeit und der Gemeinsamkeit weichen. Dieser Wechsel beinhaltet eine Verschiebung weg von dem Gegensatzpaar Beherrschung/Unterwerfung hin zu einer Position transzendenten Betrachtens. Das heißt nicht, daß man zu einem passiven Beobachter des Lebens wird, sondern daß man sich weniger um persönlichen Gewinn kümmert und erkennt, daß die eigenen Interessen nicht unbedingt den Interessen anderer entgegenstehen. Aus dieser Sicht heraus ist es ganz wörtlich so, daß das, was man einem anderen tut, man auch sich selber tut, da das Bewußtsein grundlegend eins ist. Die Versuche, Beziehungen zu manipulieren und zu kontrollieren, können dann durch die Bereitschaft ersetzt werden, sich an Überraschungen zu erfreuen und sich einem Prozeß gegenseitigen Entdeckens hinzugeben.

Das Transzendieren ichhafter Identifizierungen wirkt sich des weiteren insofern auf Beziehungen aus, als es die Fähigkeit für Mitgefühl und Mitleiden, für innere Einsicht und Verständnis vergrößert. Ob man andere verstehen und annehmen kann, hängt von der Bereitschaft ab, sich selber anzunehmen und zu verstehen. Soziales Wissen, das Wissen, das man nach E.B. Schumacher braucht, um harmonische Beziehungen zwischen Menschen herzustellen, kann man nur durch ein Verständnis der inneren Erfahrungen anderer erlangen. Schumacher meinte, Zugang zu diesem Wissen anzustreben, sei eine unserer wichtigsten Aufgaben als soziale Wesen. Dieser Zugang ist nur durch Selbsterkenntnis zu erreichen. Schumacher sagte dazu:

Einen Menschen, der Selbst-Kenntnis anstrebt, zu beschuldigen, er »wende sich von der Gesellschaft ab«, ist ein grober Irrtum. Das Gegenteil käme der Wahrheit näher: Ein Mensch, der es verabsäumt Selbst-Kenntnis zu suchen, ist und bleibt eine Gefahr für die Gesellschaft, da er dazu neigen wird, alles, was andere sagen oder tun, falsch zu verstehen, und sich der Bedeutung vieler Dinge, die er selber tut, auf's Angenehmste unbewußt bleiben wird.[4]

Falsche Annahmen über die Auswirkungen bestimmter Handlungen können in der Tat in dem Maße, in dem das Bewußtsein unentwickelt bleibt, für uns selbst und andere gefährlich sein.

Das soziale Selbst

Heilung kann auf jeder Ebene insoweit als eine Funktion des sozialen Selbst betrachtet werden, als sie den Austausch in Beziehungen zwischen Menschen betrifft. Das soziale Selbst bezeichnet das Selbst, das in Beziehungen zum Ausdruck kommt. Es läßt sich deutlich von dem personalen (ichbezogenen) *Selbst* und dem universalen (transpersonalen) *Selbst* unterscheiden. Diese Unterscheidungen entsprechen, da sie auf allen Ebenen vorkommen, nicht Ebenen des Bewußtseins oder Stadien der Selbstentwicklung. Man kann mit anderen Worten die körperlichen, emotionalen, mentalen, existentiellen und spirituellen Bewußtseinsebenen sowohl im persönlichen Wachstum wie in der sozialen Entwicklung erfahren. Ebenso kann man die personalen, die sozialen und die universalen Aspekte des *Selbst* aus der Position der Identifizierung mit einem mental ichhaften, einem existentiellen oder einem transpersonalen Selbstkonzept heraus betrachten.

Das soziale Selbst kann eine Brücke zwischen den personalen und den universalen Aspekten des *Selbst* sein. Es kann sowohl der Audruck von einem wie von beidem sein. Beziehungen sehen anders aus, wenn man sie nicht aus einer rein personalen Perspektive, sondern aus der des gemeinsamen universalen Bewußtseins heraus betrachtet. Aus transpersonaler Sicht drückt sich das universale *Selbst* in Beziehungen und sozialen Handlungen *durch* das personale Selbst aus. Das Universale liegt sowohl dem personalen wie dem sozialen Ausdruck des Selbst zugrunde.

Die Charakteristika des sozialen Selbst lassen sich an archetypischen Mustern ausmachen, die das Verhalten formen. Wenn man diese Muster erkannt hat, kann man sie verändern. Fortgeschrieben werden unbewußte Muster etwa, indem man ein familiäres Schema wiederholt und sich einen spirituellen Lehrer oder einen Ehepartner sucht, der einem Elternteil ähnlich ist. Wird das soziale Selbst von dem personalen und dem universalen *Selbst* differenziert, kann man es als freies, kreatives Element erfahren, das zur Heilung beiträgt, statt auf die Muster konditionierter Reaktionen beschränkt zu sein.

Man nimmt das soziale Selbst aus transpersonaler Sicht ganz anders wahr als aus einer streng ichbezogenen Perspektive. Ein direktes Erfahren des universalen *Selbst*, das das Bewußtsein der Einheit enthüllt, kann die Erfahrungen des sozialen Selbst radikal verändern. Statt Beziehungen für persönliches Wachstum zu nutzen oder dafür einzusetzen, daß man etwas für sich selbst bekommt, kann man sie dann als Gelegenheit zur Heilung und für gemeinsam wachsende *Selbst*-Bewußtheit sehen. So wie man andere nicht kennen kann, ohne sich selbst zu kennen, so kann man sich selbst nicht ganz kennen, wenn man nicht das soziale Selbst und die Beziehungen versteht. Die Eigenschaften des sozialen Selbst zeigen sich deutlich in der Art, wie man sich selbst und andere Menschen behandelt. Wer meint, anderen gegenüber toleranter zu sein oder von sich selbst mehr oder weniger zu erwarten als von anderen, mag sich im Irrtum befinden. Man kann andere nicht wirklich akzeptieren, wenn man sich nicht selbst ganz annehmen kann, und für befriedigende Beziehungen ist es wesentlich, sich selbst auf allen Ebenen anzunehmen. Während die Psychotherapie im allgemeinen auf Selbstakzeptanz und Selbstvergebung ausgerichtet ist, betont die christliche Spiritualität zumeist, wie wichtig es ist, anderen zu verzeihen. Beide Aspekte scheinen vonnöten, wenn das soziale Selbst zu einem wirksamen Heilungsfaktor werden soll.

Ohne Selbstannahme können Beziehungen zu einem intimen Partner, zu Familie, Gemeinschaft, Welt, Natur und Universum auf die Erfüllung sozialer Rollenerwartungen beschränkt sein. Wenn das soziale Selbst im wesentlichen von gesellschaftlichen Regeln und Konditionierungen beherrscht wird, ist es oft so, daß sich unbefriedigende, konditionierte Verhaltensmuster in Beziehungen so lange wiederholen, bis man eine bewußte Entscheidung trifft. Man kann in demselben Muster verharren oder das Risiko einer Veränderung eingehen. Mit wachsender Bewußtheit der existentiellen Freiheit können die sozialen Rollen von frühen Konditionierungen befreit und so gestaltet werden, daß sie Heilung und Ganzheit fördern. Wenn man jede Begegnung mit einem anderen Menschen als Gelegenheit sieht, zu heilen und Liebe anzubieten, kann man lernen, in Beziehungen zu heilen und geheilt zu werden. Das wird leichter, wenn man das universale *Selbst* als die allen gemeinsame Quelle der Heilung erfährt und nicht als Teil des persönlichen Besitzes. Dann kann sich in jeder Beziehung die universale Liebe im sozialen Selbst widerspiegeln.

Eine Beziehung kann man dann als heilend bezeichnen, wenn sie das Wachsen zu Ganzheit nährt und die Schranken abbaut, die *Selbst*-Bewußtheit und Liebe begrenzen. Räumt man dem inneren Bogen des Bewußtseins Priorität ein, kann eine heilende Beziehung zu einem Lehrer zunehmend wichtig werden. Wenn man einen Lehrer findet, der einen in Richtung Ganzheit führen kann, mag sich daraus eine echte heilende Beziehung entwickeln.

In den weltlichen Kulturen des Westens kann die therapeutische Beziehung, so sie wirkliche Tiefe entwickelt, eine Quelle wahrer Heilung sein. Die Tiefenpsychologie liefert, so weit sie sich mit der Heilung der Psyche befaßt, ein brauchbares Modell einer heilenden Beziehung, bei der das soziale Selbst das Instrument der Heilung ist, während das universale, transpersonale *Selbst* die Quelle ist, die das Zusammenwirken beseelt. Die Beobachtung einer Beziehung scheint, wie die Selbstbeobachtung, dann am verläßlichsten zu sein, wenn sie leidenschaftslos und frei von Urteilen und Wertungen ist. Wir werden daher die therapeutische Beziehung nicht untersuchen, um sie zu werten, sondern um unser Verständnis davon zu vertiefen, wie Heilung vor sich geht.

Therapeutische Beziehungen

Therapeutische Beziehungen werden häufig als heilende Beziehungen betrachtet, aber die meisten Psychotherapeuten geben bereitwillig zu, daß sie »ungeheilte Heiler« sind. Mit ihren persönlichen Beziehungen kommen sie vielleicht gut klar, vielleicht auch nicht. Und ebenso machen sie die Unterscheidungen zwischen medizinischen und wachstumsorientierten Therapiemodellen deutlich – oder auch nicht. Nur wenige sind in den kontemplativen Disziplinen geschult, und viele haben die Reise auf dem inneren Bogen kaum begonnen. Einige mögen transzendente Erfahrungen gehabt haben, aber man findet selten einen, der die Meisterschaft über das Selbst oder transzendente Einsicht gewonnen hat. Das heißt nicht, daß ein Therapeut mit begrenzten Erfahrungen nicht sehr hilfreich dabei sein könnte, persönliche Probleme zu lösen und Wachstum bis zu und in den Entwicklungsstadien zu fördern, die er selber erreicht hat. Aber wie tief die Arbeit gehen kann, hängt natürlich davon ab, wie weit der Therapeut ist.

Eine neuere Untersuchung des Berufsverbands der kalifornischen Psychologen verweist darauf, daß die meisten akademischen Ausbildungsprogramme keine Schulung in spirituellen Fragen vorsehen, obwohl die meisten klinischen Psychologen in ihrer Arbeit mit derartigen Fragen umgehen müssen. Therapeuten, die nicht mit dem inneren Bogen der menschlichen Entwicklung und einigen der Schwierigkeiten, die dabei auftauchen können, vertraut sind, sind schlecht dafür gerüstet, Orientierung in diesem Bereich anzubieten. Diejenigen unter ihnen, die noch keine Literatur aus dem Bereich der Transpersonalen Psychologie kennen, wissen vielleicht nicht einmal, daß sie auf diesem Gebiet größere Fertigkeiten entwickeln könnten. Glücklicherweise wächst jedoch die Zahl der Therapeuten, die sich eigenständig einer spirituellen Schulung unterziehen, schnell. Manche Psychotherapeuten, die in der Seelenpflege und der Heilung der Psyche den Kern der Psychotherapie sehen, sind mit der traditionellen Ausbildung nicht zufrieden. Je weiter sie selber in Richtung Ganzheit wachsen, desto wirksamere Heiler können sie werden, ohne sich spirituell für etwas Besonderes zu halten. Anzuerkennen, daß man selber vielleicht ein ungeheilter Heiler ist, kann ein brauchbarer Schutz davor sein, sich mit dem Archetypus des

Heilers zu identifizieren,[5] aber das bedeutet nicht, daß es wünschenswert wäre, ungeheilt zu sein. Das romantische Bild des ungeheilten Heilers als jemand, der an dem Leiden der Menschheit teilhat, fördert nicht unbedingt die Heilung. Außerdem kann die Vorstellung, daß Heiler in einem Zustand der teilweisen Unvollständigkeit bleiben müßten, zu einer sich selbst erfüllenden Prophezeiung werden. Unvollständigkeit anzuerkennen ist an sich weise, aber das gilt nicht, wenn es als Ausrede dafür benutzt wird, in diesem Zustand zu verweilen.

Die Heilung auf einer bestimmten Bewußtseinsebene ist im allgemeinen in dem Maße wirksam, in dem der Heiler diese bestimmte Ebene bereits transzendiert hat. Ein kompetenter Therapeut kann in der Lage sein, *mit* anderen zu arbeiten, die sich auf irgendeiner Ebene des Entwicklungsspektrums befinden, da der *Prozeß*, durch psychologische Blockierungen hindurch zu weiterer Entwicklung zu gelangen, auf allen Ebenen der gleiche ist. Je weiter der Therapeut sich jedoch durch die Stadien der *Selbst*-Bewußtheit auf verschiedenen Bewußtseinsebenen entwickelt hat, desto wirkungsvoller wird seine Arbeit als Heiler sein. In der tibetischen Medizin heißt es, Leere und Mitgefühl seien die vornehmsten Waffen des Heilers.[6]

Ein wirkungsvoller Heiler zu sein, heißt nicht unbedingt, daß man sich mit der Rolle des Heilers identifizieren muß. Ganzheit setzt die Transzendenz jeder sozialen Rolle voraus, auch der erhabensten. Aus transpersonaler Sicht ist der geheilte Heiler nicht jemand, der alle Konflikte auf der Ich-Ebene gelöst hat, denn das ist nicht möglich. Das mentale ichhafte Selbst nimmt sich immer als unvollständig, unzufrieden und voller Konflikte wahr. Es ist per definitionem nicht ganz. Ein geheilter Heiler ist vielmehr, wie ein spiritueller Meister, jemand, der das Ich *transzendiert* hat, der sich nicht mehr um Fragen von Anerkennung, Macht oder persönlichem Gewinn in Beziehungen sorgt. Dank der Identifizierung mit dem transpersonalen *Selbst* statt mit dem mental ichhaften oder dem existentiellen Selbst, ist ein Heiler in der Lage, auf den Geist, die Gefühle und den Körper *einzuwirken*, um Selbstheilung und Ganzheit zu erleichtern.

Ein geheilter Heiler kann durch seine Gegenwart jedes Zusammenwirken in den Kontext einer heilenden Beziehung stellen. Das heißt nicht, daß der Heiler kein Ich hat, sehr wohl aber, daß er in der Beziehung frei von ichbezogenen Zielen ist. Die therapeutische Beziehung kann damit in dem Ausmaß heilend sein, in dem die persönlichen Belange des Therapeuten außen vor sind. Dann kann das soziale Selbst, wenn es auf transzendenter Einsicht und *Selbst*-Bewußtheit fußt, zu einem wirksamen Instrument der Heilung werden.

Der Therapeut als Heiler weiß vielleicht, daß die Psyche von Haus aus auf Selbstheilung und Ganzheit ausgerichtet ist. Wird dieser natürliche Drang nach Entwicklung gestört, können daraus schmerzhafte Symptome erwachsen. Hilfe sucht man häufig erst dann, wenn der Schmerz unerträglich wird. Therapie beginnt oft mit der Befreiung von den Symptomen, und manchmal endet sie dort auch schon. Die Wirksamkeit eines Therapeuten als Heiler kann jedoch erheblich dadurch vergrößert werden, daß die Bewußtheit geschult wird.

In einem Kontext transpersonaler statt ichhafter Identifizierungen zu arbeiten, kann sowohl für den Therapeuten wie für den Klienten eine befreiende Wirkung haben. Sie können dann entscheiden, auf welcher Ebene sie arbeiten wollen und wie tief ihre Beziehung sein soll. Aus der ichhaften Perspektive gesehen, *tut* ein geheilter Heiler gar nichts. Aber er bringt heilende Bewußtheit in jede Beziehung und schafft so die optimalen Bedingungen, unter denen sich der natürliche Prozeß der Selbstheilung entfalten kann.

Persönliche Beziehungen

Heilung kommt beileibe nicht nur in formellen therapeutischen Beziehungen vor. Sie kann in jeder Beziehung gefördert werden, in der offene Kommunikation im Kontext heilender Bewußtheit herrscht. Man kann dieselben Prinzipien, die für die Heilung der individuellen Psyche gelten, auch auf Beziehungen anwenden. Dann läßt sich eine Beziehung ebenso als das Objekt wie als das Instrument der Heilung betrachten.

Bewußte Liebe ist bei heilenden Beziehungen von zentraler Bedeutung, aber es mag schwierig erscheinen, sie auszuüben. Verschiedenartige Beziehungen rufen unterschiedliche Arten von Liebe hervor. Eine gute therapeutische Beziehung kann beispielsweise zu einer Art kindlicher Liebe führen, die sich deutlich von leidenschaftlicher, erotischer Liebe unterscheidet. Doch die Quelle aller Arten von Liebe ist das universale transpersonale *Selbst*. Zu wissen, daß jeder diese Quelle birgt, kann es weniger bedrohlich machen, Liebe zu geben und zu nehmen, als wenn man denkt, daß man diese Liebe verdienen oder einem anderen abluchsen muß. Zwar verlangt jeden nach bedingungsloser Liebe, aber es ist die direkte Erfahrung der eigenen Fähigkeit zu lieben, wie man sie bei der Öffnung des Herz-Chakras erfährt, die das Wissen um ihre universale Präsenz vermittelt.

Heilend kann jede Beziehung sein, die die Entwicklung von Bewußtheit, Selbstachtung, Vertrauen, Wachstum, Freiheit, Wohlbefinden und Transzendenz unterstützt. Eine heilende Beziehung gibt einem die Sicherheit, Masken und Abwehrhaltungen fallen lassen zu können und ganz in einen freien Gefühlsaustausch mit einem anderen Menschen zu treten. Wahre Befriedigung in einer Beziehung wird dadurch größer, daß man die ichhafte Abwehr ablegen und heilende Bewußtheit üben kann. Wenn man lernt, liebevolle, nicht-eingreifende Aufmerksamkeit zu schenken und wahrhaft mitzuteilen, sind günstige Bedingungen für Heilung hergestellt. Die Schranken der Angst, Erwartungen und Vorspiegelungen abzubauen, macht die Befreiung auf der emotionalen Ebene und die Korrektur von Wahrnehmungsstörungen auf der mentalen Ebene leichter.

Dieser Prozeß kann damit beginnen, daß man die Schranken erkennt, die die Kommunikation behindern, um sie dann loslassen zu können. Einige dieser Schranken können vertraut und leicht zu identifizieren sein. Manche haben in einem Stadium der Entwicklung einem bestimmten Zweck gedient, behindern aber in einem späteren Stadium Heilung und Ganzheit. Andere können ganz im Unbewußten liegen. Abwehrhaltungen des Ich können beispielsweise bewußt gerechtfertigt werden oder völlig unbewußt sein. Vertraute, gewohnheitsmäßige Abwehrhaltungen können Heilung und wirksamer Kommunikation in jeder Beziehung im Wege stehen.

Abwehrhaltungen

Die Abwehrhaltungen des Ich sind Mechanismen, die vorwiegend dazu dienen, ein Selbstbild zu schützen. Man erlernt sie leicht und benutzt sie unbewußt in dem Glauben, daß sie zum Überleben notwendig sind. In den frühen Jahren der Ich-Entwicklung beschützen sie das entstehende ichhafte Selbstkonzept vor allem, was einem bedrohlich oder unannehmbar erscheint. Unglücklicherweise verringern Abwehrhaltungen auch die Bewußtheit und verzerren die Wahrnehmung. Sie führen oft dazu, daß genau die Bedingungen aufrechterhalten bleiben, gegen die man sich wehrt. Ein Beispiel: Wenn man wütend ist und diese Wut aus Angst vor Mißbilligung unterdrückt, kann das dazu führen, daß sich viel Ablehnung aufbaut, die die Wahrscheinlichkeit von wütendem, entfremdendem Verhalten steigert. Das soll nicht heißen, daß man Wut immer herauslassen soll. Man darf aber angemessene Formen dafür, sie auszudrücken wie sie zu unterdrücken, nicht mit pathologischen Exzessen verwechseln.

Bleiben die Abwehrhaltungen unbewußt, kann das dazu führen, daß man die innere und die äußere Realität nicht mehr auseinanderhalten kann (Projektion). In Beziehungen kommt das häufig in der Form zum Ausdruck, daß man die eigene Wut damit rechtfertigt, daß der andere wütend ist. Projektion als Verteidigungsmechanismus ordnet anderen die Eigenschaften zu, die man bei sich selbst nicht sehen will. Bei anderen weitverbreiteten Abwehrhaltungen wird die Realität ausgeschlossen (Verleugnung), verkehrt (Reaktionsbildung), vermieden (Unterdrückung), neu definiert (Rationalisierung), oder man zieht sich ganz von ihr zurück (Regression).[7] Unbewußte Abwehrhaltungen können in früheren Entwicklungsstadien einem angemessenen Schutz der Ich-Identität dienen, aber auf dem inneren Bogen stellen sie bedeutende Hindernisse für *Selbst*-Bewußtheit und heilsame Beziehungen dar.

Die Arbeit an den Abwehrhaltungen ist wieder ein Prozeß des Differenzierens, Beobachtens, Dis-Identifizierens und der Transzendenz. Die wichtigsten Abwehrhaltungen lassen sich wie folgt beschreiben:

1. Projektion

Die Projektion innerer Gefühle auf die äußere Welt bedeutet gewöhnlich, daß man die Dinge, die man an sich selbst nicht mag, in anderen sieht. Eine meiner Klientinnen war beispielsweise immer auf ihre Kollegen wütend, die sie als »konkurrierende Halsabschneider« bezeichnete. Je mehr sie ihren eigenen Ehrgeiz akzeptieren konnte, desto weniger hatte sie an den anderen auszusetzen und desto erfolgreicher wurde sie. Einen Sündenbock zu suchen, ist ein Beispiel für Projektion, bei der eine ganze Gruppe von Menschen ihren eigenen Schatten auf eine Gruppe oder einen einzelnen projiziert, der als Sündenbock gilt. Dieser Begriff leitet sich von einem alten Brauch der Hebräer ab, die einen Ziegenbock opferten, um den Stamm symbolisch zu reinigen. Die Sünden des Stammes wurden auf den Bock »projiziert«, der dann geschlachtet oder in die Wüste hinausgetrieben wurde. Vermutlich fühlten sich die einzelnen Stammesmitglieder dadurch vorübergehend besser. Aber dummerweise ist die Erleichterung, die die Projektion schafft, eben nur vorübergehender Art und nicht sehr wirkungsvoll. Projektion kann auch positiv sein, wenn man einem anderen Menschen, der gute Eigenschaften zu verkörpern scheint, die man in sich selbst nicht erkennt, Weisheit und Intelligenz zuschreibt. Projektion beeinflußt immer die Wahrnehmung.

2. Verleugnung

Verleugnung ist die Weigerung anzuerkennen, was man nicht sehen will. Ein gutes Beispiel dafür ist, wenn man in »offenen Beziehungen« so tut, als ob einem die Untreue des Partners nichts ausmache. Um Verleugnung handelt es sich auch, wenn man ein bestimmtes Problem, wie etwa Alkoholismus, nicht anerkennen will. Sowohl Alkoholiker wie die Menschen in ihrem Umfeld sind notorisch gut im Verleugnen. Aber die in unserer Kultur vermutlich vorherrschende Form ist die Verleugnung des Todes.[8]

3. Reaktionsbildung

Reaktionsbildung ist der Prozeß, durch den man zum Gegenteil dessen wird, was man fürchtet. Wenn beispielsweise ein Mann in einer Kultur, die viel Wert auf Macho-Verhalten legt, Angst vor seinen eigenen homosexuellen Neigungen hat, kann er sich zu einem unerbittlichen Gegner von Homosexualität entwickeln. Werden seine eigenen homosexuellen Gefühle rücksichtslos unterdrückt, beginnt er, Homosexuelle zu hassen.

4. Unterdrückung

Zur Unterdrückung gehört das selektive Vergessen unangenehmer Erinnerungen oder schmerzhafter Gefühle. So werden etwa Schuldgefühle oft unterdrückt. Vorfälle aus der frühen Kindheit, die mit Schuld in Verbindung gebracht werden, werden daher oft vergessen. Aber schmerzhafte Gefühle, die unterdrückt und bewußt vergessen werden, verschwinden leider nicht. Bei einem passenden Anreiz tauchen sie manchmal in einer scheinbar unverständlichen und verzerrten Form wieder auf. Außerdem bindet Unterdrückung Energie und stumpft ab. Wird das unterdrückte Gefühl durch eine Katharsis in der Therapie freigesetzt, steht mehr psychische Energie zur Verfügung. Gefühle im Rahmen einer sicheren, heilsamen Beziehung wiederzuerfahren und loszulassen, kann eine riesige Erleichterung sein. Bleibt die Unterdrückung andererseits unbewußt, trägt sie dazu bei, Projektionen, Verleugnung und Reaktionsbildung aufrechtzuerhalten.

5. Rationalisierung

Durch den Prozeß des Rationalisierens erklärt und rechtfertigt man all die eigenen Gefühle, Gedanken oder Handlungen, die man selbst unannehmbar findet. Wutausbrüche können beispielsweise als therapeutisch wertvoll gerechtfertigt werden, obwohl sie eigentlich nur ein Ausdruck zu großer Nachsicht mit sich selbst sind.

6. Regression

Regression bedeutet, daß man in dem Versuch, der Angst auszuweichen, auf eine frühere Entwicklungsebene zurückkehrt. Wenn man sich von einem Problem überwältigt fühlt, kann das dazu führen, daß man sich hilflos und kindisch benimmt und hofft, es werde jemand kommen, der einen rettet. Wenn man mit diesem Spiel Erfolg hat, kann es zur Gewohnheit werden. Wenn es daneben geht, nährt es Gefühle der Ablehnung. In den späteren Stadien der Entwicklung auf dem inneren Bogen kann Regression bedeuten, daß man zu ichbezogenem Verhalten zurückkehrt.

Alle Abwehrhaltungen werden im Dienste des Ich dazu benutzt, ein annehmbares Selbstkonzept und vorgeblich auch Beziehungen zu anderen aufrechtzuerhalten. Sie gelten als wesentlich für den Aufbau einer Ich-Struktur und sind daher in den frühen Stadien der Entwicklung notwendig. Bestehen sie jedoch erst einmal, behindern sie leicht das weitere Wachstum. Außerdem schreiben sie wahrscheinlich gerade die Bedrohungen fort, gegen die man sich mit ihnen verteidigt. Verleugnung beispielsweise schafft die schmerzhaften Gefühle nicht ab. Im Gegenteil, sie verhindert ihre Entladung und die Befreiung von ihnen. Das, was man vermeidet und begräbt, setzt sich fest. Eigenschaften des Schattens, die man in sich selbst nicht sehen will und auf andere projiziert, führen dazu, daß man Angst vor Intimität in einer Beziehung entwickelt, daß man sich hilflos und unfähig zu Veränderung fühlt.
Je defensiver man ist, desto verzerrter ist die Wahrnehmung und desto mehr unterliegt man der Selbsttäuschung. Selbsttäuschung kann ein wesentliches Heilungshindernis darstellen, und fast jeder braucht Unterstützung von außen, sei es durch einen Therapeuten, einen Lehrer oder einen Freund, der ihm hier aufklärend helfen kann. Wenn man sich selbst nicht klar sieht, kann man andere nicht klar sehen und bleibt in einer Welt der Illusion gefangen, in der echtes Da-Sein und authentischer Kontakt mit anderen unmöglich sind.
Wenn man defensiv ist, hat man andere als bedrohlich empfunden. Ist das der Fall, will man nicht, daß andere einem zu nahe kommen. So halten die Abwehrhaltungen, die man geschaffen hat, um das Selbstbild zu verteidigen, andere wirksam fern und verhindern, daß Vertrauen entstehen kann. Heilung tritt dann ein, wenn man bereit ist, das Risiko einzugehen, in einer Beziehung alles zu sein und zum Ausdruck zu bringen, was man ist.

Die Abwehrhaltungen loslassen

Selbst wenn man erkennen kann, daß das Bild, das man verteidigt nicht das Selbst ist, sondern ein illusorisches, unnötiges Selbstkonzept, kann es schwierig sein, die Abwehrhaltungen loszulassen. Man muß ausreichend Vertrauen haben, das Risiko der Wehrlosigkeit in einer Beziehung einzugehen, wenn man an einer heilenden Beziehung teilhaben will.

Versucht man, sich seiner Abwehrhaltungen zu entledigen, verstärkt man sie meist dummerweise damit noch. Widerstand führt zu Beharrlichkeit. Je mehr man versucht, einem bestimmten Gefühl, etwa dem der Ablehnung, auszuweichen, desto öfter trifft man darauf. Umgekehrt liefert die Bereitschaft, Ablehnung trotz der Angst vor ihr zu erfahren, neue Lernmöglichkeiten. Wenn man defensiv unerwünschte Erfahrungen vermeidet (»Ich weise dich zurück, bevor du mich zurückweist«, oder: »Ich werde niemandem nahekommen, dann werde ich auch von niemandem abgelehnt«), beraubt man sich selber der Gelegenheiten zu Wandlung und Heilung. Jemanden zu erkennen, der andere dadurch fernhält, daß er immerzu sein Verhalten rechtfertigt oder erklärt, um angenommen zu werden, ist recht einfach. Schwieriger ist es, sich der subtilen Gewohnheiten im Denken und Handeln gewahr zu werden, die die Muster noch verstärken, die man verändern will. Hat man das erkannt, kann man feststellen, daß die Kommunikation in einer heilenden Beziehung wirksamer ist, als sich mit den Abwehrhaltungen herumzuschlagen und sich selbst zu ändern zu versuchen.

Die Frage »Wogegen verteidige ich mich?« kann ein recht nützlicher Teil des Prozesses sein, die verschiedenen Ängste unterscheiden zu lernen. Zu benennen, was einem in einer Beziehung am meisten Angst macht, sei es nun Zurückweisung, Gewalt oder im Stich gelassen zu werden, kann einem helfen, diese Angst zu überwinden. Wenn man versucht, Angst zu verstecken, wird sie im allgemeinen schlimmer und behindert sowohl den Selbstausdruck wie die Kommunikation. Bestimmte Ängste zu erkennen und sie einem anderen mitzuteilen, der nicht davon betroffen ist, kann zu Erleichterung und Beruhigung beitragen.

Untersucht man Ängste mit heilender Bewußtheit, mag sich herausstellen, daß sie alle zukunftsorientiert sind. Das, wovor man Angst hat, liegt immer in der Zukunft. Es geht einem im gegenwärtigen Moment vielleicht sehr gut, aber man macht sich dennoch Sorgen um das, was bald geschehen könnte oder auch nicht.

John war ein Mann, der auf den Straßen der Großstadt aufgewachsen und als Jugendlicher häufig auf dem Schulweg zusammengeschlagen worden war. Er erinnerte sich, daß er sich in dem Moment, in dem ihm wirklich wehgetan wurde, nicht fürchtete, aber er lebte dennoch ständig mit der Angst vor dem nächsten Mal. Er hatte gelernt, durch Anpassung damit umzugehen, wenn auch unbewußt, nämlich durch Reaktionsbildung. Er suchte beständig nach Situationen, die ihm Furcht einjagten, um sich ihnen zu stellen. Er entdeckte, daß seine schlimmsten Ängste schwanden, wenn er sich ihnen stellte. Zu der Zeit, als ich mit ihm sprach, gab es in der äußeren Welt nicht mehr viel, wovor er sich fürchtete, aber er wurde noch immer von Angstgefühlen geplagt und machte sich Sorgen um seine eigene Wut.

John war bereit, seine eigenen Projektionen in Besitz zu nehmen. Er erkannte, daß andere immer dann feindselig schienen, wenn er selbst feindselig war; wenn er Angst bekam, wurde er wütend, und das gab ihm die Illusion, sich mächtig zu fühlen. Wenn er wütend war, brauchte er die zugrundeliegende Angst nicht zu spüren. Aber die unspezifische Furcht ging nicht weg, bis er bereit war, seine Angst anzuerkennen, sie zu konfrontieren und mitzuteilen. Als sie sich auflöste, ließ auch seine Wut nach. Er erkannte, daß er Angst vor seiner eigenen Feindseligkeit hatte, die er auf andere projizierte. Schuldgefühle lösten Angst vor Vergeltung aus, und er fand andauernd Wege, sich bewußt oder unbewußt selber zu strafen. Als er weiter daran arbeitete, seine Ängste aufzudecken, erkannte er langsam, daß alles, was er fürchtete, seinem eigenen Geist entsprang. Am meisten Angst hatte er vor seinen eigenen Gedanken. Während er weiter übte, Bewußtheit zu entwickeln und das Risiko der offenen Kommunikation einzugehen, fühlte er sich zunehmend mit sich selbst und anderen wohler. Seine Bereitschaft, dem Prozeß in einer heilenden Beziehung zu vertrauen, ermöglichte es ihm, die Vergangenheit loszulassen und seine Fähigkeit zu Intimität und Nähe wiederzugewinnen.

Wenn man Ängste näher untersucht, kann man sie gewöhnlich zu einem Gedanken, einem Bild oder einer Phantasie darüber zurückverfolgen, was in der Zukunft passieren könnte oder auch nicht. Gelegentlich mag man sich in körperliche Gefahren begeben, aber Menschen, die Vergnügen an riskanten Sportarten haben, fühlen sich in Momenten der Gefahr eher angeregt als ängstlich. Im Rahmen von Heilung interessieren uns weniger angemessene Reaktionen in Form von »Flüchten oder Standhalten« als die unangemessenen, die als Reaktion auf wahrgenommene psychologische Bedrohungen in Beziehungen erfolgen. Ichhafte Ängste davor, was andere denken könnten, davor, Unrecht zu haben oder Fehler zu machen, geraten der Kommunikation, Zufriedenheit und Heilung in Beziehungen störend in die Quere. Bewußtheit enthüllt, daß diese Art von Angst meist aus Vorurteilen stammt, die man sich nicht zu eigen gemacht, sondern auf andere projiziert hat. Will man frei von Angst vor dem sein, was zwischen Menschen geschieht, muß man bereit sein, die Projektionen wieder in Besitz zu nehmen, die feindlich und erschreckend sind. Wir machen uns buchstäblich selber Angst, nicht nur in Albträumen, sondern auch im normalen Wachbewußtsein.

Annäherung an die Schutzlosigkeit

Auf dem spirituellen Pfad stößt der Suchende, der unbewußt angstvolle Impulse wie Zorn auf Gottheiten projiziert, auf Schwierigkeiten. Der rachsüchtige Gott oder die zornigen Gottheiten bedrohen das Ich als Strafe für eingebildete oder echte Sünden mit Tod oder Zerstörung. Im Christentum des Mittelalters wurden unannehmbare Regungen in Gestalt des Teufels personifiziert. »Das hat mir der Teufel eingegeben«, wurde zu einer weit verbreiteten Ausrede, wenn man es vermeiden wollte, persönlich Verantwortung zu übernehmen.

Eltern und auch Organisationen haben Schuldgefühle oft als Mittel zur Kontrolle und Manipulation genutzt. Viele Menschen sind der Ansicht, Schuldgefühle seien notwendig, um die gesellschaftliche Ordnung aufrechtzuerhalten. Aber aus Schuldgefühlen entstehen Angst und Ablehnung, Streß und Spannung, Sorgen und Konflikte. Schuldgefühle können ein großes Hindernis für heilende Beziehungen sein. Sie zerstören immer das Vertrauen und fordern irgendeine Art von Bestrafung heraus. Und wieder einmal ist es die offene Kommunikation, in der sich Befreiung von Schuldgefühlen finden läßt, und nicht im Verbergen.

Heilende Beziehungen erfordern unbedingt, daß man seine Abwehrhaltungen losläßt und sich von Angst- und Schuldgefühlen befreit. Wenn man untersucht hat, was man schützt und wogegen man sich wehrt, ist man vielleicht bereit, das Risiko der Verletzbarkeit einzugehen. Wagt man es, in einer heilenden Beziehung schutzlos zu sein, lernt man, dem Prozeß und der inneren Führung zu vertrauen, die zu Ganzheit führen. Psychologische Gesundheit und Selbstachtung hängen nicht davon ab, was andere Leute sagen, denken oder tun, sondern von *Selbst*-Bewußtheit und Verstehen. Wenn man lernt, sich selbst zu trauen, wird man vertrauenswürdig, und wenn man sich selber heilt, kann man auch heilende Beziehungen eingehen.

Die Schutz- und Abwehrhaltungen loszulassen heißt, sich selbst die Fehler der Vergangenheit und die Unzulänglichkeiten der Gegenwart zu verzeihen. Es heißt auch, anderen zu vergeben, daß sie nicht das sind, von dem man meint, sie sollten es sein. Wenn alles zu verstehen heißt, alles zu verzeihen, dann ist ein Mangel an Vergebung Ausdruck von fehlendem Verständnis. Wenn es im Lichte des Bewußtseins nichts zu verzeihen gibt, kann es als zweckdienliche Lehre betrachtet werden, sich selbst und anderen zu vergeben. Das hat so lange eine heilende Wirkung auf die Psyche, wie man glaubt, daß es etwas zu verzeihen gäbe. Vergebung zu üben, kann in heilenden Beziehungen unglaublich wirksam sein.

Das Christentum hat immer sehr propagiert, anderen zu vergeben, aber allzu oft wird diese Notwendigkeit mit Urteilen und Schuld verbunden. In der Psychotherapie legt man meist mehr Nachdruck darauf, sich selbst zu verzeihen, etwa wenn man lernt, negative Gefühle wie Wut anzunehmen und auszudrücken. Die Heilung der Psyche beruht jedoch wie die heilenden Beziehungen darauf, daß man sowohl sich selbst wie anderen vergibt. In den christlich- mystischen Unterweisungen von *A Course in Miracles* heißt es, Vergebung sei »der Schlüssel zum Glück«, und »ein Schlüssel, durch den sich Bedeutung erschließt in einer Welt, die keinen Sinn zu machen scheint«.[9] Auf alle Fälle scheint es niemandem zu schaden und allen zugute zu kommen, wenn man in Beziehungen Vergebung übt.

Geht man um der Heilung willen das Wagnis der Schutzlosigkeit ein, heißt das nicht, daß man nicht verletzt oder enttäuscht werden kann, sondern daß diese Gefühle nicht mehr als Bedrohung für das Selbstbild empfunden werden. Die hingebungsvolle Liebe einer heilenden Beziehung, die auf echter Fürsorge füreinander beruht, braucht einen nicht zu erschrecken. In einer romantischen Beziehung kann die Herausforderung, ehrlich und schutzlos zu sein, schwieriger erscheinen, aber es ist im wesentlichen dasselbe. Wenn der Mensch, mit dessen Ich man sich identifiziert, die Beziehung verläßt oder betrügt, fühlt man sich vielleicht völlig zerstört. Aber auch diese Wunde kann man durch die bedingungslose Liebe einer heilenden Beziehung schließen.

Um Vertrauen und heilende Beziehungen zu entwickeln, muß man die heilende Kraft der inneren Quelle der Liebe in der Psyche aktivieren. *Selbst*-Bewußtheit, die im Erfahren des universalen *Selbst* wurzelt, ist nicht nur für Beziehungen wertvoll, sie ist auch die Grundlage der Heilung. Wenn man in Richtung Ganzheit wächst und ein tieferes Verständnis der Psyche entwickelt, wird man dadurch vertrauenswürdig, daß man lernt zu vertrauen. Solange ich glaube, daß mein Überleben und Wohlergehen vom Verhalten eines anderen abhängt, werde ich selbst unter den günstigsten Bedingungen kaum meine Abwehrhaltungen loslassen können. Nur wenn wir beide unsere Beziehung als eine Möglichkeit ansehen, die Liebe aus der inneren Quelle des universalen *Selbst* auszudrücken, können wir zu einer wahrhaft heilenden Beziehung gelangen, die unser Ganzsein nährt und es uns ermöglicht, auch auf andere mit heilender Bewußtheit zuzugehen.

Hat man im Rahmen einer therapeutischen Beziehung, in der die Abmachungen klar definiert sind, Vertrauen erfahren, kann man es leichter auch auf andere Beziehungen ausdehnen. Solange man dem Risiko aus dem Weg geht, wird der Glaube an die Notwendigkeit von Abwehrhaltungen immer wieder durch Erfahrungen verstärkt. Wenn ich beispielsweise defensiv auf jemanden reagiere, der das in Frage stellt, was ich tue, fühlt sich dieser andere vielleicht ebenfalls angegriffen und wird auch defensiv. Wenn ich davon ausgehe, daß Menschen, die mich in Frage stellen, mir feindlich gesonnen sind, werden sich meine Annahmen als wahr erweisen. Reagiere ich andererseits selber freundlich, könnte daraus ein nützlicher, heilender Austausch für uns beide werden.

Die Abwehrhaltungen des Ich haben die Tendenz, Gefühle von Unzulänglichkeit und Verletzbarkeit zu unterstützen, statt einen zu stärken. Solange man das Gefühl hat, man müsse Schmerz, Angst, Schuld oder Wut verstecken, wird auch eine heilende Beziehung nicht sehr wirksam sein. Nur wer das Wagnis eingeht loszulassen, kann entdecken, daß man den Schutzhaltungen entwächst, wenn sich das Bewußtsein entwickelt.

Jede Abwehr, die die Wahrnehmung verzerrt, stellt ein Hindernis für die Bewußtheit der Ganzheit dar. Weicht man dem aus, was in Beziehungen bedrohlich erscheint, kann man nicht erkennen, daß die Bedrohung selbst eine subjektive Interpretation der Realität ist, die man ändern kann. Man kann die Harmlosigkeit einer Situation nicht entdekken, wenn man ihr aus dem Wege geht. So werden Schutzhaltungen, die nützlich waren, um die Ich-Identität aufzubauen, zu beachtlichen Hindernissen, wenn man über das Ich hinaus wachsen will.

Beidseitig befriedigende heilende Beziehungen beruhen auf dem vertrauensvollen Erfahren des universalen *Selbst*. Das heißt, daß man durch ichhafte Unterscheidungen hindurchsieht und den gemeinsamen Grund allen Seins anerkennt. Die Menschheit hat ein gemeinsames biologisches, psychologisches und spirituelles Potential. Jeder erfährt Geburt und Tod und findet Wege, mit anderen Menschen Verbindung herzustellen. Jeder erfährt auf irgendeiner Ebene, mit mehr oder weniger Bewußtheit, Aspekte des personalen, des sozialen und des universalen *Selbst*. Jeder Mensch erfährt auf irgendeine Weise Liebe und Angst und Wahlmöglichkeiten, und uns allen ist die Chance gemeinsam zu lernen, wie wir sowohl uns selbst wie unsere Beziehungen heilen können.

Je mehr wir ganz werden, desto mehr werden Beziehungen zu einer Gelegenheit, Synergie zu erfahren und Liebe als Ausdruck dessen zu geben, was wir sind, statt Mängel zu kompensieren oder persönliche Bedürfnisse zu erfüllen. Jeder kann von Zeit zu Zeit das Bedürfnis nach einer heilenden Beziehung spüren, und es läßt sich viel emotionaler Schmerz vermeiden, wenn man bereit ist, um eine solche Beziehung zu bitten. Das Bedürfnis nach Heilung und den tiefen Wunsch nach heilenden Beziehungen, die Ganzheit nähren, anzuerkennen, ist für optimale Gesundheit und bewußte Entwicklung unbedingt notwendig.

Heilende Beziehungen und Befreiung

Jemand, der mit Bewußtheit zuhören und bedingungslos Liebe und Annehmen schenken kann, ist ein natürlicher Heiler. Wenn man auf einen solchen Menschen trifft, fängt man vielleicht an, Frieden mit sich selbst zu finden. Wenn es so weit ist, kann die Beziehung auch zu einem Vehikel für Befreiung und spirituelles Erwachen werden. Befreiung meint sowohl Freiheit von inneren Beschränkungen und Verzerrungen der Bewußtheit wie auch Bewußtsein von persönlicher Kraft und Wahlmöglichkeiten. Nur wenn wir uns selbst vollständig kennen und akzeptieren, können wir von ganzem Herzen lieben. Dabei kommt es nicht auf die Form der Beziehung an. Wann immer die innere Einstellung frei von Erwartungen ist und nicht klammern will, wenn sie auf der Bewußtheit des universalen *Selbst* gründet, ist bedingungslose Liebe möglich. Ein Therapeut, der das in professionellem, oder ein Freund, der das im persönlichen Rahmen tut, kann einen unschätzbaren Beitrag zu Heilung und Ganzheit leisten.

Liebe, Vertrauen und Sicherheit sind Eigenschaften, die wir in unsere Beziehungen einbringen können, wenn wir sie dadurch in uns selbst gefunden haben, daß wir Angst, Schuld und Abwehr loslassen konnten. Wenn wir das tun, können alle unsere Beziehungen zu heilenden Beziehungen werden. Haben wir die heilende Bewußtheit in uns selbst entdeckt, können wir sie auf unsere Beziehungen ausdehnen. Wenn wir lernen, uns selbst und einander gegenseitig zu heilen, unserem eigenen innersten Wesen und dem universalen *Selbst* zu vertrauen, dann wachsen wir in Richtung Ganzheit.

Bedingungslose Liebe kann nicht auf Knopfdruck entstehen, und Vertrauen läßt sich nicht erzwingen, aber beide erfahren durch heilende Bewußtheit Kraft und Unterstützung. Jeder Tag bietet Möglichkeiten, sich in heilenden Beziehungen zu üben. Der freie Austausch von Gefühlen macht es möglich, offene Kommunikation direkt zu erfahren. Wir alle brauchen die emotionale Unterstützung und Reflexion, die es uns möglich machen, Abwehrhaltungen loszulassen, die uns daran hindern, Ganzheit zu erfahren. Beziehungen sind die Spiegel, durch die wir lernen können, uns selbst zu sehen und das transpersonale *Selbst* zu erfahren.

Erfahrungsübungen

Beziehungen überprüfen

Falls wir bereit sind, unsere Abwehrhaltungen zu untersuchen, entdecken wir gewöhnlich mehrere innere Konflikte, die geheilt werden müssen, wenn wir unsere Beziehungen heilen wollen. Einander widersprechende Wünsche und Bedürfnisse, die eine Trennung zwischen Persona und Schatten, männlich und weiblich, Sex und Spiritualität oder anderen Gegensätzen spiegeln, können die ambivalenten Gefühle schmerzhaft deutlich machen. Viele dieser Konflikte können im Rahmen einer heilenden Beziehung gelöst werden. Sie müssen sogar geheilt werden, wenn Beziehungen eine Quelle von Frieden und Freude sein sollen statt von Schmerz und Konflikten.

Aufmerksamkeit für eine Beziehung ist vor allem ein Prozeß, die Bewußtheit zu schulen. Vorstellungen, Annahmen, Gewohnheiten, Erwartungen, Beurteilungen und Vorurteile behindern die klare Wahrnehmung und die wirksame Kommunikation. Das Wirken heilender Beziehungen besteht daher zum Teil darin, Hindernisse aufzudecken, die die Bewußtheit stören.

Über die folgenden Fragen nachzudenken, kann nützlich sein, um Muster in Beziehungen zu entdecken und den Prozeß der Heilung einzuleiten.

1. Denke für einen Moment über die wichtigen Beziehungen in Deinem Leben nach. Bist Du wirklich mit ihnen zufrieden? Bekommst Du in Deinen Beziehungen das, was Du wirklich willst? Was bringst Du in Deine Beziehungen ein? Welche Eigenschaften erfährst Du derzeit überwiegend in Deinen Beziehungen? Fühlst Du Dich manipuliert oder abgelehnt, zum Opfer gemacht oder im Wettbewerb stehend? Erlebst Du Freude, Vitalität, Synergie, Liebe und gemeinsamen Sinn? Welche Eigenschaften bringst Du in Deine Beziehungen ein?

2. Welcher Muster in Deinen Beziehungen bist Du Dir bewußt? Fühlst Du Dich ständig falsch verstanden oder behandelt? Hast Du das Gefühl, daß Du mehr gibst als Du bekommst? Erlebst Du das universale *Selbst* als die Quelle und den Kontext von Beziehungen? Übernimmst Du Verantwortung dafür, Veränderungen herbeizuführen?

3. Welche Vorstellungen und Annahmen über Beziehungen hast du? Muster zu erkennen, kann dazu dienen, Annahmen aufzudecken wie die folgenden: »Jemanden zu lieben heißt, immer zu tun, was der andere will.« – »Ich kann ihm oder ihr nicht sagen, was ich wirklich fühle, weil das ihm oder ihr weh tun würde.« – »Jemanden zu mögen heißt, ihm oder ihr nichts zu sagen, was er oder sie nicht hören wollen.« Alle Vorstellungen, die man nicht in Frage stellen kann, engen die Bewußtheit ein. Mache eine Liste Deiner Vorstellungen und Annahmen und achte darauf, welche Du nicht in Frage zu stellen bereit bist.

4. Wer/was glaubst Du zu sein? Diese Identifizierung, ob überwiegend mit einem körperlichen, emotionalen, mentalen, existentiellen oder transpersonalen Selbstkonzept, wirkt sich auf jede Beziehung aus. Wenn Du Dich zur Echtheit verpflichtet hast, werden Deine Beziehungen zweifellos befriedigender sein als wenn Du noch versuchst, Dein Selbstwertgefühl nur aus Äußerlichkeiten und der Anerkennung durch andere zu beziehen. Wenn Du fest sowohl im personalen wie im universalen *Selbst* ruhst, wird sich das mit Sicherheit auf Deine Beziehungen auswirken.

5. Was ist der Zweck von Beziehungen? Die Antworten auf diese Frage werden die Antworten auf die vorhergehenden Fragen spiegeln. Werte in einer Beziehung reflektieren im allgemeinen persönliche Einstellungen. Wenn Du Dich beispielsweise manipuliert fühlst, bist Du vermutlich selbst manipulativ oder wärest es gern. Siehst Du, daß andere sich nach Liebe sehnen, hast Du das zweifellos selbst kennengelernt. Jeder erfährt gelegentlich Entfremdung,

Einsamkeit und Trennung. Manchmal entsteht aus den Tiefen der Verzweiflung wahres Mitgefühl, dann nämlich, wenn man persönliches Leid als einen Mikrokosmos menschlichen Leidens sehen kann.

Beziehungen können eine Quelle von Lust und Schmerz, Lehren und Lernen, Liebe und gemeinsamem Erschaffen sein. Wenn Beziehungen abgewertet oder für die Erfüllung von Ich-Zielen mißbraucht werden, sind sie meist flach und frustrierend. Wird eine Beziehung zum Selbstzweck, versucht man nur noch füreinander zu leben, wird man unweigerlich enttäuscht. Am befriedigendsten scheinen die Beziehungen zu sein, in denen zwei Menschen gemeinsam einen Sinn sehen, der personale Wünsche transzendiert. Wenn die Beziehung nicht ein Mittel zum Überleben, sondern eine Quelle der Bereicherung ist, kann sie frei von Zwängen und Manipulation sein. Untersuche ehrlich Deine Motive und Absichten in Beziehungen. Nur wenn Du Dir all Deiner geheimen Wünsche bewußt wirst, können Beziehungen zu einer Quelle der Heilung werden.

6. Welches sind für Dich die wichtigsten Beziehungen in Deinem Leben gewesen? Jeder lernt von den Eltern oder den erwachsenen Bezugspersonen, was Beziehungen sind. Die frühen Konditionierungen üben einen starken, aber keinen unüberwindbaren Einfluß auf alle Beziehungen aus. Den Eltern die Schuld an späteren Schwierigkeiten zuzuschreiben, ist nicht besonders hilfreich. Nur wenn man in Beziehungen Autonomie erreicht, kann man sich von der Vergangenheit befreien und Veränderungen in die gewünschte Richtung einleiten. Muster, die früh im Leben geprägt worden sind, können in späteren Beziehungen immer dann verändert werden, wenn man bereit ist, neue Ebenen offenen Austauschs zu wagen.

7. Stell' Dir vor, daß Du jetzt alt bist und bereit zu sterben. Denke über die Qualität der Beziehungen in Deinem Leben nach. Bedauerst Du etwas? Gibt es etwas an Deinen Beziehungen, das Du gern geändert hättest?

Menschen, die vor dem Tode stehen, sagen rückblickend oft, Beziehungen seien das Wichtigste in ihrem Leben gewesen. Leistungen und Erfolge, die einmal riesengroß aussahen, scheinen mit dem Nahen des Todes an Glanz zu verlieren. Andererseits erscheint die Fähigkeit, Liebe zu geben und zu nehmen und zum Wohlbefinden anderer beizutragen, dann viel wertvoller. Die Zeiten, in denen man bedingungslose Liebe gegeben oder empfangen hat, empfindet man auch dann noch als kostbar, wenn alle Erfolge und Fehlleistungen längst vergessen sind. Dagegen empfinden fast alle Menschen Reue darüber, daß sie jemand anderem nicht dann bedingungslose Liebe vermittelt haben, als es dazu Gelegenheit gab. Gibst es jemanden, dem Du jetzt Deine Liebe oder Zuneigung zeigen willst?

8. Welche Eigenschaften würdest Du in Deinen Beziehungen gern fördern, wenn Du diese Beziehungen einseitig ändern könntest? Dir bewußt zu sein, was Du von Beziehungen erwartest, ist der erste Schritt dahin, es zu bekommen. Wenn Du nicht weißt, was Du willst, wirst Du es vermutlich auch nicht bekommen. Wenn Du andererseits deutlich siehst, was fehlt oder was Du haben möchtest, wird es leichter verfügbar. Wenn Du beispielsweise weißt, daß Du mehr Liebe in Deinem Leben willst, beginnst Du sie zu suchen. Zu dieser Suche gehört auch, die Quelle in Dir selbst zu finden, die es Dir erlaubt, Schönheit, Harmonie und Deinen eigenen kreativen Geist zu lieben. Das kann durch das Erfahren der transpersonalen Identität geschehen, die man manchmal in anderen früher sehen kann als in sich selbst. Die Verschiebung in der Wahrnehmung, die einen die Liebe in anderen sehen läßt, ist eine wichtige Stufe auf dem Pfad der Befreiung.

9. Was müßtest Du ändern, damit Deine Beziehungen geheilt werden könnten, vorausgesetzt die anderen Menschen würden so bleiben, wie sie sind? Was bietest Du an? Was sind Deine versteckten Forderungen oder Pläne?

10. Bist Du bereit, Fehler der Vergangenheit zu verzeihen, statt an dem Kummer festzuhalten? Wo fällt es Dir am schwersten, dir selbst zu vergeben? Bist Du willens, Heilung für Dich und andere in all Deinen Beziehungen anzustreben?

Hindernisse in Beziehungen entfernen

Die folgende Übung ist darauf angelegt, eine bestimmte Beziehung zu heilen. Sie wird am besten mit einem Partner durchgeführt. Wenn Du niemanden dafür findest, kannst Du die Antworten auch aufschreiben.

1. Identifiziere und beschreibe eine Beziehung, die Dir Verdruß macht.
2. Mache eine Liste der Sorgen und Verstimmungen in dieser Beziehung.
3. Kläre Deine Bedürfnisse, Forderungen und Erwartungen an diese Beziehung.

4. Teile die Ängste mit, die für Dich mit dieser Beziehung verbunden sind.
5. Teile die Schuldgefühle mit, die Du in dieser Beziehung hast.
6. Visualisiere diese Beziehung so, wie sie wäre, wenn sie geheilt wäre. Wie wäre sie dann? Wo wäre sie anders?
7. Was glaubst Du aufgeben zu müssen, um Dich in diese Richtung zu bewegen?

Rezeptives Rollenspiel

Eine wirksame Übung, um eine Beziehung zu heilen, die Dir Sorgen macht, ist eine Art Rollenspiel. Man kann es als rezeptiv bezeichnen, da derjenige, der die Rolle einer abwesenden Person übernimmt, nur zuhören muß. Der Zuhörer sollte keinerlei Rückmeldung geben, solange Du sprichst. Er kann auch die Augen zumachen, um mimische Reaktionen zu verhindern. Innere Antworten auf Deinen Monolog sollte er speichern, aber alle Kommentare oder Bemerkungen bis später zurückhalten. Sprich mit Deinem Zuhörer, als ob er der Mensch wäre, mit dem Du Schwierigkeiten in der Beziehung hast. Sage ihm alles, was Dir dazu im Kopfe herumgeht. Bringe alles zum Ausdruck, was Du zurückgehalten hast, aus welchen Gründen auch immer. Sage absolut alles. Teile ihm mit, was Du bisher zu sagen Angst hattest und was Du jetzt fühlst. Wenn Du fertig bist, sollte Dein Partner nicht so antworten, als ob er die angesprochene Person wäre, sondern Dir sagen, was er während Deiner Rede wahrgenommen hat.

Diese Übung kann sehr erfolgreich unerwartete Änderungen herbeiführen. Eine Frau hat sie beispielsweise benutzt, um ein Kommunikationsproblem mit ihrem Bruder zu klären, mit dem sie schon über ein Jahr lang nicht gesprochen hatte. Sie war sehr überrascht, nur vier Tage, nachdem sie ihre Wut und ihre Frustration geäußert hatte, von ihm zu hören, und beschloß, ihre seit langer Zeit bestehende Verstimmung loszulassen.

Einstellungen wechseln

Manchmal kommen Veränderungen in Beziehungen, die auf einem Wechsel von Einstellungen beruhen, auch ohne förmliche Übungen zustande. Dazu eine ganz spontane Erfahrung aus meinem eigenen Leben:

228

Kurz nach meiner Scheidung dachte ich ernsthaft darüber nach, einen alten Studienfreund aufzusuchen. Ich hatte gelegentlich an ihn als an jemanden gedacht, den ich vielleicht geheiratet hätte. Wir waren während des Studiums viel zusammengewesen und hatten uns sehr gemocht, gingen dann aber getrennte Wege und heirateten andere Menschen. Nach einigem Nachdenken beschloß ich, die Vergangenheit nicht neu zu beleben zu versuchen, und ließ meine Phantasien eines Wiedersehens los. Schließlich hatte ich seit annähernd zwanzig Jahren nichts mehr von ihm gehört. Ungefähr einen Monat, nachdem ich die Vergangenheit innerlich losgelassen hatte, rief er völlig unerwartet an. Er hielt sich ein paar Tage in meiner Stadt auf und rief an, weil er in der letzten Zeit zweimal von mir geträumt hatte.

Weniger dramatische Vorkommnisse können sich auch unter den alltäglichsten Bedingungen ereignen. Das folgende Beispiel stammt von einem Klienten:

Als ich neulich mein Auto aus der Werkstatt holen wollte, sah ich, daß ein Rücklicht nicht brannte. Ich bat den Mechaniker, der an dem Wagen arbeitete, es auszuwechseln, aber er lehnte das mit der Begründung ab, es sei jetzt Mittagspause. Ich ärgerte mich, beschloß aber, ihm zu vergeben, da ich keinen Ärger in mir spüren wollte. Kaum hatte ich den ganzen Vorfall aus meinem Kopf verbannt, kam er schon herbei und meinte, er würde es doch schnell machen – es würde nur eine Minute dauern.

Zufall? Vielleicht. Aber ich habe viele solcher Berichte gehört und selber so viele ähnliche Vorfälle erlebt, daß ich sie nicht ganz und gar übergehen kann. Auch ohne auf vereinfachende Erklärungen zurückzugreifen, können wir zumindest feststellen, daß sich Veränderungen in Beziehungen ergeben, wenn wir unsere mentale Einstellung verändern. Das Heilen von Beziehungen muß nicht von anderen abhängen. Es kann immer dann beginnen, wenn wir bereit sind, es zu versuchen.

Heilende Beziehungen ausweiten

Nimm Dir ein paar Minuten, um Dir über das Wesen einer Beziehung zu einem Menschen Gedanken zu machen, der Dir sehr wichtig ist. Wie fühlst Du Dich selbst in Beziehung zu diesem Menschen? Welche Qualität hat der Austausch in dieser Beziehung? Wieviel Verantwortung bist Du für die Qualität dieser Beziehung zu übernehmen bereit?

Richte Deine Aufmerksamkeit jetzt auf Deine Beziehung zu Deiner Familie oder Gruppe. Welche Gefühle hast Du für die ganze Gruppe? Wie würdest Du Deine Beziehung zu ihr beschreiben? Welche Qualität hat diese Beziehung?

Denke über das Wesen Deiner Beziehung zu der Gemeinschaft, in der Du lebst, nach. In welchem Verhältnis stehst Du zu ihr? Was fühlst oder denkst Du über diese Gemeinschaft und Deine Beziehung zu ihr?

Denke über Deine Beziehung zu dem Land nach, in dem Du lebst. Welche Gefühle verbindest Du damit, ein Bürger dieses Landes zu sein? Was ist Deine Beziehung zu diesem Land?

Was ist Deine Beziehung zur Erde? In welchem Verhältnis stehst Du zu diesem Planeten als ganzem?

Wie erlebst Du, über die Erde hinaus, Deine Beziehung zum Universum? Nimm Dir die Zeit, den Beziehungsfaden zu finden, der Dich mit all diesen komplexen Systemen verbindet, von denen Du ein Teil bist. Was trägst Du zu jeder dieser Beziehungen bei?

Sei Dir der emotionalen Haltung bewußt, mit der Du an Deine Beziehungen herangehst. Wenn Du Dich selbst streng beurteilst, wirst Du auch in allen Deinen Beziehungen auf strenge Urteile stoßen. Gefühle sind zwar meist unbeständig (das heißt, daß Du manchmal sanft und liebevoll sein kannst und ein ander mal gereizt und wütend), aber sie haben einen machtvollen Einfluß auf Beziehungen. Emotionen scheinen wie von selbst zu kommen und zu gehen, aber sie werden auch von Werten, Einstellungen und Glaubenssätzen beeinflußt. Gibt es ein vorherrschendes Gefühl, das auf alle Deine zwischenmenschlichen Handlungen abfärbt? Dann untersuche die Annahmen, die es beständig fortschreiben.

Betrachte die folgende Frage in bezug auf das, was Du in Beziehungen erschaffen willst: Was müßtest Du aufgeben, um Dich in Beziehungen frei zu fühlen? Darauf hat es unter anderem folgende Antworten gegeben:

»Ich müßte die Angst aufgeben.«
»Ich müßte meine Verstellungen aufgeben.«
»Ich müßte meine Schutzhaltungen aufgeben.«
»Ich müßte meine Hilflosigkeit aufgeben.«
»Ich müßte meine Schuldzuweisungen einstellen.«
»Ich müßte aufhören, mich klein zu fühlen.«

Die Hindernisse zu benennen, die den Weg zu verstellen scheinen, ist der erste Schritt dahin, sie zu entfernen.

In einer Zeit sich ständig beschleunigender gesellschaftlicher Veränderungen werden bewußte Männer und Frauen immer mehr zu dem, was sie sein wollen. Veränderung, Freiheit, Wahlmöglichkeiten und Verantwortung sind existentielle Realitäten. Die existentielle Identität in transpersonaler Bewußtheit zu transzendieren, birgt in sich das Potential heilender Beziehungen.

10 Transpersonale Vision

Das Sehen, die Vision, erwächst aus der Leere oder einem Zustand ungeteilter Bewußtheit. Die Weite des nicht mit Denken beschäftigten Geistes läßt sich mit einem klaren Himmel vergleichen, auf dem Bilder wie Wolken in sich ständig verändernden Mustern auftauchen und verschwinden, denen der Geist symbolischen Wert zuschreibt. Glückseligkeit und Befreiung sind die Geisteszustände, die zum Erwachen führen. Man durchschaut die Erscheinungen der Zweiheit und versteht die Wahrheit, die immer in jedem Augenblick gegenwärtig ist, hier und jetzt.

Vision sieht sowohl die Einheit wie die Zweiheit von Erfahrung, während Wahrnehmung die Welt in Subjekt und Objekt, Beobachter und Beobachtetes teilt. Wahrnehmung richtet sich auf bestimmte Objekte des Bewußtseins, seien es physische Gegenstände, Gefühle, Sinneswahrnehmungen oder Gedanken. Vision sieht den Zusammenhang, in dem sie existieren, und die Beziehungen, die sie untereinander haben. Sie erlaubt gleichzeitige Bewußtheit von Einheit, Vielfalt und einem Netz verbindender Beziehungen. Wilber hat die Funktion, die primär zur transpersonalen Ebene von Bewußtsein beiträgt, Vision/Logik genannt und damit die Tatsache betont, daß die Vision zwar die Vernunft transzendiert, daß diese Funktionen einander aber nicht entgegengesetzt sind, sondern sich ergänzen.

Huston Smith schreibt:

Die, deren Herzen geöffnet worden sind und die mit *seinem* Auge (dem »Auge des Herzens« im Sufismus, Platos »Auge der Seele«) sehen können, werden spirituelle Objekte erkennen können, und es wird eine theistische Metaphysik entstehen. Die letzte »Nacht-Vision«, die die ehrfurchtsvolle Heiligkeit von allem entdecken kann, ist denen vorbehalten, die... ich Mystiker genannt habe...

Die Trennungen zwischen den Realitätsebenen sind wie Einwegspiegel. Wenn wir hinaufschauen, sehen wir nur die Reflektionen der Ebene, auf der wir uns befinden; wenn wir hinabschauen, werden die Spiegel zu Fensterglas und hören auf zu existieren. Auf der höchsten Ebene ist sogar das Glas entfernt, dort herrscht Immanenz... schaut man von den tieferen Ebenen hinauf, ist Gott radikal transzendent... schaut man von den Höhen hinab, die die menschliche Vision in unterschiedlichem Maß erreichen kann, ist Gott absolut immanent.[2]

Vision beruht auf Selbsterkenntnis und der Bewußtheit, die ichhafte und existentielle Identifizierungen transzendiert. Solange wir Gefangene von begrenzten Selbstkonzepten sind, kann Einsicht den Weg zur Befreiung weisen. Jenseits des mentalen Reiches, wo Wissen nicht durch den Verstand, sondern durch Intuition erfaßt wird, werden Begriffe unbedeutend. Aber Begriffe sollte man nicht leichten Herzens aufgeben. Wie alles andere können sie den Prozeß des Erwachens entweder stützen oder behindern, je nachdem wie sie benutzt werden. Sie können entweder Hilfsmittel oder Hindernisse der Vision sein. Die transpersonale Vision gibt einem die Kraft, die begrifflichen Beschränkungen zu transzendieren. Große spirituelle Lehrer sind Menschen mit großer Vision.

Vision hat mit Licht zu tun, und in vielen Kulturen gilt das Feuer als Symbol der Läuterung, so bei der »Feuertaufe«, bei der alles Falsche von den Flammen verzehrt wird und nur das Wahre bleibt. Die Herrschaft des Geistes über die Materie zeigt sich auf dramatische Weise in unserer Fähigkeit, unversehrt über glühende Kohlen zu laufen, die normalerweise unsere ungeschützten Füße verbrennen würden. Ich selbst habe an einer solchen Zeremonie teilgenommen, daher weiß ich, daß das möglich ist. Diese Art von Erfahrung kann einen großen Einfluß auf unsere Vorstellungen davon haben, was möglich ist, wenn wir es uns nur fest genug in den Kopf setzen. Feuer steht für das von Menschen geschaffene Licht. Es hat die Kraft, die Dunkelheit zu überwinden und Unreinheiten zu verzehren. Als Kerzenlicht ist es Teil vieler religiöser Zeremonien.

Da man Licht braucht, um zu sehen, also für Vision, wird das, was man zu sehen fürchtet, das, was man im Dunkeln versteckt, zu einer Behinderung von Vision. Wird die innere Vision ignoriert, wird man in Illusionen gefangen, die die Bewußtheit einschränken. Innere Vision ist ein Geschenk, das immer verfügbar ist, und es bedarf nur der Aufmerksamkeit, es zu erkennen. Das Licht ist immerfort da, es wartet auf unsere Bereitschaft, es zu erfahren.

Erleuchtung als Ziel des spirituellen Pfades ist zum Teil das Ergebnis erwachender Vision. In der Einführung zu seinem Buch *Was ist Erleuchtung* schreibt John White:

Erleuchtung ist das Verständnis des perfekten Gleichgewichts eines Sein-im-Werden.

Die Wahrheit jeglicher Existenz und jeder Erfahrung liegt daher in nichts anderem als im nahtlosen Hier und Jetzt, im bereits Gegenwärtigen, im Wesenskern des Suchers und Fragestellers: dem Sein oder Ich-bin. *Die spirituelle Reise ist der Prozeß, durch den diese Wahrheit entdeckt und gelebt wird.* Es läuft auf das sich selbst sehende Auge hinaus – oder vielmehr das sein Selbst sehende Ich. Formuliert man es mit Begriffen der Philosophie, ist Erleuchtung die Erkenntnis der Einheit aller Dualitäten, der harmonischen Zusammensetzung aller Gegensätze, das Eine in endloser Vielfalt und Unterschiedlichkeit. Psychologisch gesehen ist es das Überschreiten jedes Begriffs von Begrenzung und Andersartigkeit. Die Humanisten sagen, es ist das Verständnis der Reise als Lehre, das endgültige Einswerden von Weg und Ziel.[3]

Den einen, wahren Pfad gibt es nicht. Wenn die Wahrheit das Ziel ist, kann jeder Pfad als Mittel dazu dienen, die Vision zu erwecken. Alle Pfade sind Metaphern für Wandlung oder Bewegung durch Raum und Zeit, während Vision die Totalität der Erfahrung umfaßt und nicht an Konzepte von relativer Veränderung der Gestalt oder von Raum/Zeit gebunden ist. Ein spiritueller Pfad ist kein Bestimmungsort. Die Wahrheit ist der Bestimmungsort, obwohl sie nie als Ziel erreicht werden kann. Der Bestimmungsort liegt daher, wie die Bestimmung selbst, nicht in der Zukunft, sondern in jedem Augenblick, in dem man sich ihm zu stellen bereit ist. Wahrheit, die immer hier und jetzt gegenwärtig ist, wird nicht durch Veränderungen oder Bewegung in Raum oder Zeit erreicht. Nur wenn man beginnt, die Hindernisse zu beseitigen, die die Bewußtheit hemmen, und die Totalität des grenzenlosen Seins zu akzeptieren, kann man durch die Schleier der Illusion, die die Wahrheit zu verdecken scheinen, hindurchzusehen beginnen.

Vision als Erkenntnis der Wahrheit erfordert nicht, daß man irgendwo hingeht oder irgend etwas tut. Jedes Streben steht der Bewußtheit dessen im Weg, was man in der Gegenwart erfahren kann. Wenn wir uns daher an die Vergangenheit erinnern oder uns die Zukunft vorzustellen versuchen, stülpen wir unsere eigenen Vorstellungen, Interpretationen und Begriffe (das heißt die Produkte des denkenden Geistes) über das unmittelbare Erfahren der gestaltlosen Wahrheit. Jede solche Bewegung in der Zeit, sei es in die Vergangenheit oder in die Zukunft, zieht Aufmerksamkeit von der Gegenwart ab.

Diese ewige Gegenwart, in der wir die Fülle des Seins erfahren können, ist nicht nur ein unzusammenhängender Moment, von dem getrennt, was ihm vorausging und was ihm folgt, das heißt sie ist nicht vergehende Gegenwart. Sie ist vielmehr eine umfassende Ganzheit, die die Bewußtheit einschließt, daß sowohl Vergangenheit wie Zukunft jetzt existieren. Beide gibt es nirgendwo als in unserem Geist, und daher sind die ganze Vergangenheit und die ganze Zukunft in der Fülle dieses Augenblicks enthalten. Die Sicht der Vergangenheit hängt wie die der Zukunft von selektiver Wahrnehmung ab, die mit jedem Wechsel der Perspektive Veränderungen unterliegt.

Intuition ist eine Art des Wissens, deren Objekt das Reich des absoluten GEISTES ist. Sie kann somit als innerer Führer zur Erkenntnis der immerwährenden (ewig seienden, stets schon vorhandenen) Wahrheit dienen. Intuitiv kann man sofort und mit absoluter Gewißheit verstehen, was wahr ist. Einsicht zu erfahren, das plötzliche Aufblitzen der Offenbarung, das »Eureka!« oder das »Aha!« der Inspiration, das Wiedererkennen von etwas Vergessenem, all das sind Beispiele für diese intuitive Wahrnehmung. Intuition gewährt Einblicke in das Wesen der Dinge und läßt einen die Wahrheit direkt begreifen. Wenn die Intuition genutzt wird, um sich Möglichkeiten auszumalen, kann damit sowohl Verständnis wie Vorstellungskraft aktiviert; dem Formlosen im Geiste Form gegeben und dadurch aus dem Nichts etwas erschaffen werden. So wie wir durch das formal-operationale Denken die Möglichkeit haben, auf der mentalen Ebene über das Denken nachzudenken, so ermöglicht uns auf der transpersonalen Ebene die Vision zu sehen, wie die Intuition funktioniert.

Die Bewußtheit in den kontemplativen Disziplinen zu schulen, aktiviert die Intuition und macht die Vision klarer. In der Tradition des Sufismus sagt man, die Intuition sei ein Wahrnehmungsorgan, das geschult werden muß, um sich zu entwickeln.[4] Die Schulung selbst beginnt wie in allen spirituellen Disziplinen damit, jene Konzepte aufzulösen oder wieder zu verlernen, die die Vision dadurch begrenzen, daß sie der Realität Interpretationen auferlegen. Wenn sich die Intuition weiter entwickelt, beginnt man zu sehen, wie Wahrnehmung sowohl die innere wie die äußere Welt strukturiert. Dabei verleiht Einsicht dem Prozeß Bedeutung.

Wenn ich beispielsweise von einem philosophischen Konzept wie der existentiellen Angst gefesselt bin, wird alles, was in meiner Bewußtheit auftaucht, durch diese Voreingenommenheit gefiltert werden, und allem wird ein entsprechender Sinn zugeordnet. Ähnlich ist es, wenn ich, etwa durch ein kreatives Projekt, vollkommen mit etwas in der äußeren Welt beschäftigt bin. Ich werde dann dazu neigen, nur das zu bemerken, was für mein Projekt relevant ist, mich darauf konzentrieren, die Informationen zu bekommen, die ich brauche, und währenddessen andere Aspekte der Realität übersehen oder ignorieren. Wenn ich jedoch nicht geschult bin, wird mein Bewußtsein von dem beherrscht, was gerade meine Aufmerksamkeit fesselt. Selbst die besessene Beschäftigung mit dem Beobachten des Geistes und seiner Prozesse kann zu einer Falle werden.

Vision wird außerdem durch Überzeugungen und mentale Gewohnheiten eingeschränkt: »Ich kann nicht«, »Ich sollte«, »Wenn nur«, »Was wäre, wenn«, »Eines Tages«... Solche Sätze weisen darauf hin, daß das, was ist, nicht mit den Bildern dessen übereinstimmt, was ich will oder was ich meine, wie die Realität sein *sollte*. Manchmal schenkt man dem, was *nicht* ist, mehr Aufmerksamkeit und Bedeutung als dem, was *ist*. Die Vision wird klarer, wenn man Deutungen und Voreingenommenheiten losläßt und bereit ist, die Dinge so zu sehen, wie sie sind.

In der Wahrnehmung spiegeln sich, ob sie nun intuitiv, rational, emotional oder über die Sinne erfolgt, sowohl Angst wie Verlangen. Sie legt der Vision begriffliche Begrenzungen auf, so wie auch Interpretation die Erfahrung mit Bedeutung erfüllt. Das Verfahren des Za-Zen gilt beispielsweise in dem Bemühen, diese Einschränkung zu transzendieren, als »bedeutungsfrei«, und ein Schüler dieser Richtung kann sich darin üben, die Leere zu kultivieren.

Wahrnehmung kann man als eine Funktion des gerichteten Blicks (mit enger Brennweite) betrachten, während Vision eine Funktion des Sehens (mit offener Brennweite) ist. Wahrheit, da sie allumfassend ist, kann nicht wahrgenommen werden; sie kann nur bei offener Brennweite erfahren werden. Die absolute Subjektivität, die Bewußtheit, die nicht zum Objekt werden kann, wird mit dem Auge verglichen, das alles sieht, aber nie darauf hoffen kann, sich selbst zu sehen. Ähnlich läßt sich das Erfahren von Wahrheit, in der der Dualismus von Subjekt und Objekt transzendiert wird, nicht vollständig durch Sprache vermitteln. Aber die Sprache der Vision läßt sich dennoch als Metapher nutzen, um die gemeinsame Erfahrung in diesem Bereich zu illustrieren.

Die Sprache der Vision

> Es gibt kein Sehen, ob aus Träumen oder einer wahreren Quelle, das nicht nur ein Schatten des durch innere Vision Erblickten ist.
>
> *A Course in Miracles*[5]

Die metaphorische Sprache der Vision wurde in allen Kulturen und zu allen Zeiten benutzt, um kontemplative Wahrheit zu vermitteln.

Während sich die relative Realität der Wahrnehmung angemessen mit Worten und Begriffen beschreiben läßt, wird die Vision verzerrt, wenn man sie begrifflich mitteilen will. Erleuchtung beispielsweise ist eine Bezeichnung, die einen Bewußtseinszustand beschreibt, den man nicht mit Begriffen fassen kann; man kann sie nur erfahren. Vision ist, wie Liebe und Wahrheit, nur in dem Umfang vermittelbar, in dem sie einen Widerhall in direkter Bewußtheit findet. Sie läßt sich nicht messen oder bewerten, aber sie kann als gemeinsame Erfahrung anerkannt werden.

Vision selbst ist gestaltlos. Visionen dagegen sind als Manifestationen von Vision Wahrnehmungen, die aufgrund ihres besonderen Charakters und ihrer Ausrichtung einen Teil der Totalität ausschließen. Dadurch, daß man sich bewußt entscheidet, worauf man achtet, übernimmt man Verantwortung für die Erfahrung. Indem man sich in Selbstbeobachtung übt, kann die Vision von Verzerrungen durch unbewußte Wünsche befreit werden. Sie bleibt jedoch von Erwartungen gefärbt und wird durch jede bewußte Ausrichtung der Aufmerksamkeit eingeengt.

Die Möglichkeit, sich die Freiheit von Wahrnehmungsverzerrungen auszumalen, ist eine Funktion gestaltloser Vision. Ebenso ist die Fähigkeit, die paradoxe Natur der Wahrheit zu verstehen, die alle Gegensätze transzendiert und einschließt, eine Funktion von Vision. Vision ist eins und schließt in ihrer Ganzheit die Totalität ein. Visionen aber, Produkte des Geistes, gibt es viele. Visionen sind Bewußtseinsinhalte. Vision schließt außerdem den Zusammenhang und den Prozeß mit ein. Vision liefert Einsicht in die Natur der Realität und lotet die Tiefen der inneren Quellen der Inspiration aus, sieht sich aber nie selbst.

Symbolische Repräsentationen der Realität, die man entweder im Traum- oder im Wachzustand wahrnimmt, enthüllen und verdecken zugleich Wahrheit. Manchmal wird die Form mit dem Wesen verwechselt; das Bild wird für die Realität gehalten, für die es steht. Mittels einer spezifischen symbolischen Vision einen Eindruck von der Kraft von Vision zu erhaschen, kann dennoch ein starker Impuls für das Erwachen sein. Das hängt davon ab, ob man sich dafür entscheidet, die Aufmerksamkeit auf das Bewußtsein selbst zu richten oder nur auf die Bewußtseinsobjekte, die klare Vision behindern können. Es besteht immer die Gefahr, daß das Symbol, der Pfad oder der Lehrer idealisiert werden und einen damit gefangenhalten und einschränken. Das Vehikel der Offenbarung selbst wird, wenn es zum Selbstzweck wird, zu einer weiteren Illusion, die transzendiert werden muß.

Ein buddhistischer Lehrer der Vipassana-Meditation hat die folgende Geschichte erzählt:

Hinayana-Buddhismus ist als das kleinere Vehikel der individuellen Befreiung bekannt.
Mahayana-Buddhismus ist als das größere Vehikel der Befreiung für alle Wesen bekannt.
Ob kleineres oder größeres Vehikel, am Ende werden alle auf Kosten der Besitzer abgeschleppt.[6]

Die Vehikel, die in einem Stadium der Reise gute Dienste leisten, muß man in einem anderen verlassen, und Träume, die auf einer Ebene des Bewußtseins verborgenen Sinn enthüllen, kann man aus anderer Sicht als Illusionen wahrnehmen. So wie das Streben nach bewußt festgesetzten Zielen die Aufmerksamkeit von der Wahrheit ablenkt, die immer bereits da ist, so trennen wir uns von Vision, wenn wir sie suchen oder uns auf die Erleuchtung vorbereiten. Wir verlagern sie in die Zukunft, unterwerfen sie Raum und Zeit und vergessen, daß sie als transzendente Funktion immer gegenwärtig und ewig ist.
Außerhalb der Zeit gibt es keinen Pfad und keine Leistungen. In der Zeit gibt Vision der Reise des erwachenden Bewußtseins ein Richtungsgefühl. Das Ziel dieser Reise ist das Bewußtsein der Einheit oder die Wahrheit des Seins, die man intuitiv durch klare Vision verstehen kann, frei von einengenden Wahrnehmungsverzerrungen. Der Pfad zu erwachender Vision führt über Träume und Illusionen zu Wissen, Befreiung und Erleuchtung. Der erwachte Geist ist einer, der seine Ganzheit sieht.

Merkmale von Vision

Das Feld des äußerlichen körperlichen Sehens wird durch Instrumente erweitert, die das physische Auge verstärken und das Sammeln empirischer Daten leichter machen: das Mikroskop, das Teleskop oder das Periskop. Spirituelle Realitäten durch eine mentale Linse zu betrachten ist so, als wollte man ein Periskop gebrauchen, um die Wahrnehmung des Intellekts auf die Kontemplation auszudehnen. Das Auge des Verstandes sucht nach Sinn und reagiert auf symbolische Repräsentationen derjenigen Bewußtseinsdimensionen, die mentale Identifizierungen transzendieren. Das Auge der Kontemplation kann jedoch innere Vision erwecken, die die transzendente Realität einschließt, welche dem rationalen Geist immer ein Geheimnis bleiben wird.
Weisheit ist ein Merkmal desjenigen, der dank innerer Vision die Natur von Illusion und Dualität versteht. Das archetypische Bild eines wei-

sen, alten Menschen oder Gottes, das vielleicht als symbolische Repräsentation der Weisheit auftaucht, kann bestenfalls eine Teildarstellung
sein. Die der Psyche als ganzer innewohnende Weisheit kann durch
einen inneren Lehrer zugänglich werden, der immer da ist und nur
darauf wartet, wahrgenommen zu werden. Der innere Lehrer, die archetypische Repräsentation von Weisheit in jeder Form, bleibt jedoch
ein der Ganzheit auferlegtes Wahrnehmungskonstrukt. Universale
Symbole und kollektive Bilder geben dem Formlosen Gestalt und ver-
ankern das, was ewig ist, in der Zeit. Selbst die erhabensten, numino-
sesten Wahrnehmungen und Symbole der Vision sind zeitgebunden.
Vision selbst ist zeitlos. Diese Unterscheidungen zu beachten, kann uns
davor zu bewahren helfen, Bilder zu idealisieren, uns in sie zu verlieben oder sie mit der absoluten Wahrheit zu verwechseln.

Aus transpersonaler Sicht sind Archetypen die Vorbilder, nach denen
die Schöpfung geformt ist. Streng genommen bezieht sich der Begriff
Archetyp auf die erste Form der Involution, die erste Manifestation von
Form, die aus dem gestaltlosen, undifferenzierten Nichts auftauchte. Er
kann sich auf die Ideale Platons beziehen, von denen es heißt, sie exi-
stierten a priori, unabhängig von einer bestimmten Manifestation, also
etwa auf Wahrheit, Schönheit, Vollkommenheit, Harmonie und so fort.
Als Schöpfungsmuster sind archetypische Formen nicht mit uranfäng-
lichen Bildern identisch, obwohl diese auf den Archetypen beruhen.
Ein archaisches Bild kann in der Evolution die erste Manifestation
eines bestimmten Archetyps sein, aber das Bild selbst ist weder das
Muster noch das zugrunde liegende Prinzip, für das es steht. Freud und
Jung waren sich darin einig, daß wir phylogenetische Bilder erben; aber
die universalen Bilder, die in allen Kulturen auftauchen, sind nicht
notwendigerweise transpersonal. Transpersonal ist nicht die besondere
Ausprägung eines Bildes, sondern die Vision, die das Muster oder
Prinzip sieht, auf denen ein Bild beruht und die a priori oder unabhängig von einer bestimmten Manifestation in Raum und Zeit existieren.

Von einem existentiellen Standpunkt aus läßt sich natürlich argumentieren, nur die spezifische Form existiere und jede Abstraktion sei Spe-
kulation oder Illusion. Es gibt kein rationales Argument, das ausreicht,
um transpersonale Realitäten festzuschreiben. Nur die Transzendenz
von Form direkt zu erfahren, eine direkte Bewußtheit der Vision, kann
diesen Anspruch für gültig erklären. Wie uns die Mystiker und Kontemplativen jeder Tradition versichert haben, kann Realität nie erklärt,
aber universell erfahren werden.

Das *Selbst* als Quelle der Archetypen kennt man durch Vision, die
Gestaltlosigkeit ebenso sieht wie Form. Als nicht-manifeste Abstrak-

tion, die er ist, kann man einen Archetyp nicht konkret erkennen, aber man kann ihn intuitiv erfassen, indem man sich in Kontemplation übt. Man kennt ihn nicht als Objekt, sondern als Potential, das in der Psyche existiert und auf den kreativen Ausdruck wartet, der ihm als Bild Existenz verschafft. Im Bereich des Manifesten existiert er nur so, wie er durch Menschen zum Ausdruck kommt. Verwechselt man die besondere Manifestation (d.h. das uranfängliche Bild) mit dem Archetyp als einer Abstraktion oder einem Muster, auf dem alle Formen beruhen, kann das zu dem irrigen Versuch führen, die Archetypen an einem anderen Ort oder in einer anderen Zeit lokalisieren zu wollen. Es wäre vielleicht genauer, wenn man sagen würde, daß sie außerhalb der Zeit existieren, immer und ausschließlich in der aktuellen Bewußtheit. Als Gedankenformen werden sie verfügbar, wenn man sich entscheidet, Aufmerksamkeit auf sie zu richten.

Vision erhöht die Bewußtheit von den Archetypen als den Schablonen gegenwärtiger Erfahrung. Archetypische Formen und Muster kann man unterscheiden, wenn man sich nicht mit ihnen identifiziert. Ist diese Unterscheidung einmal vollzogen, ist eine Identifizierung weniger wahrscheinlich, da sie als Begrenzung verstanden werden kann. Wenn man sich durch Vision aller Möglichkeiten bewußt wird, ist man nicht von ihnen getrennt, sondern mit ihnen als Aspekten des *Selbst* verbunden. Das *Selbst* als grenzenloses Wesen zu erfahren, das mit allem eins ist, heißt, die Verhaftung an die feinstoffliche Getrenntheit des transpersonalen *Selbst* aufzugeben und die Totalität anzunehmen, die wir nicht erschaffen haben.

Vision ist ein Vorrat unerschöpflicher Fülle und unbegrenzter Möglichkeiten, der den Geist mit grenzenloser Kreativität versorgen kann. Vision macht den Weg frei zu einer unendlichen Quelle der Inspiration, die enge Blickwinkel der Wahrnehmung transzendiert. Vision sieht sowohl Zeit wie Ewigkeit, sowohl Leere und Bewußtsein als auch Objekte. Vision hat keine Eigenschaften oder Verbindungen. Sie ist unbezahlbar und kostet nichts. Sie wird verfügbar, wenn wir alles so akzeptieren, wie es ist. Wir müssen nur die Illusion, der Bewußtheit stünden Hindernisse im Weg, die durch Träume und Selbstkonzepte auferlegt werden, beiseite räumen. Vision wird dadurch, daß man Zugang zu ihr findet und sie miteinander teilt, immer wieder erneuert, nie ausgebrannt.

Vision dämmert dem Geist, der Frieden mit sich selbst gefunden hat, ebenso natürlich herauf wie Erleuchtung. Der leere Geist und das offene Herz sind der Nährboden der Vision. Hier können alle Möglichkeiten aus dem Reich der Form ersonnen werden. Vision braucht keine Rechtfertigung, sie löst eine ihrem Wert entsprechende Dankbarkeit

aus. Sie ist sich selbst genug. Sie bietet Zugang zum absoluten GEIST, wie auch immer man ihn sich vorstellen mag. Mit dem Erwachen von Vision kann sich die Wahrnehmung der Realität radikal ändern. Vision erschaut; weder kategorisiert sie, noch trennt sie. Als Bewußtheit der Unterscheidungen erschaut sie sowohl die Einheit des transpersonalen *Selbst* wie die besonderen Blickwinkel der Selbstidentifizierung. So wie die analytischen Fähigkeiten auf der Ebene der mentalen Reiche des Verstandes für Übereinstimmung in bezug auf die Gültigkeit sorgen, so vermag Vision für die Reiche der Intuition und der Kontemplation ein Gleiches.[7]
Sprachlich läßt sich Vision mit folgenden Begriffen von rationalem Wissen unterscheiden:

Vision	*Rationales Wissen*
Erleuchtung	Verstehen
trans-formieren	in-formieren
formlos	in-Form-ation
erschauen	vergleichen/gegenüberstellen
entdecken	beweisen
erwachen	forschen
enthüllen	berichten
mustern	untersuchen
intuitiv	rational
überprüfen	wiederherstellen
umfassend	unterscheidend
kreativ	ordnend
kreisförmig	hierarchisch
kraftgebend	kontrollierend
wahrnehmend	begrifflich
Einsicht	Vorstellungsvermögen
innewohnende Weisheit	erworbene Weisheit
erkannt	gelernt
betrachten	gerichtet blicken
spontan	absichtsvoll
inspirierend	systematisierend
schaut	kategorisiert
sieht hinaus	legt hinein
Bilder (gemeinsame Vision)	Tatsachen (gemeinsames Wissen)

Vision findet man ebensowenig wie Wahrheit durch Streben. Während Wissen sich durch anhaltende Bemühungen erwerben läßt, erfordert Vision, daß man losläßt und sich dem öffnet, was bereits da ist. Als eine Funktion der Bewußtheit des transpersonalen *Selbst* kann Vision jede Erfahrungsdimension erhöhen.

Die heilende Vision

> Im kollektiv-historischen wie im individuellen Fall handelt es sich um die Entwicklung des Bewußtseins, welches sich allmählich aus der Gefangenschaft in der »agnoia«, das heißt Unbewußtheit, befreit, und der Heilbringer ist darum ein Lichtbringer.
>
> *C.G. Jung*[8]

Die heilende Vision ist eine Vision der Ganzheit. Ganzheit wird nicht als ein Endzustand wahrgenommen, da sie nie statisch ist. Sie ist vielmehr eine dynamische Integration innerer, organischer Ganzheit und eine optimale Beteiligung an dem größeren Ganzen, das alles und jedes einschließt. Ganz ist der Mensch, dessen Vision von Ganzheit das *Selbst* als den Ursprung im nahtlosen Netz der Realität mit einschließt.

Religionen lassen sich als Interpretationen von Vision aus den verschiedensten Perspektiven betrachten. Philosophische und theologische Ansätze in der vergleichenden Religionswissenschaft, die Glaubenssätze und Bräuche untersucht und einander gegenüberstellt, bieten nach Fritjof Schuon eine exoterische Sicht.[9] Als exoterisch bezeichnet man die äußeren Aspekte der Religionsausübung. Die esoterische Sicht wiederum beschäftigt sich mehr mit dem Wesen als mit der Form von Spiritualität und bleibt damit der Beobachtung von außen verschlossen, ist aber durch Vision zugänglich und läßt sich von jedem wahrnehmen, der sich der notwendigen Schulung unterzieht. Esoterische Religion bezeichnet im allgemeinen die fortgeschrittenen oder inneren Aspekte der spirituellen Praxis. Sie bildet den mystischen Kern aller großen Weltreligionen.

Wilber hat in einer Erörterung über Religionssoziologie die Unterscheidung zwischen Legitimität und Authentizität aufgestellt. Legitimität steht für das Maß, in dem Religionen psychologische Bedürfnisse wie den Wunsch nach Sinn, Symbolen der Unsterblichkeit und ethischen Geboten erfüllen. Authentizität ist das Maß, in dem Religionen echte Transzendenz fördern.[10] Eine psychologische Untersuchung von

Religion kann sich sowohl mit der Legitimität wie mit der Authentizität befassen, aber letztere betrifft die Auswirkungen der spirituellen Praxis auf das Bewußtsein. Der bedeutende Religionsforscher Huston Smith weist darauf hin, daß alle offenbarten Religionen in einem Punkt zusammenlaufen, der sich dem unterscheidenden Intellekt als Einheit darstellt. Diese Einheit kann man nur durch direktes intuitives Wissen kennen, das den Wissenden mit den Wissensinhalten identifiziert.

Die Absolute Einheit, die Gott ist, entzieht sich jeder Vergegenwärtigung oder auch nur übereinstimmender Beschreibung, ist aber dennoch erforderlich... Bezeugungen und Erkenntnisse dieser höchsten Identität tauchen als mehr oder weniger ausführliche Beschreibungen in allen offenbarten Religionen auf und machen den Punkt aus, in dem sie eins sind. Dies aber begründet religiöse Einheit auf der esoterischen Ebene: Sie ist nicht deswegen verborgen und geheim, weil diejenigen, die wissen, nichts darüber sagen wollen, sondern weil die Wahrheit, in die sie eingeweiht sind, so tief im Innern der Menschen verankert ist, daß sie sie nicht vermitteln können...[11]

Schuon betont ausdrücklich, daß dieses Wissen dem einzelnen nicht als Individuum gehört, sondern nur insoweit, als er sich in seinem innersten Wesen nicht vom Göttlichen Prinzip unterscheidet. Ob wir dieses göttliche Prinzip nun Buddha-Natur, Christus, Atman oder *Selbst* nennen, gemeint ist immer das universale Verständnis jenes Teils in uns, der die individuelle Identität übersteigt. Dies mag zuerst wie eine Möglichkeit erscheinen, und dann beginnt man sie vielleicht zu verstehen; aber sie zu sehen oder zu verstehen, sollte man nicht mit Erleuchtung oder Erkenntnis gleichsetzen. Erkenntnis kommt nur auf dem Wege der direkten Erfahrung, und die kann anfangs recht flüchtig sein. Nur wenn man lernt, in dieser Bewußtheit zu leben, wird man ihre heilende Wirkung verspüren können.

Dazu bedarf es der spirituellen Übung. Tiefe Einsichten in die Wirklichkeit und unsere wahre Natur können vollkommen unbedeutend sein, wenn sie nichts mit dem Alltagsleben zu tun haben. Daß man Vision gewinnt, ist daher nur ein Schritt im fortlaufenden Prozeß des Werdens. Vision muß im Alltagsleben in Gedanken, Beziehungen und durch Übung verwirklicht werden. Verarmte Vision schränkt die Möglichkeiten ein. Spirituelle Übungen können ein Mittel sein, die Bewußtheit zu schulen und Vision zu erwecken. Jeder Pfad, der zur Enthüllung des Bewußtseins der Einheit führt, kann nützlich sein.

Dadurch, daß man sich in Kontemplation oder Meditation übt, kann aus Verstehen allmählich Erkenntnis werden. Die spirituelle Praxis kann man auch mit Hilfe des diskursiven Denkens verstehen, aber für Vision wach zu werden, ist eine Funktion transpersonalen Bewußtseins. Spirituelle Disziplinen des Ostens und des Westens wenden ähnliche Methoden an, um Erkenntnis zu erreichen. Im Christentum wird das Wort *Kontemplation* von Thomas Merton und anderen benutzt, um eine einfache, direkte Bewußtheit der göttlichen Gegenwart jenseits von Worten oder Konzepten zu bezeichnen. Im Buddhismus kann die Meditation sowohl eine Methode sein, die Bewußtheit zu schulen, wie ein Ausdruck der inneren Buddha-Natur.

Die Menschheit steht zum ersten Mal in der Geschichte vor der Notwendigkeit, die Welt als ein Ganzes zu sehen. Auch die Spiritualität muß in globalen Begriffen angesprochen werden. Heilende Bewußtheit, die die kulturellen Unterschiede transzendiert, könnte für das Überleben der Menschheit entscheidend sein. Die heilende Vision, die jenseits von Erscheinungsformen und Dualität die Einheit der Transzendenz sieht, bedarf nicht des Glaubens an einen personalen Gott; sie erfordert jedoch eine Bereitschaft, sich in jedem Augenblick dessen bewußt zu sein, was sowohl an der inneren wie der äußeren Erfahrung wahr ist. Wenn wir geheilt sind, werden wir uns unserer Ganzheit bewußt, sind wir in jedem Moment vollkommen, ein wesentlicher Teil des Ganzen.

Allmählich erscheint es zunehmend erwünscht, nicht nur Lehren und Ideen aus verschiedenen Traditionen, sondern auch Erfahrungen miteinander zu teilen. Wenn wir universale Menschen mit globaler Vision werden wollen, muß Selbsterkenntnis sich zur Bewußtheit der universalen Spiritualität vertiefen. Wie Maslow schon vor vielen Jahren sagte, sind sich selbst verwirklichende Menschen immer in etwas verwickelt, was über sie hinaus geht.[12] Die Weisheit, die nötig ist, um die Welt zu heilen, läßt sich nicht allein mit Worten lehren. Sie muß im Innern entdeckt und in Beziehungen angewandt werden. Je mehr wir in Richtung Ganzheit wachsen, desto mehr können wir uns unserer gemeinsamen psychologischen und spirituellen Reichtümer bewußt werden. Jede Situation kann als Gelegenheit gesehen werden, den geteilten Geist zu heilen, der so lange Konflikte auslöst, wie er in der Illusion der Getrenntheit gefangen ist. Ein von Illusionen besessener Geist wird geheilt und auf ewig frei, wenn er zu Vision und zum *Selbst* als absoluten GEIST erwacht.

So wie eine lange Reise mit dem ersten Schritt beginnt, so beginnt die Heilung des Ganzen damit, uns selbst, unsere Beziehungen und unsere Welt zu heilen. Die uns innewohnende Fähigkeit zur Selbstheilung erhält Kraft, wenn die Vision für das Bewußtsein der Einheit erwacht. Wir sind herausgefordert, uns selbst ganz zu sehen, frei von ichbezogenem Verhaftetsein an Formen oder Ergebnisse. Wenn wir Anteil daran nehmen wollen, eine Zukunft zu erschaffen, die anders ist als die Vergangenheit, eine Zukunft, die die Welt heilen könnte, dann könnten wir vielleicht damit beginnen, uns verschiedene Möglichkeiten auszumalen. Ken Wilber hat in *Halbzeit der Evolution* einige davon vorgestellt:

Für diejenigen, die zu einem verantwortungsbewußten stabilen Ego herangereift sind, – zu einer echten Person – ist das nächste Wachstumsstadium der Beginn des Transpersonalen, der Ebene *psychischer* Intuition, der Beginn transzendenter Offenheit und Klarheit, der Beginn eines Gefühls von Bewußtheit, das mehr als nur Körper und Geist ist… Bereits der Anfang dieser Entwicklung wird die Gesellschaft und Kultur, die Regierungen, die medizinische Wissenschaft und die Wirtschaftswissenschaften erheblich verändern…
[Das] wird eine Gesellschaft von Frauen und Männern mit sich bringen, die zu einem ersten flüchtigen Blick in die Transzendenz fähig sind, was sich folgendermaßen auswirken müßte: Sie werden beginnen, ihr gemeinsames Menschsein und ihre Brüderschaft/Schwesternschaft besser zu verstehen; sie werden die ihnen durch die natürlichen Körperunterschiede von Hautfarbe und Geschlecht mitgegebenen Rollen transzendieren; ihre mental- *psychische* Klarheit wird wachsen; sie werden Entscheidungen sowohl auf der Basis von Intuition wie Rationalität treffen; sie werden in jeder einzelnen Seele, ja, in der ganzen Schöpfung dasselbe BEWUSSTSEIN sehen und dementsprechend handeln; sie werden herausfinden, daß das mental-*psychische* Bewußtsein die Körperphysiologie beeinflussen und umwandeln kann, und die medizinischen Theorien entsprechend anpassen; Männer und Frauen werden durch höhere Werte motiviert sein, was ihre wirtschaftlichen Bedürfnisse und die Wirtschaftstheorie drastisch verändern wird; sie werden psychisches Wachstum als evolutionäre Transzendenz begreifen und Methoden und Institutionen entwickeln, die nicht nur Gefühlskrankheiten heilen, sondern das Bewußtseinswachstum fördern; Erziehung wird als eine Disziplin zum Erreichen von Transzendenz betrachtet werden – vom Körper zum Geist zur Seele -, weshalb man die Erziehungstheorie und die ihr dienenden Institutionen reformieren wird, mit besonderer Betonung der hierarchischen Entwicklung; man wird in der Technologie ein geeignetes Hilfsmittel zur Transzendenz und nicht einen Ersatz dafür sehen; Massenmedien und drahtlose Telekommunikation sowie neuartige Verbindungen zwischen Mensch und Computer werden als Vehikel eines vereinigenden Bewußtseins genutzt werden.
Das Weltall wird nicht nur als lebloses Ding »da draußen« gelten, sondern auch als Projektion der inneren oder psychischen Räume, und wird entsprechend erkundet werden; der Mensch wird geeignete Technologien benutzen, um die Austauschvorgänge auf der materiellen Ebene von chronischer Unterdrückung zu befreien; Sexualität wird nicht nur ein Spiel mit dem Fortpflanzungs- und Geschlechtstrieb sein, sondern als Ausgangsbasis für Kundalini-

Sublimierung zum Eintritt in *psychische* Sphären – was zu einer entsprechenden Anpassung der Ehepraktiken führen wird; die Menschheit wird kulturelle/nationale Unterschiede als absolut akzeptabel und wünschenswert ansehen, diese Unterschiede jedoch vor dem Hintergrund eines universalen und gemeinsamen Bewußtseins sehen und daher radikalen Isolationismus oder Imperialismus als verbrecherisch betrachten... Sie wird die transzendente Einheit der Dharmakaya-Religionen erkennen und daher alle echten religiösen Präferenzen respektieren, sektiererische Behauptungen, über den »einzig richtigen Weg« zu verfügen, aber verurteilen; der Mensch wird erkennen, daß Politiker, wenn sie alle Aspekte des Lebens verwalten wollen, auch ihr Verständnis für und ihre Beherrschung aller Aspekte des Lebens demonstrieren müssen – vom Körper zur Seele zum GEIST...
Kurz gesagt, es wird eine echte Weisheits-Kultur zu entstehen *beginnen*...[13]

Die Vision einer Welt, die geheilt und ganz ist, die eine der Menschheit und allen anderen Lebensformen förderliche Umwelt bietet, ist ein denkbarer Traum. Wir müssen uns getrauen, diese Eigenschaften und Werte zu erträumen, die für das Wohlbefinden gebraucht werden. Jeder wird die Gelegenheit haben, zu dienen und kreativ teilzunehmen. Die Herausforderung unserer Zeit heißt, daß jeder seinen Beitrag dazu leisten muß, eine Welt zu erschaffen, die wir uns für alle wünschen. Wenn wir es unterlassen, über unsere Zukunft zu entscheiden, wird es vielleicht keine geben. Der Zustand der Welt, der den Zustand unseres kollektiven Denkens widerspiegelt, weist darauf hin, daß wir dringend der Heilung bedürfen. Wir sind quasi zu Göttern geworden, wir haben die Macht, die Welt zu zerstören. Werden wir rechtzeitig zu der Vision erwachen, die uns sehen läßt, daß wir auch die Macht haben, sie zu retten? Das Bewußtsein ist notwendigerweise sowohl zum Objekt wie zum Instrument der Veränderung geworden.
Wir müssen das, was wir über Selbstheilung wissen, auf die Heilung der Welt anwenden und uns selbst und einander Kraft geben, friedliche evolutionäre Alternativen zur Selbstzerstörung mitzuerschaffen. Diese Aufgabe kann kein Mensch allein bewältigen. Wir können es uns nicht mehr erlauben, auf den großen Helden zu warten, der zu unserer Rettung naht. Die Heldenreise ist als Mythos für unsere Zeit nicht mehr tauglich. Wir haben mit Mühen gelernt, daß man das Böse nicht im Kampf besiegen kann. Krieg zu führen heißt nur, das Problem zu verlängern. Wenn wir die gegenwärtige Gefahr in eine Chance zur Erneuerung transformieren wollen, müssen wir vielmehr unsere gemeinsame Fähigkeit zur Transzendenz erkennen. Verbleiben wir in dem Wahn des Wunschdenkens und der Schuldzuweisungen für unsere mißliche

Lage, verschenken wir vielleicht die Chance, in Richtung Weisheit zu wachsen.

Es ist nicht unmöglich, uns eine Welt auszumalen, in der wir in Harmonie zu leben lernen können, in dem Lichte der ewigen Weisheit der großen Traditionen. Wenn wir aus dem Traum erwachen, wir seien isolierte Einheiten in einem zersplitterten Universum, in dem die Gedanken, Gefühle und Handlungen des einzelnen keine Rolle spielen, können wir sehen, daß wir ein gemeinsames Schicksal haben.

Wenn wir die Einheit der Gegensätze wahrnehmen, können wir beginnen, uns eine Welt vorzustellen, in der alle Wesen ihr Einssein im absoluten GEIST und ihre Fähigkeit zu Liebe und Mitgefühl erkennen und zugleich Unterschiede respektieren und achten können. Das Auftauchen einer globalen Form von Spiritualität, die um das Wohlergehen des Ganzen bemüht ist und nicht um bestimmte Formen von Religionsausübung,[14] ist eines der vielversprechendsten Zeichen dafür, daß ein gemeinsamer Traum von Heilung und Ganzheit nicht unwahrscheinlicher ist als irgendeiner der anderen Träume, die wir gemeinsam pflegen.

Jeder und jede von uns kann einen einzigartigen Beitrag zur Heilung des Ganzen leisten. Wir können entdecken, worin dieser Beitrag besteht, wenn wir auf das *Selbst* hören und die Dinge so sehen, wie sie sind. Wir haben die Möglichkeit, Probleme in Herausforderungen zu verwandeln und einander Kraft für eine gemeinsame Vision der Ganzheit zu geben. Wir können es uns nicht mehr leisten, so zu tun, als seien wir spielende Kinder, während das Haus, in dem wir wohnen, zerstört wird. Wir müssen unsere Verantwortung für die Welt, so wie sie ist, und für die bewußte Entscheidung, eine Veränderung herbeizuführen, anerkennen. Durch eine gemeinsame Vision, die die derzeitigen Beschränkungen transzendiert und kreative Vorstellungskraft inspiriert, werden wir zu Gestalten einer Vision, zu Offenbarenden und Heilern unserer Zeit. Wir brauchen nur den Brennpunkt unserer Aufmerksamkeit vom Teil auf das Ganze, vom Inhalt auf den Kontext zu verlagern, um begrenzte Wahrnehmungen zu transzendieren und die Vision zu erweitern.

Sich der kollektiven Herausforderung zu stellen, erfordert die Bereitschaft, sich dem Schmerz über den Zustand der Menschheit auszusetzen. Das Herz zu öffnen, heißt zu einer Quelle von Liebe zu werden, die die Wunden der Entbehrung heilen kann – körperlich, emotional, mental, existentiell und spirituell. Frieden ist eine Eigenschaft, die wir an uns selbst schätzen müssen, wenn wir sie in der Welt haben wollen.

Wachzuwerden für Vision legt weder der Realität ein neues Bild auf, noch liefert es Antworten auf die Fragen des nach einem Weg suchenden Geistes. Es ist ein Prozeß der Selbsttranszendenz, der es jedem ermöglicht selbst zu sehen, was wahr ist. Mit Lügen oder Illusionen können wir nie wirklich zufrieden sein. Vorübergehend können wir uns selbst dazu überlisten zu glauben, was wir glauben wollen, aber wahre Vision läßt sich nicht täuschen. Wir können andere um Anleitung bitten, wenn wir verwirrt sind oder Angst haben, aber letzten Endes müssen wir lernen, alleine zu sehen. Es gibt nicht die eine richtige Art, Vision zu erwecken. Verzerrungen kann es auf jedem Weg geben. Aber heilende Vision sieht die Einheit der Ganzheit.

Während wir Hindernisse auf dem inneren Bogen entfernen, die der Vision im Wege stehen, beginnen wir zu sehen, daß Vision nicht auf dem Weg liegt, sondern überhaupt erst den Weg geschaffen hat. Daher kommt der Mensch, der sich auf den spirituellen Pfad gemacht hat, nie am Ziel an. Das, wofür wir uns am Ausgang der Reise gehalten haben, erweist sich als ein Produkt der Einbildung, als illusorisches Fragment des Seins, das wir versehentlich für das Selbst gehalten hatten. Dem *Selbst* als dem absoluten GEIST, der absoluten Subjektivität, die ewig unbedingt und ungebunden ist, läßt sich nichts zuschreiben, da es jenseits der Wahrnehmung liegt. Es hat keine Eigenschaften und erfüllt doch alles mit Leben.

Erfahrungsübung

Illusionen erkennen

Wir werden uns unserer Fähigkeit zu Vision bewußter, wenn wir Illusionen erkennen.
Was ist Deine Lieblingsillusion?
Deine Antworten auf diese Frage können Dir einen Eindruck von persönlichen Träumen und Illusionen verschaffen, die leicht mit Vision zu verwechseln sind. Als Beispiele hier einige Möglichkeiten:

Meine Lieblingsillusion ist die Illusion, daß ich keine Illusionen habe.
Meine Lieblingsillusion ist die Illusion, daß ich eine faszinierende Persönlichkeit bin.

248

Meine Lieblingsillusion ist die Illusion, daß ich durch spirituelle Übung Fleißkärtchen im Himmel sammle.
Meine Lieblingsillusion ist die Illusion, daß ich zu einem Weisen werde.

Ein Weiser, sagt man, sei jemand, der den Humor wieder auf die Welt bringt, der in der Lage ist, mit Gegensätzen zu spielen, der zum Wohlbefinden aller beiträgt, und der nicht mehr nach Selbsverbesserung strebt. Wei Wu Wei hat gesagt:

Absicht kann dich zu einem Heiligen machen,
Aber sie kann verhindern, daß du ein Weiser wirst.
Alles nur Erscheinung: Es ist nichts da, das eine oder andere zu sein.[15]

Diese letzte Wahrheit ist ein Anfang, kein Ende. Aus diesem Ort der Leere, an dem man alle illusorischen Selbstkonzepte abgelegt hat, kann man eine Vision der Möglichkeiten zu Heilung und Ganzheit entwickeln.

Mögest Du für die Vision erwachen, die Dich inspiriert,
möge Dein Herz von Liebe geleitet werden
und Dein Geist von göttlicher Weisheit,
daß alle Wesen einen besseren Weg finden.

Anhang

Anmerkungen

Einführung

1. A. Einstein, zitiert in K. Wilber, *Halbzeit der Evolution*, Bern/München/Wien: Scherz, 1984, S. 20.
2. A. Huxley, *Die ewige Philosophie*, München: Steinberg, 1949.
3. K. Wilber, *Halbzeit der Evolution*, a.a.O.
4. D. Bohm, *Die implizite Ordnung. Grundlagen eines dynamischen Holismus*, München, Dianus-Trikont, 1985, S. 225.
5. K. Wilber, *Das Atman-Projekt. Der Mensch in transpersonaler Sicht*, Paderborn: Junfermann, 1990 (in Vorb.).
6. K. Wilber, *Halbzeit der Evolution*, a.a.O.
7. K. Wilber, »A Developmental View of Consciousness«, in: *Journal of Transpersonal Psychology*, 1979, 11 (1), S. 1–22.
8. R. Walsh, *Über-Leben*, Basel: Sphinx, 1985.
9. CSPA Task Force Report, California State Psychological Association *Newsletter*, 1983.

1 Den ganzen Menschen heilen

1. Anonym, *A Course in Miracles*, New York: Foundation for Inner Peace, 1975, Band 1, S. 595. (Eine deutsche Ausgabe ist z.Z. in Vorbereitung beim Verlag Greuth Hof, 7809 Gutach, über den auch die englischsprachige Ausgabe zu beziehen ist.)
2. I. Yalom, *Existential Psychotherapy*, New York: Basic Books, 1980; J. Bugental, *The Search for Authenticity*, 2. Aufl., New York: Irvington Publishers, 1981; J. Bugental, *Psychotherapy and Process*, Reading/MA: Addison Wesley, 1978.
3. R. Walsh und F. Vaughan (Hrsg.), *Psychologie in der Wende*, Bern/München/Wien: Scherz/O. W. Barth, 1985.
4. K. Wilber (Hrsg.), *Quantum Questions*, Boulder/CO: Shambhala/New Science Library, 1984, S. 15 f.
5. M.S. Peck, *The Road Less Travelled*, New York: Simon & Shuster, 1978.
6. Dharma teaching, Insight Meditation Center, Barre/MA, 1983.

7. F. Capra, *Wendezeit*, Bern/München/Wien: Scherz 1983.
8. D. Shapiro und R. Walsh (Hrsg.), *Meditation: Classic and Contemporary Perspectives*, New York: Aldine Press, 1984.
9. W. Harman, »Peace is Possible«, Sausalito/CA: Institute of Noetic Sciences, 1984.
10. R. May, *Existential Psychology*, New York: Random House, 1969, S. 35.
11. K. Wilber, persönliche Mitteilung.
12. W. McGarey, »An Adventure in Health«, in: *New Realities*, Bd. 5 u. 6, 1964.

2 Evolution des Selbstkonzepts

1. H. Smith, *Beyond the Post Modern Mind*, New York: Crossroads, 1982.
2. G. Allport, »The Fruits of Ecclecticism: Bitter or Sweet«, in: *Acta Psychologia*, 23, 1964, S. 27–44.
3. J. Bugental, *Psychotherapy and Process*, Reading/MA: Addison Wesley, 1978.
4. K. Wilber, *Die drei Augen der Erkenntnis*, München: Kösel, 1988, S. 120.
5. K. Wilber, *Das Atman-Projekt. Der Mensch in transpersonaler Sicht*, Paderborn: Junfermann 1990 (in Vorb.).
6. M. Mahler u.a., *Die psychische Geburt des Menschen*, Frankfurt a.M.: Fischer Taschenbuch, 6. Aufl. 1987.
7. K. Wilber, *Die drei Augen der Erkenntnis*, a.a.O., S.106 f.
8. Ebenda.
9. K. Wilber, *Halbzeit der Evolution*, Bern/München/Wien: Scherz/O.W. Barth, 1984, S. 23.
10. K. Wilber, *Die drei Augen der Erkenntnis*, a.a.O.
11. E. Erikson, *Kindheit und Gesellschaft*, Stuttgart: Klett, 1965.
12. K. Wilber, *Das Atman-Projekt*, a.a.O.
13. R. May, E. Angel und H. Ellenberger (Hrsg.), *Existence*, New York: Basic Books, 1958, S. 52.
14. L. Kohlberg, *The Philosophy of Moral Development*, New York: Harper & Row, 1981.
15. E. Becker, *Dynamik des Todes*, München: Goldmann, 1981.
16. W. James, *Die Vielfalt religiöser Erfahrung*, Olten/Freiburg: Walter, 1979.
17. J. Welwood, »Vulnerabiltiy and Power in the Therapeutic Process: Existential and Buddhist Perspectives«, in: *Journal of Humanistic Psychology*, 14 (2), 1982, S. 125–140.
18. Anonym, *A Course in Miracles*, New York: Foundation for Inner Peace, 1975, Band 2, S. 431. (Deutsche Ausg. in Vorb. beim Verlag Greuth Hof.)
19. K. Wilber, *Das Atman Projekt*, a.a.O.
20. F. Capra, *Wendezeit*, Bern/München/Wien: Scherz/O.W. Barth, 1983.
21. K. Wilber, *Das Atman Projekt*, a.a.O.

22. C. Tart, *Transpersonale Psychologie*, Freiburg: Walter, 1978.
23. R. Walsh und F. Vaughan (Hrsg.), *Psychologie in der Wende*, Bern/München/Wien: Scherz/O. W. Barth, 1985, S. 39 f. u. ö.
24. K. Wilber, *Die drei Augen der Erkenntnis*, a.a.O., S. 119 f.
25. R. Walsh und F. Vaughan, *Psychologie in der Wende*, a.a.O.
26. I. Prigogine, *From Being to Becoming*, San Francisco: W.H. Freeman, 1979, zitiert in: *Brain/Mind Bulletin*, 4 (13), vom 21. Mai 1979, S. 1–4.
27. K. Wilber, *Wege zum Selbst*, München: Kösel, 3. Aufl. 1987.
28. L. von Bertalanffy, *General Systems Theory*, New York: George Braziller, 1968.
29. Anonym, *A Course in Miracles*, a.a.O., Band 2, S. 155.

3 Das transpersonale Selbst

1. K. Wilber, Konzept eines Menschen nach Heidegger; persönliche Mitteilung 1982.
2. M.L. von Franz, »Der Prozeß der Individuation«, in: C.G. Jung, *Der Mensch und seine Symbole*, Olten/Freiburg: Walter, 1978, S. 161 f.
3. R. Walsh und F. Vaughan, »Toward an Integrative Psychology of Wellbeing«, in: R. Walsh und D. Shapiro (Hrsg.), *Beyond Health and Normality*, New York: Van Nostrand, 1983.
4. Y. Kaufman, »Analytical Psychotherapy«, in: R.Corsini (Hrsg.) *Current Psychotherapies*, Itasca/IL: F.E. Peacock Publishers, 3. Aufl. 1984, S. 109.
5. A. Guggenbühl-Craig, *Power in the Helping Professions*, Zürich: Spring, 1971, S. 139.
6. C.G. Jung, *Psychological Commentary on Kundalini Yoga*, Zürich: Spring, 1975, S. 31.
7. Ebenda.
8. A. Maslow, *The Farther Reaches of Human Nature*, New York: Viking, 1971.
9. L. Hixon, *Coming Home*, New York: Anchor Press, 1978.
10. M. Stein (Hrsg.), *Jungian Analysis*, LaSalle/IL: Open Court, 1982.
11. C.G. Jung, *Briefe*, hrsg. von G. Adler, Olten/Freiburg: Walter, 1962.
12. M. Friedman, »Aiming at the Self: The Paradox of Encounter and the Human Potential Movement«, in: *Journal of Humanistic Psychology*, 16 (2), 1976, S. 5–34.
13. B. Bettelheim, *Freud und die Seele des Menschen*, Düsseldorf: Claassen, 1984, S. 63.
14. Ebenda, S. 86.
15. J. Hillman, *Revisioning Psychology*, New York: Harper & Row, 1977, S. 74.
16. K. Wilber (Hrsg.), *Quantum Questions*, Boulder/CO: Shambhala/New Science Library, 1984.

17. K. Wilber, *Das Atman Projekt: Der Mensch in transpersonaler Sicht*, Paderborn: Junfermann, 1990 (in Vorb.).
18. J. Needleman, *Lost Christianity*, New York: Doubleday, 1980, S. 189.
19. Sri Nisargadatta Maharaj, *I Am That*, Bombay: Chetana, 1973, Teil 1, S. 183.
20. K. Wilber, *Das Atman Projekt*, a.a.O.
21. Mahatma Gandhi, ihm zugeschriebene Worte aus dem Film über sein Leben, 1983.
22. R. Walsh, *Über-Leben*, Basel: Sphinx, 1985.
23. R. May, *Liebe und Wille*, Köln: Edition Humanistische Psychologie, 1989.
24. C.G. Jung, *Aion. Gesammelte Werke* 9/2, Olten/Freiburg: Walter, 1980, S. 19.
25. J. Campbell, Vortrag über *Das tibetanische Totenbuch*, Esalen Institute, 1982.
26. K. Wilber, *Wege zum Selbst*, München: Kösel, 3. Aufl. 1987.
27. K. Wilber, *Die drei Augen der Erkenntnis*, München: Kösel, 1988.
28. Y. Kaufman, »Analytical Psychotherapy«, a.a.O.
29. K. Wilber, unveröffentlichtes Manuskript.
30. A. Diekman, *The Observing Self*, Boston: Beacon Press, 1982, S. 63.
31. C. G. Jung, *Aion*, a.a.O.
32. B. Roberts, *The Experience of No-Self: A Contemplative Journey*, Boulder/CO: Shambhala, 1984.
33. Huang Po, *The Zen Teaching of Huang Po on the Transmission of Mind*, New York: Grove Press, 1958.
34. J. Goldstein, *The Experience of Insight*, Boulder/CO: Shambhala, 1983.
35. D. Shapiro und R. Walsh (Hrsg.), *Meditation: Classic and Contemporary Perspectives*, Chicago: Aldine, 1984.
36. J. Krishnamurti, *Frei sein*, Bern: Humata, o. J.
37. Anonym, *A Course in Miracles*, New York: Foundation for Inner Peace, 1975, Band 2, S. 170 f. (Dt. Ausg. in Vorb. beim Verlag Greuth Hof.)

4 Heilende Bewußtheit

1. C.G. Jung, zitiert aus I. Oyle, *The Healing Mind*, Millbrae/CA: Celestial Arts, 1975.
2. F. Perls, *Gestalttherapie in Aktion*, Stuttgart: Klett, 1974, S. 25.
3. E. Green und A. Green, *Beyond Biofeedback*, New York: Delacorte, 1977.
4. C. Matthews-Simonton, S. Simonton und James L. Creighton, *Wieder gesund werden*, Reinbek: Rowohlt, 1982.
5. E. Green und A. Green, *Beyond Biofeedback*, a.a.O.
6. P. Russell und A. Shearer, *The Upanishads*, New York: Harper & Row, 1978.

7. C.G. Jung, *Das Geheimnis der goldenen Blüte*, Olten/Freiburg: Walter, 10. Aufl. 1973, S. 13.
8. K. Wilber (Hrsg.), *Quantum Questions*, Boulder/CO: Shambhala/New Science Library, 1984.
9. Anonym, *A Course in Miracles*, New York: Foundation for Inner Peace, 1975, Band 1, S. 418. (Dt. Ausg. in Vorb. beim Verlag Greuth Hof.)

5 Das Streben nach Glück

1. Anonym, *A Course in Miracles*, New York: Foundation for Inner Peace, 1975, Band 2, S. 182. (Dt. Ausg. in Vorb. beim Verlag Greuth Hof.)
2. J. Jacobi (Hrsg.), *Die Psychologie von C.G. Jung*, Frankfurt a.m.: Fischer Taschenbuch, 1977.
3. Anonym, *A Course in Miracles*, a.a.O., Band 2, S. 182.
4. A. Maslow, *The Farther Reaches of Human Nature*, New York: Viking, 1971, S. 36.
5. G. May, *Will and Spirit*, New York: Harper & Row, 1982, S. 16.
6. Sri Nisargadatta, *I Am That*, Bombay: Chetana Pvt. Ltd., 1973, Band 1, S. 238.
7. Yogananda, *Worte des Meisters*, Bern/München/Wien: Scherz.
8. Sri Nisargadatta, *I Am That*, a.a.O., S. 237.
9. D. Doig, *Mutter Teresa*, Freiburg: Herder, 1980.
10. Dante Alighieri, *Die göttliche Komödie*, Stuttgart: Reclam, 1966.
11. N. Cousins, *Der Arzt in uns selbst. Anatomie einer Krankheit aus der Sicht des Betroffenen*, Reinbek: Rowohlt, 1981.
12. M.S. Peck, *The Road Less Travelled*, New York: Simon & Shuster, 1978, S. 119.
13. William Blake, »Kindchen Freude«, in: *Lieder der Unschuld und Erfahrung*, Frankfurt: Insel, 1975.

6 Wegbeschreibungen für den spirituellen Pfad

1. J. White (Hrsg.), *Was ist Erleuchtung*, Freiburg: Bauer, 1988.
2. E. Underhill, *Mysticism*, New York: E. P. Dutton, 1961.
3. Dante Alighieri, *Die göttliche Komödie*, Stuttgart: Reclam, 1966, S. 259.
4. J. Campbell, *The Masks of God: Creative Mythology*, New York: Viking, 1968, Band 4.
5. J. Campbell, *Der Heros in tausend Gestalten*, Frankfurt a.M.: Suhrkamp, 1978, S. 36.
6. Ebenda, S. 374.

7. B. Roberts, *The Experience of No-Self*, Boulder/CO: Shambhala, 1982, S. 174.

8. Ram Dass, *Schrot für die Mühle*, München: Knaur Taschenbuch, 1984.

9. A. Govinda, *Grundlagen tibetischer Mystik*, Bern/München/Wien: Scherz/O.W. Barth, 1985.

10. Swami Radha, *Kundalini: Yoga for the West*, Spokane/WA: Timeless Books, 1978.

11. K. Wilber, »Are the Chakras Real?«, in: J. White (Hrsg.), *Kundalini, Evolution and Enlightenment*, New York: Doubleday/Anchor, 1979.

12. E. Neumann, *Ursprungsgeschichte des Bewußtseins*, Zürich: Rascher, 1969.

13. K. Wilber, *Halbzeit der Evolution*, Bern/München/Wien: Scherz/O.W. Barth, 1984.

14. J. Campbell, *The Masks of God*, a.a.O., S. 154.

15. C.G. Jung, »Psychological Commentary on Kundalini Yoga«, Vorträge 1 und 2, Herbst 1932, Zürich: Spring, 1976, S. 2–33; ebenda Vorträge 3 und 4, Herbst 1932, S. 1–31.

16. S. Bhatnagar, »The Chakra Paradigm: The Inner Tuning System of Therapy«, Vortrag bei der Siebten Internationalen Konferenz der Internationalen Transpersonalen Gesellschaft, Bombay, 14. Februar 1982.

17. Ebenda.

18. C.G. Jung, »Psychological Commentary on Kundalini Yoga«, a.a.O.

19. S. Bhatnagar, »The Chakra Paradigm«, a.a.O.

20. C.G. Jung, »Psychological Commentary on Kundalini Yoga«, a.a.O.

21. K. Wilber, *Das Atman Projekt: Der Mensch in transpersonaler Sicht*, Paderborn: Junfermann 1989.

22. Ebenda.

23. S. Bhatnagar, »The Chakra Paradigm«, a.a.O.

24. C.G. Jung, »The Psychological Commenatry on Kundalini Yoga«, a.a.O.

25. A. Govinda, *Grundlagen tibetischer Mystik*, a.a.O.

26. Swami Radha, *Kundalini*, a.a.O.

27. K. Wilber, Heideggers Konzept des Menschen; persönliche Mitteilung 1982.

28. R. Metzner, »Ten Classical Metaphors of Self-Transformation«, in: *Journal of Transpersonal Psychology*, 1979, 12 (1).

29. C.G. Jung, »Psychological Commentary on Kundalini Yoga«, a.a.O.

30. Swami Radha, »Kundalini«, a.a.O.

31. C.G. Jung, »Psychological Commentary on Kundalini Yoga«, a.a.O.

32. Swami Radha, »Kundalini«, a.a.O.

33. T. Byrom, *Das Dhammapada. Die Worte des Buddha*, Berlin: F. Schickler, (in Vorb.).

34. Swami Radha, »Kundalini«, a.a.O.

35. K. Wilber, *Wege zum Selbst*, München: Kösel, 3. Aufl. 1987.

36. Dogen, *The Way of Everyday Life*, Los Angeles: Center Publications, 1978.

37. A. Govinda, *Grundlagen tibetischer Mystik*, a.a.O., S. 87.
38. L. Hixon, *Coming Home: The Experience of Enlightenment in Sacred Traditions*, New York: Doubleday/Anchor, 1978.
39. W. Rahula, *Was der Buddha lehrt*, Bern: Origo, 2. Aufl. 1982.
40. C.M. Owens, »Zen Buddhismus«, in C. Tart (Hrsg.), *Transpersonale Psychologie*, Olten/Freiburg: Walter, 1978, S. 228.
41. D. T. Suzuki, *Der westliche und der östliche Weg*, Berlin: Ullstein, 1980, S. 46.
42. Die Ochsenbilder sind Originalzeichnungen von Eugene Gregan, Lookout Farm, Napanoch/NY.
43. L. Hixon, *Coming Home*, a.a.O; P. Kapleau, *Die drei Pfeiler des Zen*, Bern/München/Wien: Scherz/O.W. Barth, 7. Aufl. 1986.
44. C. Trungpa, *Spiritueller Materialismus*, Freiburg: Aurum, 1975.
45. L. Hixon, *Coming Home*, a.a.O.
46. K. Wilber, *Das Atman Projekt*, a.a.O.
47. L. Hixon, *Coming Home*, a.a.O.
48. K. Wilber, *Das Atman Projekt*, a.a.O.
49. Sengstan, Third Zen Patriarch, *Hsin Hsin Ming: Verses on the Faith Mind*, Sharon Springs/NY: Zen Center, 1976.
50. L. Hixon, *Coming Home*, a.a.O.
51. K. Wilber, *Das Atman Projekt*, a.a.O.
52. Ebenda.
53. L. Hixon, *Coming Home*, a.a.O.
54. S. Suzuki, *Zen-Geist, Anfänger Geist*, Küsnacht: Theseus, 4. Aufl. 1983.
55. Satprem, *Sri Aurobindo or the Adventure of Consciousness*, Pondicherry (Indien): Sri Aurobindo Ashram Trust, 1970.
56. L. Hixon, *Coming Home*, a.a.O.
57. K. Wilber, *Das Atman Projekt*, a.a.O.
58. L. Hixon, *Coming Home*, a.a.O.
59. K. Wilber, *Das Atman Projekt*, a.a.O.
60. L. Hixon, *Coming Home*, a.a.O.
61. K. Wilber, *Das Atman Projekt*, a.a.O.
62. L. Hixon, *Coming Home*, a.a.O.
63. K. Wilber, *Das Atman Projekt*, a.a.O.
64. K. Wilber, »Odyssey: A Personal Inquiry into Humanistic and Transpersonal Psychology«, in: *Journal of Humanistic Psychology*, 22 (1), S. 59-70.
65. T.S. Eliot, »Little Gidding«, in: *Gesammelte Gedichte*, Frankfurt a.M.: Suhrkamp, 1988, S. 335.
66. P. Kapleau, *Die drei Pfeiler des Zen*, a.a.O., S. 51.
67. S. Suzuki, *Zen-Geist. Anfänger Geist*, a.a.O., S. 29.

7 Führung auf dem Weg

1. G.W.F. Hegel, »Vorlesungen über die Philosophie der Religion«, Hamburg: Meiner, 1983, zitiert nach J. Rowan, »Mystical Experiences«, in: *Journal of Humanistic Psychology*, 23 (2), 1983, S. 9–27.
2. R. May, *Der Mut zur Kreativität*, Paderborn: Junfermann, 1987.
3. G. Marcel, *Philosophy of Existence*, New York: Philosophical Library, 1949.
4. F. Vaughan, *Intuitiver leben*, München: Kösel, 1988.
5. C. Castaneda, *Die Lehren des Don Juan*, Frankfurt: Fischer, 1973, S. 88.
6. J. Krishnamurti, *Frei sein*, Bern: Humata Verlag, o.J.
7. C. Castaneda, *Die Lehren des Don Juan*, a.a.O.
8. Anonym, *A Course in Miracles*, New York: Foundation for Inner Peace, 1975, Band 3, S. 1. (Dt. Ausg. in Vorb. beim Verlag Greuth Hof.)
9. F. Vaughan, »A Question of Balance: Health and Pathology in New Religious Movements«, in: *Journal of Humanistic Psychology*, 23 (3), 1983.
10. Anonym, *A Course in Miracles*, a.a.O., Band 2, S. 312.
11. C. Tart, persönliche Mitteilung, 1984.
12. P. Hawken, J. Ogilvy und P. Schwartz, *Seven Tomorrows: Toward A Voluntary Tomorrow*, New York: Bantam, 1982.
13. H.I. Khan, *Spiritual Dimensions of Psychology*, Lebanon Springs/NY: Sufi Order Publications, 1981.
14. C. Castaneda, *Die Lehren des Don Juan*, a.a.O.; R. de Ropp, *Das Meisterspiel*, München: Hugendubel, 1980.
15. Swami Radha, *Kundalini: Yoga for the West*, Spokane/WA: Timeless Books, 1978.
16. Lao Tsu, *The Way of Life*, New York: Perigee Books, 1980.
17. S. Kopp, *Guru: Metaphors from a Psychotherapist*, Palo Alto/CA: Science & Behavior Books, 1971, S. 8.
18. H. Arendt, *Elemente und Ursprünge totaler Herrschaft*, München: Piper, 1986.
19. Sengstan, Third Zen Patriarch, *Hsin Hsin Ming: Verses on the Faith Mind*, Sharon Springs/NY: Zen Center, 1976.
20. G. May, *Will and Spirit*, New York: Harper and Row, 1982.
21. K. Wilber, *Die drei Augen der Erkenntnis*, München: Kösel, 1988.
22. F. Vaughan, *Intuitiver leben*, a.a.O.
23. D. Goleman, *The Varieties of the Meditative Experience*, Garden City/NY: Anchor Books, 1977.
24. H.I. Khan, *Spiritual Dimensions of Psychology*, a.a.O.
25. T. Hersh, »The Phenemenology of Belief Systems«, in: *Journal of Humanistic Psychology*, 20 (2), 1980.
26. D. Goleman, »Early Warning Signs for the Detection of Spiritual Blight«, in: *Association for Transpersonal Psychology Newsletter*, Palo Alto, Sommer 1981.
27. Swami Radha, *Kundalini*, a.a.O.

28. D. O'Hanlon, S.J., »Integration of Spiritual Practices: A Western Christian Looks East«, in: *Journal of Transpersonal Psychology*, 13 (2), S. 105 f.
29. R. Walsh, *Über-Leben*, Basel: Sphinx, 1984.
30. Satprem, *Sri Aurobindo or the Adventure of Consciousness*, Pondicherry (Indien): Sri Aurobindo Ashram Trust, 1970, S. 243.
31. Kalamas Sutra, zitiert in Boorstein, S. (Hrsg.), *Transpersonale Psychotherapie*, Bern/München/Wien: Scherz/O.W. Barth, 1988, S. 12.

8 Kreativität und Träumen

1. Anonym, *A Course in Miracles*, New York: Foundation for Inner Peace, 1975, Band 1, S. 139. (Dt. Ausg. in Vorb. beim Verlag Greuth Hof.)
2. W. Harman und H. Rheingold, *Die Kunst, kreativ zu sein*, Bern/München/Wien: Scherz/O.W. Barth, 1987 (Zitat aus dem Vorwort zur amerikanischen Ausgabe: *Higher Creativity*, Los Angeles: J.P. Tarcher, 1984, S. XXII.)
3. J.C. Gowan, »Incubation, Imagery and Creativity«, in: *Journal of Mental Imagery*, Band 2, 1978, zitiert in Harman und Rheingold, *Die Kunst, kreativ zu sein*, a.a.O., S. 16.
4. S. Grof, *Topographie des Unbewußten*, Stuttgart: Klett- Cotta, 1978.
5. R. May, *Der Mut zur Kreativität*, Paderborn: Junfermann, 1987.
6. P. Goldberg, *Die Kraft der Intuition*, Bern/München/Wien: Scherz, 1985; F. Vaughan, *Intuitiver leben*, München: Kösel, 1988.
7. Lao Tsu, *The Way of Life*, New York: Mentor Books, 1955.
8. R. Walsh und F. Vaughan (Hrsg.), *Psychologie in der Wende*, Bern/München/Wien: Scherz, 1985.
9. G. Delaney, *Lebe Deine Träume*, Berlin: Ullstein, 1985; A. Faraday, *Deine Träume– Schlüssel zur Selbsterkenntnis*, Frankfurt a.M.: Fischer, 1980; P. Garfield, *Kreativ Träumen*, München: Knaur, 1986; S. La Berge, *Lucid Dreaming*, Los Angeles: J.P. Tarcher, 1985.
10. *Die Heilige Schrift*, nach der deutschen Übersetzung Martin Luthers, Hiob 33: 14–16.
11. Swami Rama u.a., *Yoga and Psychotherapy: The Evolution of Consciousness, Honesdale/PA: Himalayan Institute, 1976, S. 135.*
12. R. Woods und H. Greenhouse (Hrsg.), *The New World of Dreams*, New York: Macmillan, 1974.
13. A. Hastings, »Dreams of Future Events: Precognitions and Perspectives«, in: Journal of the American Society of Psychosomatic Dentistry and Medicine, 1977, S. 51–60; M. Ullman u.a., *Traumtelepathie*, Freiburg i.Br.: Aurum, 1977.
14. S. Freud, *Die Traumdeutung*, Frankfurt a.M.: Fischer Taschenbuch, 1982.
15. C.G. Jung, *Der Mensch und seine Symbole*, Olten/Freiburg: Walter, 1980.

16. M. Zeller, *The Dream: The Vision of the Night*, Los Angeles: C.G. Jung Institute, 1975, S. 134 f.
17. K. Wilber u.a., *The Pathology of Consciousness: Conventional and Contemplative Developmental Approaches*, Boulder/CO: Shambhala/New Science Library, 1985.
18. Anonym, *A Course in Miracles*, a.a.O., Band 1, S. 19.
19. M. Harner, *Der Weg des Schamanen*, Reinbek: Rowohlt Taschenbuch, 1986.
20. Ebenda, S. 190.
21. F. Vaughan, *Intuitiver leben*, a.a.O.
22. Anonym, *A Course in Miracles*, a.a.O., Band 1, S. 351.
23. P. Yogananda, *Autobiographie eines Yogi*, Bern/München/Wien: Scherz/O.W. Barth, 12. Aufl. 1986.
24. F. Jones, *The Knee of Listening*, Los Angeles: The Dawn Horse Press, 1972, S. 104.
25. Ebenda, S. 145.
26. Heraklit, zitiert von Ralph Metzner bei einer Ansprache an die International Transpersonal Association, New York, 1982.
27. M. Harner, *Der Weg des Schamanen*, a.a.O., S. 190.

9 Heilende Beziehungen

1. G. May, *Will and Spirit: A Contemplative Psychology*, New York: Harper & Row, 1982, S. 160 f.
2. J. Salk, *Anatomy of Reality: Merging of Intuition and Reason*, New York: Columbia University Press, 1983.
3. Ram Dass, *Schrot für die Mühle*, München: Knaur, 1984.
4. E.B. Schumacher, *Rat für die Ratlosen*, Reinbek: Rowohlt, 1979.
5. A. Guggenbühl-Craig, *Power in the Helping Professions*, Zürich: Spring, 1971, S. 139.
6. T. Clifford, *Tibetische Heilkunst*, Bern/München/Wien: O.W. Barth, 1986.
7. J. Fadiman und R. Frager, *Personality and Personal Growth*, New York: Harper & Row, 1976.
8. E. Becker, *Dynamik des Todes*, München: Goldmann, 1981.
9. Anonym, *A Course in Miracles*, New York: Foundation for Inner Peace, 1975, Band 2, S. 210. (Dt. Ausg. in Vorb. beim Verlag Greuth Hof.)

10 Transpersonale Vision

1. *Die Heilige Schrift*, wörtliche Übersetzung nach der King James Version. In der Luther-Bibel heißt es: »Wo keine Weissagung ist, wird das Volk wüst und wild.«
2. H. Smith, *Beyond the Post Modern Mind*, New York: Crossroads, 1982.
3. J. White (Hrsg.), *Was ist Erleuchtung*, Freiburg: Bauer, 1988, S. 15.
4. A. Diekman, *The Observing Self*, Boston: Beacon Press, 1982.
5. Anonym, *A Course in Miracles*, New York: Foundation for Inner Peace, 1975, Band 2, S. 347. (Dt. Ausg. in Vorb. beim Verlag Greuth Hof.)
6. J. Goldstein, *The Experience of Insight*, Boulder/CO: Shambhala, 1983.
7. K. Wilber, *Die drei Augen der Erkenntnis*, München: Kösel, 1988.
8. C.G. Jung, Vier Archetypen. *Gesammelte Werke* 9/1, Olten/Freiburg: Walter, 1980, S. 290.
9. F. Schuon, *The Transcendent Unity of Religions*, Wheaton/IL: Theosophical Publishing House, 1984.
10. K. Wilber, *A Sociable God*, New York: Macmillan, 1983.
11. H. Smith, Einführung zu: Schuon, *The Transcendent Unity of Religion*, a.a.O.
12. A. Maslow, *The Farther Reaches of Human Nature*, New York: Viking, 1971.
13. K. Wilber, *Halbzeit der Evolution*, Bern/München/Wien: Scherz/O.W. Barth, 1984, S. 372.
14. R. Muller, *Die Neuerschaffung der Welt*, München: Goldmann, 1985.
15. Wei Wu Wei, *Open Secret*, Hongkong: Hongkong University Press, 1982, S. 49.

Literatur

Anonym: *A Course in Miracles*. New York: Foundation for Inner Peace, 1975. (Deutsche Ausgabe in Vorbereitung beim Verlag Greuth Hof.)

Arendt, H.: *Elemente und Ursprünge totaler Herrschaft*. München: Piper, 1986.

Becker, E.: *Dynamik des Todes*, München: Goldmann, 1981.

Bertalanffy, L. von: *General Systems Theory*. New York: George Braziller, 1968.

Bettelheim, B.: *Freud und die Seele des Menschen*. Düsseldorf: Claassen, 1984.

Bhatnagar, S.: »The Chakra Paradigm. The Inner Tuning System of Therapy«. Redemanuskript von der 7. Internationalen Konferenz der International Transpersonal Association, Bombay, Indien, 14. Februar 1982.

Blake, W.: *Lieder der Unschuld und Erfahrung*. Frankfurt a.M.: Insel, 1975.

Bohm, D.: *Die implizite Ordnung*. München: Dianus-Trikont, 1985.

Boorstein, S. (Hrsg.): *Transpersonale Psychotherapie*. Bern/München/Wien: O.W. Barth/Scherz, 1988.

Brain/Mind Bulletin 4 (13), S. 1–4.

Bugental, J.: *Psychotherapy and Process*. Reading, Mass.: Addison Wesley, 1978.

Bugental, J.:*The Search for Authenticity*. New York: Irvington Publishers, 1981.

Byrom, T.: *Das Dhammapada. Die Worte des Buddha*. Berlin: F. Schickler, 1988.

Campbell, J.: *Der Heros in tausend Gestalten*. Frankfurt a.M.: Suhrkamp, 1978.

Campbell, J.: *The Masks of God: Creative Mythology*. New York: Viking, 1968.

Campbell, J. (Hrsg.): *The Portable Jung*. New York: Viking, 1971.

Capra, F. *Wendezeit*. Bern/München/Wien: Scherz, 16. Aufl. 1987.

Castaneda, C.: *Die Lehren des Don Juan*. Frankfurt a.M.: Fischer, 1973.

Clifford, T.: *Tibetische Heilkunst*. Bern/München/Wien: O.W. Barth, 1986.

Corsini, R. (Hrsg.): *Current Psychotherapies*. Itasca, Ill.: F.E. Peacock Publishers, 1984.

Cousins, N.: *Der Arzt in uns selbst*. Reinbek: Rowohlt, 1981.

CSPA Task Force Report. California State Psychological Association *Newsletter*, 1983.

Dante, Alighieri: *Die göttliche Komödie*. Stuttgart: Reclam, 1954.

Delaney, G.: *Lebe deine Träume*. Berlin: Ullstein, 1985.

de Ropp, R.: *Das Meisterspiel*. München: Hugendubel, 1980.

Diekman, A.: *The Observing Self*. Boston: Beacon Press, 1982.

Dogen: *The Way of Everyday Life*. Los Angeles: Center Publications, 1978.

Doig, D.: *Mutter Teresa*. Freiburg: Herder, 1980.

Eliot, T.S.: *Gesammelte Gedichte*. Frankfurt a.M.: Suhrkamp, 1988.

Erikson, E.: *Kindheit und Gesellschaft*, Stuttgart: Klett, 1965.

Fadiman, J./Frager, R.: *Personality and Personal Growth*. New York: Harper & Row, 1976.

Faraday, A.: *Deine Träume – Schlüssel zur Selbsterkenntnis*. Frankfurt a.M.: Fischer, 1980.

Freud, S.: *Traumdeutung*. Frankfurt a.M.: Fischer, 1980.

Friedman, M.: »Aiming at the Self: The Paradox of Encounter and the Human Potential Movement«. In: *Journal of Humanistic Psychology* 16, 2 (1976), S. 5–34.

Garfield, P.: *Kreatives Träumen*. München: Knaur, 1986.

Goldberg, P.: *Die Kraft der Intuition*. Bern/München/Wien: Scherz, 1985.

Goleman, D.: *The Varieties of the Meditative Experience*. New York: E.P. Dutton, 1977.

Goleman, D.: »Early Warning Signs for the Detection of Spiritual Blight«. In: *Association for Transpersonal Psychology Newsletter* (Sommer 1981).

Govinda, A.: *Grundlagen tibetischer Mystik*. Bern/München/Wien: Scherz/O.W. Barth, 1985.

Green, E./Green, A.: *Beyond Biofeedback*. New York: Delacorte, 1977.

Grof, S. *Topographie des Unbewußten*. Stuttgart: Klett- Cotta, 1978.

Guggenbühl-Craig, A.: *Power in the Helping Professions*. Zürich: Spring, 1971.

Harman, W.: »Peace is Possible«. Sausalito, Calif.: Institute of Noetic Sciences, 1984.

Harman, W./Rheingold, H.: *Higher Creativity: Liberating the Unconscious for Breakthrough Insights*. Los Angeles: J.P. Tarcher, 1984.

Harner, M.: *Der Weg des Schamanen*. Reinbek: Rowohlt, 1986.

Hastings, A.: »Dreams of Future Events: Precognitions and Perspectives«. In: *Journal of the American Society of Psychosomatic Dentristry and Medicine* (1977), S. 51–60.

Hawken, P./Ogilvy, J./Schwartz, P.: *Seven Tomorrows: Toward a Voluntary Tomorrow*. New York: Bantam, 1982.

Hersh, T.: »The Phenomenology of Belief Systems«. In: *Journal of Humanistic Psychology* 20, 2 (1980).

Hillman, J.: *Revisioning Psychology*. New York: Harper & Row, 1977.

Hixon, L.: *Coming Home: The Experience of Enlightenment in Sacred Traditions*. New York: Doubleday/Anchor, 1978.

Huang Po.: *The Zen Teaching of Huang Po on the Transmission of Mind*. New York: Grove Press, 1958.

Huxley, A.: *Die ewige Philosophie*. München: Steinberg, 1949.

Jacobi, J. (Hrsg.): *C. G. Jung: Psychological Reflections, A New Anthology of his Writings*. Princeton: Princeton University Press, 1970.

James, W.: *Die Vielfalt religiöser Erfahrung*. Olten und Freiburg: Walter, 1979.

Jones, F.: *The Knee of Listening*. Los Angeles: Dawn Horse Press, 1972.

Jung, C.G.: *Die Archetypen und das kollektive Unbewußte*. (Band 9, I der *Gesammelten Werke*. Olten und Freiburg: Walter, 1986.

Jung, C.G.: *Briefe*. Olten und Freiburg: Walter, 1972.

Jung, C.G.: »Das Geheimnis der goldenen Blüte«. In: Band 13 der *Gesammelten Werke*. Olten und Freiburg: Walter, 10. Auflj. 1973.

Jung, C.G.: *Der Mensch und seine Symbole*. Olten und Freiburg: Walter, 1980.

Jung. C.G.: *Psychological Commentary on Kundalini Yoga*. Zürich: Spring, 1975.

Kapleau, P. (Hrsg.).: *Die drei Pfeiler des Zen*. Bern/München/Wien: O.W. Barth, 7.Aufl. 1986.

Khan, H.I.: *Spiritual Dimensions of Psychology*. Lebanon Springs, N.Y.: Sufi Order Publications, 1981.

Kohlberg, L.: *The Philosophy of Moral Development*. New York: Harper & Row, 1981.

Kopp, S.: *Guru: Metaphors from a Psychotherapist*. Palo Alto: Science and Behavior Books, 1971.

Krishnamurti, J.: *Frei sein*. Bern: Humata , o.J.

LaBerge, S.: *Lucid Dreaming*. Los Angeles: J.P. Tarcher, 1985.

Lao Tsu: *The Way of Life*. New York: Mentor Books, 1955.

Mahler, M. u.a.: *Die psychische Geburt des Menschen*. Frankfurt a.M.: Fischer, 6. Aufl. 1987.

Marcel, G.: *Philosophy of Existence*. New York: Philosophical Library, 1949.

Maslow, A.: *The Farther Reaches of Human Nature*. New York: Viking, 1971.

May, G.: *Will and Spirit: A Contemplative Psychology*. New York: Harper & Row, 1982.

May, R.: *Existential Psychology*. New York: Random House, 1969.

May, R.: *Liebe und Wille*. Köln: Edition Humanistische Psychologie, 1989.

May, R.: *Der Mut zur Kreativität*. Paderborn: Junfermann, 1987.

May, R./Angel, E./Ellenberger, H. (Hrsg.): *Existence*. New York: Basic Books, 1958.

McGarey, W.: »An Adventure in Health«. In: *New Realities*, Band 5 und 6 (1964).

Metzner, R.: »Ten Classical Metaphors of Self-Transformation«. In: *Journal of Transpersonal Psychology* 12, 1 (1979).

Muller, R.: *Die Neuerschaffung der Welt*. München: Goldmann, 1985.

Needleman, J.: *Lost Christianity*. New York: Doubleday, 1980.

Neumann, E.: *Ursprungsgeschichte des Bewußtseins*. Zürich: Rascher, 1969.

O'Hanlon, D., S.J.: »Integration of Spiritual Practices: A Western Christian Looks East«. In: *Journal of Transpersonal Psychology* 13, 2, S. 105 f.

Oyle, I.: *The Healing Mind*. Millbrae, Calif.: Celestial Arts, 1975.

Peck, M.S.: *The Road Less Traveled.* New York: Simon & Shuster, 1978.

Perls, F.: *Gestalttherapie in Aktion.* Stuttgart: Klett- Cotta, 1974.

Radha (Swami): *Kundalini: Yoga for the West.* Spokane, Wash.: Timeless Books, 1978.

Rahula, W.: *Was der Buddha lehrt.* Bern: Origo, 2. Aufl. 1982.

Ram Dass: *Schrot für die Mühle.* München: Knaur, 1984.

Rama (Swami) u.a.: *Yoga and Psychotherapy: The Evolution of Consciousness.* Glenview, Ill.: Himalayan Institute, 1976.

Roberts, B.: *The Experience of No-Self: A Contemplative Journey.* Boulder: Shambhala, 1984.

Rossi, E.: *Dreams and the Growth of Personality.* New York: Pergamon Press, 1972.

Rowan, J.: »Mystical Experiences«. In: Journal of Humanistic Psychology *23, 2 (1983), S. 9–27.*

Russell, P./Shearer, A.: *The Upanishads.* New York: Harper & Row, 1978.

Salk, J.: *Anatomy of Reality: Merging of Intuition and Reason.* New York: Columbia University Press, 1983.

Satprem: *Sri Aurobindo or the Adventure of Consciousness.* Pondicherry (Indien): Sri Aurobindo Ashram Trust, 1970.

Schumacher, E.B.: *Rat für die Ratlosen.* Reinbek: Rowohlt, 1979.

Schuon, F.: *The Transcendent Unity of Religions.* Wheaton, Ill.: Theosophical Publishing House, 1984.

Sengstan: *Hsin Hsin Ming: Verses on the Faith of Mind.* Sharon Springs, N.Y.: Zen Center, 1976.

Shapiro, D./Walsh, R. (Hrsg.): *Meditation: Classic and Contemporary Perspectives.* New York: Aldine, 1984.

Simonton, C./Simonton, S.: *Wieder gesund werden.* Reinbek: Rowohlt, 1982.

Smith, H.: *Beyond the Post Modern Mind.* New York: Crossraods, 1982.

Sri Nisargadatta Mahjaraj: *I Am That.* Bombay: Chetana, 1973.

Stein, M. (Hrsg.): Jungian Analysis. *La Salle, Ill.: Open Court, 1982.*

Suzuki, D.T.: *Der westliche und der östliche Weg.* Berlin: Ullstein, 1980.

Suzuki, S.: *Zen-Geist. Anfänger Geist.* Küsnacht: Theseus, 4. Aufl. 1983.

Tart, C. (Hrsg.): Transpersonale Psychologie. *Olten und Freiburg: Walter, 1978.*

Trungpa, C.: *Spiritueller Materialismus.* Freiburg: Aurum, 1975.

Ullman, M. u.a.: *Traumtelepathie.* Freiburg: Aurum 1977.

Underhill, E.: *Mysticism.* New York: E.P. Dutton, 1961.

Vaughan, F.: *Intuitiver leben.* München: Kösel, 1988

Vaughan, F.: »A Question of Balance: Health and Pathology in New Religious Movements«. In: *Journal of Humanistic Psychology* 23, 3 (1983).

Walsh, R.: *Über-Leben.* Basel: Sphinx, 1985.

Walsh, R./Shapiro, D. (Hrsg.): *Beyond Health and Normality.* New York: Van Nostrand, 1983.

Walsh, R./Vaughan, F. (Hrsg.): *Psychologie in der Wende.* Bern/München/Wien: Scherz, 1985.

265

Wei Wu Wei: *Open Secret*. Hongkong: Hongkong University Press, 1982.

Welwood, J.: »Vulnerability and Power in the Therapeutic Process: Existential and Buddhist Perspectives«. In: *Journal of Humanistic Psychology* 14, 2 (1982), S. 125–140.

White, J. (Hrsg.): Kundalini, Evolution and Enlightenment. New York: Doubleday/Anchor, 1979.

White, J. (Hrsg.): *Was ist Erleuchtung?*. Freiburg: Bauer, 1988.

Wilber K.: *Das Atman-Projekt. Der Mensch in transpersonaler Sicht*. Paderborn: Junfermann 1990 (in Vorb.).

Wilber, K.: »A Developmental View of Consciousness«. In: *Journal of Transpersonal Psychology* 11, 1 (1979), S. 1–22.

Wilber K.: *Die drei Augen der Erkenntnis*. München: Kösel, 1988.

Wilber K.: *Halbzeit der Evolution*. Bern/München/Wien: Scherz/O.W. Barth, 3. Aufl. 1987.

Wilber K.: »Odyssey: A Personal Inquiry into Humanistic and Transpersonal Psychology«. In: *Journal of Humanistic Psychology* 22, 1 (1982), S. 59–70.

Wilber K.: *A Sociable God*. New York: Macmillan, 1983.

Wilber K.: *Wege zum Selbst*. München: Kösel, 3. Aufl. 1987.

Wilber K. (Hrsg.): *Quantum Questions*. Boulder: Shambhala/New Science Library, 1984.

Wilber K. u.a.: *The Pathology of Consciousness*. Boston: New Science Library/Shambhala, 1985.

Woods, R./Greenhouse, H. (Hrsg.): *The New World of Dreams*. New York: Macmillan, 1974.

Yalom, I.: *Existential Psychotherapy*. New York: Basic Books, 1980.

Yogananda, P.: *Autobiographie eines Yogi*. Bern/München/Wien: Scherz/O.W. Barth, 12. Aufl. 1986.

Yogananda, P.: *Worte des Meisters*, Bern/München/Wien: Scherz.

Zeller, M.: *The Dream: The Vision of the Night*. Los Angeles: C.G. Jung Institute, 1975.

Register

Heilung durch
veränderte
Bewußtseinszustände

Stanislav Grof

Das Abenteuer der
Selbstentdeckung

Heilung durch veränderte Bewußtseinszustände. Ein Leitfaden
1987. 373 Seiten. Gebunden mit
Schutzumschlag

Immer mehr Menschen beginnen zu verstehen, daß die notwendige Veränderung und Heilung unserer Lebenswelt im Kleinen wie im Großen im Innern eines jeden von uns beginnen muß.

Mit diesem Buch legt der weltbekannte LSD-Forscher und Psychotherapeut Stanislav Grof die langerwartete leichtverständliche Darstellung der grundsätzlichen Information zur »holotropen Therapie«, der bisher wirksamsten Form tiefer Selbsterfahrung, vor.